先例・通知に学ぶ

自治体の機動力を上げる

大規模災害への自主的対応術

室﨑益輝　幸田雅治
佐々木晶二　岡本正　著

第一法規

はじめに

　大規模災害時における自治体の役割は極めて大きい。災害対策基本法において第一次的防災責任を負っているのは市町村であり、災害救助法で主たる権限を有しているのは都道府県である。特に、市町村は、住民生活に直結する最も身近な基礎的自治体であり、大規模災害発生時において、最初に被災者に対応し、緊急の対応を迫られる。しかし、大規模災害は非日常的事態であるので、自治体は、対処法が分からずに混乱する事態も起きている。

　災害は、過去の経験に学べと言われる。過去の経験を教訓として、いつ起きるとも分からない大規模災害に備えておくことによって、多くの住民の命を守ることが可能となる。まったく同じ大規模災害が起きることはないが、準備しておくことで、違った態様の大規模災害にも応用がきくのである。

　東日本大震災では、「震災に伴い、法令上の規制を被災地の区域や一定期間を区切って緩和することを各府省が認めた」いわゆる震災緩和の通知が数多く発出された。また、東日本大震災、熊本地震、平成30年7月豪雨（以下、西日本豪雨）などの大規模災害では、避難所や仮設住宅での生活が長期間に及ぶことが多くなっており、この時期は被災者の生活環境の確保が極めて重要となるため、災害救助法の弾力運用の通知が多数発出されている。

　東日本大震災時には、各省庁が発出した数多くの通知等を待って、自治体が対応したため、混乱が生じた面もあった。今後の大規模災害時には、各省庁の通知等を待つことなく、自治体が自らの判断で迅速に対応することが可能になれば、被災者の救済にも大いに効果を上げることとなる。一方、これら通知には、いわゆる超法規的措置も含まれるため、法治主義との関係など、法的評価をどのように下すべきかなどの論点が存在する。

　本書では、大規模災害時の通知の意義、法的評価についての説明を行うとともに、主要な通知に関する解説を行い、今後の大規模災害時における自治体の自主的対応を促進することを目指した。簡単に、各章の紹介を行う。

　第1章「大規模災害時の通知の意義と活用」では、東日本大震災における大規模災害時の通知の発出状況や現場での評価を踏まえて、大規模災害時の通知の意義と活用方法について概説している。大規模災害時には、現場ニー

ズに応じた柔軟な対応が求められることが理解できると思う。

　第2章「大規模災害時の通知の分類と法的評価」では、各種の大規模災害時の通知を整理・分類し、法的な根拠及び解釈方法について解説している。法的な根拠を理解することで、次の大規模災害発生時に自治体が自主的に対応することが可能となる。

　第3章「大規模災害時の通知の先例」では、災害救助法関係の代表的先例と実践的に活用できる分野ごとの代表先例について、通知に沿って詳しく解説している。先例を理解することが次の大規模災害時には大きく役に立つ。

　第4章「大規模災害時における行政対応のあり方」では、災害時における行政責任の重要性と責任の果たし方について、災害対応の原理・原則から説き起こしている。また、災害時の諸課題を解決する上で、通知の有効性と限界について論じている。

　資料では、東日本大震災、熊本地震、西日本豪雨での通知等を一覧にして収録し、大規模災害時の通知の共有化を図っている。

　東日本大震災、熊本地震、西日本豪雨で対処可能であったことは、次に想定されている南海トラフ地震や首都直下地震においても、同様の対応が可能である。本書で伝えたいのは、大規模災害時には自治体の現場の対応をもっと柔軟に、もっと積極的にやってほしいということである。特に、災害救助法は財源措置とリンクしている点がネックになりがちだが、だからといって動かないのは無責任である。まずは、自治体自らの判断で迅速に動くことが重要であり、事務処理は後からでも対応できるという気持ちが重要だろう。大規模災害時に自治体はどのような姿勢で行動すべきかが問われている。

　本書で分析の対象とした、大規模災害時の通知の収集にあたっては、「復興特区制度に基づく「条例の上書き」の効果的活用に関する研究会」（日弁連法務研究財団の助成事業）での調査結果を活用した。感謝申し上げる。

　本書を多くの防災関係者に手に取っていただき、自治体が自らの判断で機動的な応急対応や復旧・復興活動を行えるようになることを期待したい。

　　2019年9月

　　　　　　　　　　　　　　　著者を代表して　　幸田　雅治

目 次

はじめに

第1章 大規模災害時の通知の意義と活用

第1節　東日本大震災直後における大規模災害時の通知の発出状況 ……… 2

第2節　東日本大震災で発出された大規模災害時の通知の政策的な評価 …… 4
　1　各省庁の大規模災害時の通知に対するスタンス ……………………… 4
　2　大規模災害時の通知の現実のニーズへの対応状況 …………………… 4
　3　大規模災害時の通知の評価 ……………………………………………… 5

第3節　大規模災害時の通知に関する法改正措置 ………………………… 10

第4節　大規模災害時の通知の活用方法 …………………………………… 14

第2章 大規模災害時の通知の分類と法的評価

第1節　通知の分類 ………………………………………………………… 20
　はじめに …………………………………………………………………… 20
　1　特例規定の適用 ……………………………………………………… 21
　2　通常解釈の確認 ……………………………………………………… 24
　3　拡張解釈 ……………………………………………………………… 26
　4　超法規的解釈 ………………………………………………………… 28

iii

5　通知の迅速かつ全面的な公表の重要性 ……………………………… 32

第 2 節　通知分類の法的評価 ………………………………………………… 36
　　はじめに ……………………………………………………………………… 36
　　1　応急対応段階 ……………………………………………………………… 36
　　2　復旧段階 …………………………………………………………………… 38
　　3　復興段階 …………………………………………………………………… 42
　　4　法的課題と自治体の対応 ………………………………………………… 45

第 3 章　大規模災害時の通知の先例

第 1 節　災害救助法関係の代表先例 …………………………………………… 52
Ⅰ　災害救助法概説（一般基準と特別基準） ………………………………… 52
Ⅱ　災害救助法関係の先例通知 ………………………………………………… 55
　　1　東日本大震災 ……………………………………………………………… 55
　　2　熊本地震 …………………………………………………………………… 70
　　3　西日本豪雨（平成30年7月豪雨） ……………………………………… 88

第 2 節　分野別の代表先例 ……………………………………………………… 95
　　1　救急救護関連（厚生労働省・総務省） ………………………………… 95
　　2　金融財務関係（財務省（財務局）・金融庁・日本銀行等） ………… 97
　　3　経済関係（公正取引委員会） …………………………………………… 106
　　4　廃棄物関連（環境省） …………………………………………………… 108
　　5　公衆衛生（厚生労働省） ………………………………………………… 112
　　6　医療（厚生労働省） ……………………………………………………… 116
　　7　埋葬（厚生労働省） ……………………………………………………… 130
　　8　食品（厚生労働省） ……………………………………………………… 133
　　9　交通規制（教習所）（警察庁） ………………………………………… 135

10	交通規制・各種規制（警察庁）	137
11	食品表示（消費者庁・農林水産省）	141
12	消防（消防庁）	149
13	供託（法務省）	151
14	印鑑（法務省）	153
15	入国管理（法務省）	155
16	在留資格（外務省）	157
17	訪日外国人（外務省）	158
18	戸籍（法務省）	159
19	教育（文部科学省）	162

第3節　先例通知のアーカイブ化の必要性 ……………………………… 165

第4章　大規模災害時における行政対応のあり方

はじめに …………………………………………………………………… 168

第1節　行政の責務と「自治体防災」…………………………………… 169

第2節　大規模ゆえの行政対応の負担 …………………………………… 172

第3節　行政の災害対応の原理と原則 …………………………………… 176
　1　行政対応の規定要因 …………………………………………………… 176
　2　行政対応の行動規範 …………………………………………………… 177
　3　行政対応の現場システム ……………………………………………… 178

第4節　解決が求められる行政対応の課題 ……………………………… 180
　1　問われている問題 ……………………………………………………… 180
　2　問題を生み出している要因 …………………………………………… 181

第5節　通知の有効性と限界性 …………………………………………… 184
おわりに ………………………………………………………………………… 186

資料

■大規模災害時の通知等一覧 ………………………………………………… 188

索引 ……………………………………………………………………………… 253
著者紹介 ………………………………………………………………………… 255

第1章
大規模災害時の通知の意義と活用

第1節 東日本大震災直後における大規模災害時の通知の発出状況

　東日本大震災の発生直後の2011年3月11日からほぼ1年間の間に、法令に基づく手続きなどの義務の免除や要件の緩和などを内容とする、いわゆる「大規模災害通知」が各省庁から多数発出された。

　その全体像について、内閣府がHPで公表している「東日本大震災に関連した各府省の規制緩和等の状況」[1]（平成24年12月12日作成）（以下「内閣府データ」という）により発出日ごとに整理すると、図1の通りである。

　これをみると、大部分の通知は、発生後2か月未満の平成23年4月末までの間に発出されており、各省庁が迅速に対応したことが推測できる。

　なお、内閣府データには項目ごとに番号が振られており、この番号をこの章では「通知番号」という。

　また、上記内閣府データには、外国人医師による医療支援に関する通知[2]など重要な通知が漏れていること、「平成23年（2011年）東北地方太平洋沖地震に係る災害救助法の弾力運用について」（平成23年3月19日）など、災害救助法の運用の特別基準に係る通知が掲載されていないこと[3]に留意する必要がある。

第1節　東日本大震災直後における大規模災害時の通知の発出状況

図1　東日本大震災の際の「大規模災害通知」の発出日ごとの発出状況

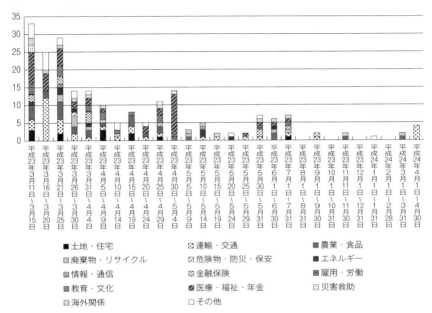

（備考）内閣府データを発出年月日ごとに整理したもの。発出日は3月から5月までの5日刻み、それ以降は月刻みである。日付が複数あるものは最初の日付で計上している。分類は、「土地・住宅」「運輸・交通」「農業・食品」「廃棄物・リサイクル」「危険物・防災・保安」「エネルギー」「情報・通信」「金融保険」「雇用・労働」は「内閣府行政刷新会議資料」（第2節1参照）の分類を踏襲し、それ以外で「教育・文化」「医療・福祉・年金」「災害救助」「海外関係」「その他」の分類を追加している。

（内閣府「東日本大震災に関連した各府省の規制緩和等の状況」（平成24年12月12日作成）を加工して筆者作成）

第2節 東日本大震災で発出された大規模災害時の通知の政策的な評価

1 各省庁の大規模災害時の通知に対するスタンス

　第1節の内閣府データからは各省庁が対応した事項がわかるが、これだけでは各省庁が対応しなかったケースを把握することはできない。

　この点に関しては、日本経済団体連合会が東日本大震災の早期復旧・復興のために規制改革要望を内閣府に行い、それに対して各省庁が回答した「内閣府行政刷新会議資料」[4]で、日本経済団体連合会会員企業が要望した内容に対しての、各省庁が対応しなかった項目を含めた対応状況を把握できる。

　これを省庁別にみると、図2の通り省庁によって要望に対する対応に若干の温度差がみられる。

　総務省に対する消防法など保安に関する要望については、大震災の復旧・復興時に緩和すべきかの判断を留保するとしても、厚生労働省の労働行政、さらに環境省の環境行政に関しては、他の省庁に比べ、措置をしないという割合が相対的に高くなっている点に課題がある。特に、労働行政に関する要望については、被災地のニーズを省庁側が把握する必要があるにもかかわらず、「要望の趣旨が不明」で対応しないと判断したものもあり、問題と考える。

2 大規模災害時の通知の現実のニーズへの対応状況

　東日本大震災の際に、法令に基づく手続きなどの義務の免除や要件の緩和などについて、「大規模災害通知」でどの程度、現実のニーズに対応し現場の問題を解決したかについて、分析を行う。

　まず、発生後約1年間における国会での議事を分析する。

　表1は、「震災」と「規制緩和」の単語を含む議事、表2は、「震災」と

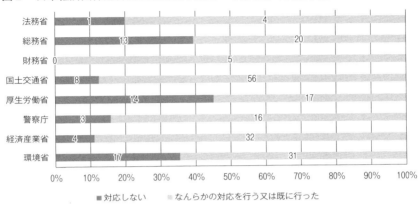

図2 日本経済団体連合会の規制改革要望への各省庁の対応状況

（備考）「内閣府行政刷新会議資料」を省庁別に整理したもの。全体の要望が3つ以下の金融庁、公正取引委員会、消費者庁、内閣府、文部科学省のデータは、「対応しない」と「なんらかの対応を行う又は既に行った」の比率を見るのには不適切なので省いている。

（「内閣府行政刷新会議資料」を加工して筆者作成）

「超法規」を含む議事である。いずれの議事録を分析しても、「大規模災害通知」が不十分であることを指摘したものは存在しなかった。

次に、発生後約1年間の全国紙等（朝日新聞、読売新聞及びNHKニュース）の報道から分析する。

表3は、「震災」と「規制緩和」の用語を含む記事、表4は、「震災」と「超法規」という用語を含む記事の分析であり、双方とも、「大規模災害通知」の相当部分に触れているものの、大震災に伴い必要な規制緩和が行われていないことを批判している記事は存在しなかった。

3　大規模災害時の通知の評価

本節1で示した通り、「大規模災害通知」は、発出段階では省庁によって温度差があったものの、発出後における被災地の現状については、国会の議事及び報道の双方で「規制緩和」や「超法規的措置」が不十分との指摘がな

表1　国会における「規制緩和」に関する発言について

委員会等の日付	委員会	発言者	規制緩和措置に関する発言の概要	震災緩和措置データでの対応状況
2011/3/25	参議院内閣委員会	小野次郎	緊急車両の規制を段階的に緩和する根拠	通知なし（災害対策基本法第76条に基づく交通規制、円滑に道路交通法の規制に移行）以下のURL参照。https://www.npa.go.jp/archive/keibi/biki/traffic/sochi.htm
2011/3/28	参議院災害対策特別委員会	斎藤やすのり	仮設ガソリンスタンド、タンクローリーからの給油要望	特段の通知なし（石油事業者による仮設ミニステーションなど対応）以下のURL参照。http://www.bousai.go.jp/jishin/syuto/taisaku_wg/10/pdf/sub2.pdf
2011/5/26	衆議院農林水産委員会	菊田真紀子外務大臣政務官	留学生の再入国のビザの扱いの説明	通知番号39
2011/5/27	衆議院厚生労働委員会	柿澤未途	訪問看護ステーションの人員基準緩和の趣旨を質問	通知番号100

（備考）国会議事録検索システムによって、平成23年3月11日から平成24年3月31日までの期間で、「震災」と「規制緩和」の両方の言葉を含む発言を整理したもの（規制緩和が東日本大震災と関係ない文脈の発言を除く）は、21件存在する。この表は、このうち、具体的な規制緩和の内容を発言した4件を列記している。

（国会議事録検索システムをもとに筆者作成）
※表中の「通知番号」が示す通知等は章末の［注釈］参照

かったことから、法令などに基づく手続きや要件などの規制緩和や超法規的措置は、現場のニーズの大部分に対応していて、大きな問題が生じなかった可能性が高いと推察できる。この判断は、東日本大震災が発生後、約1年間の間に、報道機関が行った首長アンケート結果[5]によっても確認できる。

この評価は、逆にいえば、東日本大震災の際に発出された、これらの「大規模災害通知」は、大規模な災害において必要となる重要な内容を相当程度網羅していると考えることができる。

表2　国会における「超法規」に関する発言について

委員会等の日付	委員会	発言者	超法規的な措置に関する発言内容	震災緩和措置データでの対応状況
2011/3/30	衆議院法務委員会	柴山昌彦 江田五月法務大臣	福島地検いわき支部で勾留中の容疑者を釈放した根拠を質問	特になし（刑事事件訴訟法第60条の運用と法務大臣が答弁）
2011/4/12	参議院厚生労働委員会	石井みどり 細川律夫厚生労働大臣	精神科入院者の転院手続きについて確認	特になし（別途厚生労働省から「東北地方太平洋沖地震における精神保健及び精神障害者福祉に関する法律に規定する入院手続の実施について」（平成23年3月14日）で通知されており、これで対応済み。以下のURL参照） https://hodanren.doc-net.or.jp/iryoukankei/jisin/110314jm_seisin2.pdf
2011/4/14	衆議院災害対策特別委員会	石山敬貴 吉村馨農村振興局長	土地改良事業の災害査定の簡素化を質問	特になし（別途、農林水産省から「災害復旧の迅速化に向けた災害査定の簡素化について」（平成23年4月11日）が発出されている。

（備考）国会議事録検索システムによって、平成23年3月11日から平成24年3月31日までの期間で、「震災」と「超法規」の両方の言葉を含む発言を整理したもの（超法規の発言が東日本大震災と関係ない文脈の発言と原子力発電所の停止に関する発言を除く）は、13件存在する。この表は、このうち、具体的な超法規的な措置の内容を発言したもの3件を列記している。

（国会議事録検索システムをもとに筆者作成）

第1章　大規模災害時の通知の意義と活用

表3　報道における「規制緩和」に関係する記事

記事等の日付	媒体	記事における規制緩和の具体的な内容	震災緩和措置データでの対応状況
2011/3/31	朝日新聞東京朝刊	文化財保護法で保護されている松島周辺の規制緩和を宮城県知事が要望	通知番号56、57で対応
2011/4/6	読売新聞東京朝刊	同上	同上
2011/4/17	朝日新聞名古屋地方版	避難所での職業紹介の実施の必要性を指摘	通知番号94で対応
2011/4/27	読売新聞東京夕刊	避難所又は仮設住宅における訪問理容、訪問美容の通知の紹介	通知番号101で対応
2011/4/30	読売新聞東京朝刊	文化財保護法で保護されている松島周辺の規制緩和に関する検討会設置	通知番号56、57で対応
2011/5/3	NHKニュース	被災者が消費者金融から借り入れる場合の借り入れ額の弾力化	通知番号16で対応
2011/5/4	NHKニュース	日本経団連（ニッポン）が規制緩和要望を提出	
2011/5/9	朝日新聞東京朝刊	車庫証明の不要化を提案	通知番号9、11で対応
2011/5/11	読売新聞東京朝刊	文化財保護法で保護されている松島周辺の規制緩和を文化庁が容認	通知番号56、57で対応
2011/5/18	朝日新聞東京地方版	内閣府は東日本大震災に伴う各種規制緩和の一覧を公表	
2011/5/26	朝日新聞東京夕刊	避難所又は仮設住宅における訪問理容、訪問美容の通知の紹介	通知番号101で対応
2011/5/30	朝日新聞東京朝刊	復旧工事での現場監督の要件の緩和を要望	特になし（別途、国土交通省から「東日本大震災の被災地における建設工事の技術者の専任に係る当面の取扱いについて」平成24年2月20日）が発出され、主任技術者要件の緩和が行われた。以下のURL参照。https://www.jcmanet.or.jp/renraku/2013/130919_1.pdf
2011/5/31	朝日新聞東京朝刊	通関業務の規制緩和通知の紹介	通知番号53で対応
2011/6/2	読売新聞東京朝刊	被災者の自動車保管場所の規制緩和を行ったことを紹介	通知番号9、11で対応
2011/6/22	読売新聞東京朝刊	松島における建築規制の緩和等を要望	通知番号56、57で対応
2011/7/30	朝日新聞東京朝刊	都市公園の活用、農地の転用等について要望	通知番号193、3、129で対応

（備考）G-searchデータサービスによって、朝日新聞、読売新聞、NHKニュースについて、2011年3月11日から2012年3月31日まで、「震災」と「規制緩和」の双方の用語を含む記事は332件ある。このうち、内容から東日本大震災に関係のない記事及び同じ内容の記事（例えば「東北サミット」の記事）を省いた残りの記事総数は、165件である。このうち、具体的な規制緩和措置を述べているもの16件を列記している。

（G-searchデータサービスをもとに筆者作成）
※表中の「通知番号」が示す通知等は章末の［注釈］参照

第2節　東日本大震災で発出された大規模災害時の通知の政策的な評価

表4　報道における「超法規」措置に関係する記事

記事等の日付	媒体	超法規的措置の内容	震災緩和措置データでの対応状況
2011/3/30	読売新聞東京朝刊	仙台・福島地検拘留者を超法規的に釈放したのではない	特になし（刑事事件訴訟法第60条の運用と国会で法務大臣が答弁）
2011/3/31	朝日新聞地方宮城	運転資金のために超法規的な立法措置を要望	通知番号16、45、46で対応
2011/5/2	朝日新聞地方東京	液状化した土地の評価はゼロに近いので超法規的な支援が必要	特になし（防災集団移転促進事業等では運用上、地価の7・8割で購入）
2011/6/15	読売新聞東京朝刊	フェリーで超法規的に燃料を運送	特になし（国土交通省は東日本大震災時には、危険物運送船適合証の発行手続き等の簡素化を実施。恒久措置として、国土交通省は「非常災害時におけるカーフェリー等による危険物（タンクローリー）の運送に係る危険物船舶運送及び貯蔵規則の取扱いについて」（平成26年3月27日を発出。以下のURL参照。）http://www.mlit.go.jp/common/001033656.pdf
2012/1/17	読売新聞大阪夕刊	海外の支援物資を受け入れるのに検疫は不要という主張	通知番号75で対応
2012/3/2	朝日新聞東京朝刊	医療費を無料にする超法規的措置が必要	通知番号105、106、107、108で対応

（備考）G-searchデータサービスによって、朝日新聞、読売新聞、NHKニュースについて、2011年3月11日から2012年3月31日まで、「震災」と「超法規」の双方の用語を含む記事（原子力発電所関係のものを除く）は15件ある。このうち、具体的な超法規措置の内容を述べているもの6件を列記している。

（G-searchデータサービスをもとに筆者作成）
※表中の「通知番号」が示す通知等は章末の［注釈］参照

第3節 大規模災害時の通知に関する法改正措置

「大規模災害通知」のうち、すでに恒久的な法令改正がなされた事項は表5の通りである。

なお、表5では、内閣府データで対応するもののほか、それ以外で、災害対策基本法改正などによって、法令等に基づく手続きや要件を緩和したものも記載している。

以下、表5について補足説明を行う。

通知番号84「平成23年東北地方太平洋沖地震、長野県北部の地震及び静岡県東部の地震の被災に伴う医療法等の取扱いについて」（平成23年3月21日医総発0321第1号）については、病院等の開設にあたって必要な医療法第7条又は第8条の許可・届出及び第27条の検査について、通知では特段の法律上の根拠なしに事後的なもので足りるとしていたが、2013年の災害対策基本法の改正によって、地方公共団体が開設する病院等の開設に限って、これらの規定の適用除外の規定を設けている。ただし、それ以外の病院等の開設ができる者、すなわち、「医師法第16条の4第1項の規定による登録を受けた者」については、特例規定は創設されていない。

通知番号71「「平成23年（2011年）東北地方太平洋沖地震」の発生を受けた墓地、埋葬等に関する法律に基づく埋火葬許可の特例措置について」（平成23年3月14日健衛発0314第1号）、「「平成23年（2011年）東日本大震災」の発生を受けた墓地、埋葬等に関する法律に基づく焼骨の埋蔵等に係る特例措置について」（平成23年4月14日健衛発0414第1号）は、墓地、埋葬等に関する法律第5条の許可なしでは同法第14条の規定により埋葬等を禁止されていたにもかかわらず、埋葬等を認める内容であった。これを可能とするために、2013年災害対策基本法改正で必要な規定が措置された。この部分は通知内容について完全に災害対策基本法改正で対応している。

なお、内閣府データには含まれていない規制緩和措置で、2013年の災害対

表5　「大規模災害通知」等に関して法令改正が措置されている事項

通知番号	法令	内容
－	2013年災害対策基本法改正	第86条の2　避難所の設備や維持に関する基準に関する消防法の特例
84		第86条の3　地方公共団体が開設する臨時の医療施設に関する医療法の特例
71		第86条の4　災害時の埋火葬に関する墓地、埋葬等に関する法律の特例
－		第86条の5　災害廃棄物の処理に、一般廃棄物処理業、産業廃棄物処理業の許可を不要とする廃棄物の処理及び清掃に関する法律の特例
道路啓開	2013年道路法改正	第17条第6項　都道府県知事又は市町村長の要請に基づく国土交通大臣の代行規定
	2014年災害対策基本法改正	第76条の6　災害時における道路管理者の車両の移動等に関する特例
－	2015年廃棄物の処理及び清掃に関する法律改正	第9条の3の3　市町村から委託を受けて災害廃棄物処理のために一般廃棄物処理施設を設置する者は許可ではなく届出で足りるとする規定
204		第15条の2の5　産業廃棄物処理施設で一般廃棄物を処理する場合に事後の届出で足りるとする規定
211	2015年廃棄物の処理及び清掃に関する法律施行令改正	第4条　災害廃棄物処理のため受託事業者が再委託することを可能とする規定
－	2015年災害対策基本法改正	第86条の5第9項　環境大臣による産業廃棄物の収集・運搬・処分権限の代行権限を創設する規定

（備考）　通知番号の「－」は内閣府HPの「大規模災害通知」には含まれない項目を意味する。道路啓開は当該「大規模災害通知」に含まれないもので、道路啓開に関する項目を意味する。なお、通知番号84のうち、法改正で対応したものは地方公共団体の長が開設する医療施設のみであり、民間の医者が開設した医療施設は法改正で措置されていない。

（所管省庁の法令改正資料に基づき筆者作成）

策基本法の改正によって対応したものとしては、避難所等の基準について消防法の特例を設ける規定と、災害廃棄物を処理する場合に一般廃棄物又は産業廃棄物処理業の許可を不要とする特例を設ける規定が整備されている。これらの規定は、武力攻撃事態等における国民の保護のための措置に関する法律の関連規定を参考にしているものの、関係省庁の理解が十分に得られなかったため、同法では措置されている、外国医療関係者による医療の提供の許可、第92条の外国医薬品等の輸入の承認については、措置されていない点

に留意が必要である。

通知番号204「廃棄物の処理及び清掃に関する法律施行規則の一部を改正する省令」（平成23年3月31日環境省令第6号）は、廃棄物の処理及び清掃に関する法律第12条の2の4（現在の第15条の2の5）に基づく省令を改正して、「都道府県知事がこれによることが困難な特別の事情があると認める場合には」事前の届出を不要としたが、2015年の同法改正で、単に事前の届出を不要にしただけでなく、事後の届出で足りるとする第15条の2の5第2項の規定を創設している。

同法の改正では、第9条の3の3の規定を創設して、地方公共団体の委託を受けて災害廃棄物を処理するために一般廃棄物処理場を設置する場合に、許可は不要で届出だけで足りるという規定を創設している。

同法施行時に制定された施行令においては、通知番号211「廃棄物の処理及び清掃に関する法律施行令の一部を改正する政令」（平成23年7月8日政令第215号）、「廃棄物の処理及び清掃に関する法律施行規則の一部を改正する省令」（平成23年7月8日環境省令第15号）で記載されている東日本大震災に特化した、産業廃棄物処理の再委託を認める政令改正を、恒久的な制度として制度化している。

さらに、廃棄物の処理及び清掃に関する法律の改正と一体的に行われた2015年の災害対策基本法の改正では、災害廃棄物処理のための環境大臣の代行規定も創設されている。

道路啓開に関する制度改正は、内閣府データに直接関係するものではないものの、通知番号203「東北地方太平洋沖地震における損壊家屋等の撤去等に関する指針」（平成23年3月25日）の私有地を対象にした「東北地方太平洋沖地震における損壊家屋等の撤去等に関する指針について」（平成23年3月25日）に関連している。

すなわち、道路上において放置された自動車や家屋等の撤去については、2013年の道路法改正によって、国土交通大臣が都道府県道などについて代行して道路啓開ができることになっただけでなく、2014年の災害対策基本法改正によって、適法に自動車や損壊家屋等を撤去できる根拠規定が創設された。

この際に内閣府政策統括官（防災担当）ほかから発出された「「災害対策基本法の一部を改正する法律」の施行について」（平成26年11月21日）において、自動車等の撤去方法や従前従後の写真撮影などの手続きが示され、現実のその後の災害で運用されている。この運用の考え方は、上記「東北地方太平洋沖地震における損壊家屋等の撤去等に関する指針について」（平成23年３月25日）」で想定している私有地における損壊家屋等の撤去にあたって参考になると考える。

　なお、内閣府データによる通知類は、原則は東日本大震災に特化したものであるが、例外として、救援活動を行う航空機からの物体の投下に関して手続きを簡素化する通知番号171「東北地方太平洋沖地震に係る救援活動における航空法第89条ただし書の届出等に関する処理要領について」（平成23年３月17日国空航第1366号）については、これを恒久化する通知「災害時に救援活動を行う航空機に係る許可手続等の柔軟化について」（平成23年10月20日国空航第305号）が発出されている。また、通知番号182「災害により破損した建築物の応急の修繕に係る建築基準法の取扱いについて」（平成23年４月５日国住指第27号）の「建築基準法第85条第１項の災害により破損した部分の修繕については工事の着手時期にかかわらず建築基準法は適用されない」という通知も恒久的なものとして発出されていることに留意すべきである。

第4節　大規模災害時の通知の活用方法

　「大規模災害通知」は、表5で示した通り、内閣府データのうち法改正で対応した項目は4項目、それ以外のものを入れても10項目に過ぎず、大部分は法改正で未対応である。

　この状況について、「大規模災害通知」においては、第2章で示される通り、法律の文言上これに違反する内容を通知しているものが多数含まれていることを前提にすると、より多くの法改正の対応が本来必要であると解せざるを得ず、東日本大震災以降の各省庁の努力不足は否めない。しかし、関連する法改正が2015年後には行われていないことを踏まえると、「大規模災害通知」に関連する法律上の対応が今後行われることは期待しにくい。

　「大規模災害通知」のなかには、法解釈の確認や手続きの簡素化を確認するもののほか、法令上の規定から違法と判断される行為について、超法規的措置として、一定の条件のもとで違法性を阻却することを示しているものもある。

　特に、この通知によって違法性を阻却するとしている行為については、条文解釈上は違法であることから、場合によっては、自治体職員が国家賠償責任を問われる可能性もある。現実にも、名取市道路啓開に関する訴訟（この場合には自治体職員ではなく防衛省職員及び防衛省協力団体が被告）も提起された。この判決[6]において、職員の行為の緊急性、必要性、相当性（被侵害利益と保全利益のバランス）が具体的に判断され、違法ではないとの判決となっている。

　東日本大震災の際に発出された大規模災害時の通知は、超法規的な措置を行う際の緊急性、必要性や相当性を確保するための必要な視点や要件が述べられているものも多く、自治体職員が大規模な自然災害の起こる前に十分理解しておくことが、自らの行動の適法性を確保するためにも重要である。

　もちろん、東日本大震災に匹敵する規模の将来の大規模災害にあたって

は、同様の通知が各省庁から再度発出されることは想定できる。しかし、被災地の自治体職員としては、あらかじめ東日本大震災の際に発出された通知を前提にして、迅速に行動することが求められる。このためにも、自治体の職員は、将来の大規模災害の発生時に備えて東日本大震災の際に発出されたこれらの通知を十分理解しておく必要がある。

　また、自治体の職員は、「大規模災害通知」に基づいて法規制等を弾力的に運用する立場にもなり得る。この際には、通知番号41「査証通達（東日本大震災復興支援策：被災三県を訪問する外国人に対する手数料免除措置」（平成23年11月4日）の旅券発行事務、通知番号165「「平成23年東北地方太平洋沖地震」により取水施設等が被害を受けた場合等の水利使用許可制度の運用について」（平成23年3月11日事務連絡）、「「平成23年東北地方太平洋沖地震」によりライフラインとなる占用物件が被害を受けた場合の河川敷地占用許可等制度の運用について」（平成23年3月11日事務連絡）の河川法の水利使用権許可等の事務を除いて、内閣府データの事務は自治事務であり、内閣府データに掲載されていない通知についても、自治事務であるものが大部分と想定される。

　これを踏まえ、自治事務の趣旨に則り、地方自治体の職員が、「大規模災害通知」の前提となる制度について、主体的に法解釈を行い、柔軟に制度を運用することを期待したい。

　なお、各省庁の担当官においても、東日本大震災の発出通知をあらかじめ十分理解し、東日本大震災の際と同等以上の迅速さをもって通知を発出することを期待する。

（佐々木　晶二）

[注釈]
1)　以下のURL参照。https://www.cao.go.jp/sasshin/kisei-seido/publication/241212/item241212.pdf
　　通知文本文については、2019年秋以降、日本災害復興学会のホームページにて公開予定。
2)　日本医師会の以下のURL掲載の文書の6頁参照。
　　http://dl.med.or.jp/dl-med/teireikaiken/20150325_2.pdf
3)　東日本大震災の際の災害救助法の通知に関しては、佐々木晶二『最新　防災・復興法制』第一法規、2017年、250頁以下参照。
4)　日本経済団体連合会のHPのうち、「東日本大震災にかかる規制改革要望への政府回答につい

て」の頁、https://www.keidanren.or.jp/policy/2011/058.html に貼り付けてある「行政刷新会議ホームページ「被災地復旧・復興のための規制・制度の見直しについて」のリンクからデータ入手可能。
5) 発災後約1年間となる2012年3月末までの、朝日新聞、読売新聞、毎日新聞で行われた首長アンケートの記事を、朝日新聞（2011.6.11）、読売新聞（2011.5.11、9.8）、毎日新聞（2011.6.11、9.10、2012.3.8）の全国版で確認したが、第2節2の分析以上の規制緩和や超法規的措置の具体的な要望は確認できなかった。
6) 仙台地方裁判所判決（平成24年7月5日）及び同控訴審仙台高等裁判所判決（平成24年12月12日）参照。

■表中の通知番号に該当する通知等（番号順）

通知番号3
・津波被災地における民間復興活動の円滑な誘導・促進のための土地利用調整のガイドラインについて（技術的助言）（平成23年閣復本第28号、農振第1220号、（新）国都計第15号
通知番号9
・平成23年東北地方太平洋沖地震に伴う自動車保管場所証明事務の取扱いについて（平成23年3月22日事務連絡）
通知番号11
・平成23年東北地方太平洋沖地震に伴う被災者保有車両の駐車の取扱いについて（平成23年3月25日事務連絡）
通知番号16
・貸金業法施行規則の一部を改正する内閣府令（平成23年内閣府令第21号、第57号）※平成24年3月31日をもって措置終了
通知番号39
・査証通達（東北地方太平洋沖地震等：再入国許可未取得者に対する取扱い（在留資格「留学」）
・査証通達（東北地方太平洋沖地震等：再入国許可未取得者に対する取扱いの終了（在留資格「留学」）
通知番号45
・東北地方太平洋沖地震等の被災者の方が個人向け国債の中途換金を請求する場合の手続の特例について（平成23年3月15日）
通知番号46
・東北地方太平洋沖地震及び長野県北部の地震による罹災者に対する記名国債関係事務の取扱いについて（平成23年3月15日）
・東北地方太平洋沖地震及び長野県北部の地震による罹災者に対する記名国債関係事務の取扱いについて（追加）（平成23年3月22日）
・東日本大震災及び長野県北部の地震による罹災者に対する記名国債関係事務の取扱いについて（平成23年9月5日）
通知番号53
・東日本大震災からの復興に係る税関の支援策の実施について
通知番号56
・東北地方太平洋沖地震に伴う復旧工事に係る埋蔵文化財に関する文化財保護法の規定の適用について（平成23年22庁財第1213号）
通知番号57
・東北地方太平洋沖地震に伴う災害復旧事業に係る文化財保護法第125条及び第168条の規定の適用について（平成23年22庁財第1214号）
通知番号75
・東北地方太平洋沖地震に関する救援物資の取扱いについて（平成23年食安検発0315第1号）
通知番号94
・避難所において職業紹介事業者又は労働者派遣事業者が出張相談に応じる取扱いについて（平成

23年4月1日)
通知番号100
- 東日本大震災に対処するための基準該当訪問看護の事業の人員、設備及び運営に関する基準の施行について(平成23年老発0422第1号)
- 東日本大震災に対処するための基準該当訪問看護の事業の人員、設備及び運営に関する基準の一部を改正する省令の施行について(平成24年老発0229第3号)
- 東日本大震災に対処するための基準該当訪問看護の事業の人員、設備及び運営に関する基準の一部を改正する省令の施行について(平成24年老発0928第6号)

通知番号101
- 平成23年(2011年)東日本大震災の発生により被災した理容師及び美容師による避難所又は仮設住宅における訪問理容・訪問美容について(平成23年健衛0422第1号)

通知番号105
- 東日本大震災に対処するための特別の財政援助及び助成に関する法律(平成23年法律第40号)第81条、第84条

通知番号106
- 東日本大震災に対処するための特別の財政援助及び助成に関する法律(平成23年法律第40号)第49条、第59条

通知番号107
- 東日本大震災に対処するための特別の財政援助及び助成に関する法律(平成23年法律第40号)第50～56、61～65、67～71、73～77条)

通知番号108
- 東日本大震災に対処するための特別の財政援助及び助成に関する法律(平成23年法律第40号)第57条、第66条

通知番号129
- 東北地方太平洋沖地震に伴う災害時の応急措置・復旧に係る農業振興地域制度及び農地転用許可制度の取扱いの周知について(平成23年22農振第2137号)

通知番号193
- 災害復旧・復興に係る都市公園の占用許可の取扱いについて(平成23年5月25日事務連絡)

参考文献

- 鈴木庸夫「震災緩和と法治主義」『自治総研』通巻436号、2015年2月号、53～83頁
- 鈴木庸夫『大規模震災と行政活動』日本評論社、2015年
- 尋木真也「東日本大震災における支援する外国人、支援を受ける外国人」『早稲田大学社会安全政策研究所紀要』第4号、2011年、87～112頁
- 多島良ほか「東日本大震災における災害廃棄物処理に対する制度の影響」『廃棄物資源循環学会論文誌』Vol.25、2004年、1～15頁

第 **2** 章

大規模災害時の通知の分類と法的評価

第1節 通知の分類

はじめに

　東日本大震災をはじめとして、大規模災害時には、平常時とは異なった状況にある被災地に平常時の法制度をそのまま適用したのでは、課題処理が適切にできない事例が多く発生する。そのため、政府は、法令改正や柔軟な解釈を認めるなどの特例的措置をとることによって、課題処理を適切に行うことになる。

　東日本大震災の際には、法令改正として、災害対策の基本的な法律である「災害対策基本法」が、平成24年6月の改正以降、数次にわたって改正された。また、数多くの通知が各省庁から発出され、「平常時を念頭においた法律」をそのまま適用することによる支障を回避すべく対応がとられた。

　数多く出された災害関連通知を法的観点からみた場合、次のような類型に分類することができる。なお、法令改正が行われ、それを受けて出された施行通知については、ここでの分類からは除いている。

　第一は、既存の特例規定を適用して、非常時に対応した特例を実施するものである。この中には、「特例規定を直接適用」、「特例規定に基づく省庁権限を発動」、「特例規定に基づき、何らかの規定（政省令や地域指定の告示等）を設ける」などが含まれる。

　第二は、これまでの解釈を確認するものである。この中には、「通常解釈の確認」、「被災地へのあてはめ解釈」などがある。単に「通常解釈の確認」通知であると、一般的な解釈を「被災地」にあてはめた解釈を示す通知であるとを問わず、通常解釈の範囲内のものということができる。いずれにしても、大規模災害時において混乱を避けるために「確認的に示す」ものであることには変わりはないから、法的には両者を特に区別する必要はない。

　第三に、法令の拡張解釈である。法令解釈の分類では、拡張解釈とは、法

令の規定の文言を、それが普通意味するところよりも広げて解釈することであり、類推解釈とは、似かよった事柄のうち、一方についてだけ規定があって、他方については明文の規定がない場合に、その規定と同じ趣旨の規定が他方にもあるものと考えて解釈することとされている。ただ、刑事法令では罪刑法定主義の観点から類推解釈の禁止の法理があるが、大規模災害時の通知には、刑事罰を科す方向で広げるものはなく、両者を区別して厳密な解釈をする必要はないので、本稿では、拡張解釈に類推解釈も含めて取り扱う。

第四に、超法規的解釈である。これは、本来は違法と考えられるものであるが、非常時であることを踏まえ、本来は認められない対応を可能とする見解を示すものである。基本的には、「平常時には違法であるが、今回は許される」との取扱いや解釈を示すものを意味するが、「平常時には違法であるが、今回は取締り又は行政措置を行わない」とする通知も含めることとする。

東日本大震災の際には数多くの通知が出されたが、そのうち、震災時における平常時とは異なった取扱いについては、「東日本大震災に関連した各府省の規制緩和等の状況」（平成24年12月12日内閣府作成）で一定の集約がなされている。ここには、213の通知が掲載されているが、これで全ての通知を網羅しているわけではない。

そこで、これ以外の通知について各省庁に照会して入手したが、244の通知に留まった。さらに多くの通知が発出されていることは認識しているが、本稿では、244の通知を対象に上記の分類に沿って分析を行った。以下、上記4つの分類に沿って、該当する通知のうちいくつかを具体的にみていくことにする[1]。

1　特例規定の適用

「東北地方太平洋沖地震に伴う災害復旧事業に係る文化財保護法第125条及び第168条の規定の適用について」（平成23年3月25日22庁財第1214号、文化庁次長通知）は、東北地方太平洋沖地震に伴う災害復旧事業で、該当県市内の史跡名勝天然記念物の指定に係る土地で行われるものについては、文化庁

長官の許可を要しない「非常災害のために必要な応急措置を執る場合」にあたるとし、その対象となる災害復旧事業の範囲について、文化庁から関係都道府県教育委員会に通知したものである。文化財保護法第125条は、文化庁長官の許可を要するとしているが、ただし書きにおいて「非常災害のために必要な応急措置を執る場合」は要しないとしており、東北地方太平洋沖地震に伴う、災害復旧事業に係る場合は、要しない場合にあたると判断（第168条の規定も同様）して通知したものである。これは、既存の特例規定を直接適用したものといえる。

「東日本大震災の発生に伴う私立学校法及び私立学校振興助成法における期限の定めのある規定の取扱いについて」（平成23年4月18日23文科高第71号、文部科学省通知）は、特定非常災害の被害者の権利利益の保全等を図るための特別措置に関する法律第4条及び平成23年東北地方太平洋沖地震による災害についての特定非常災害及びこれに対し適用すべき措置の指定に関する政令により、私立学校法に規定する履行期限までに履行できないもので、かつ、その不履行が今回の災害によるものである場合は、平成23年6月30日までの間、その不履行について責任を問わないこととしている。これは、既存の特例規定に基づき、政令が定められたものである。

「東北地方太平洋沖地震に係る労働保険料等の納期限の延長等について」（平成23年3月14日基発0314第1号、厚生労働省通知）では、対象地域に係る延長後の納期限は、災害のやんだ日から2か月以内の日が定められることとなるが、別途災害の復旧状況等を踏まえ告示で定められることを明らかにしている。これは、国税通則法第11条を根拠に延長されることを示しつつ、新たな期限を告示によって規定するものであり、既存の特例規定に基づき、告示が定められたものである。

「東北地方太平洋沖地震に伴う厚生年金基金及び国民年金基金の掛金等の納付期限の延長等に係る事務処理に関する指導等について」（平成23年3月29日年企発0329第2号、厚生労働省通知）、「東日本大震災に伴う厚生年金基金及び国民年金基金の掛金等の納付期限等の指定について」（平成23年6月20日年企発0620第1号、厚生労働省通知）、「東日本大震災に伴う厚生年金基金及び国民年金基金の掛金等の納付期限等の指定について」（平成23年8月

24日年企発0824第1号、厚生労働省通知）、「東日本大震災に伴う厚生年金基金及び国民年金基金の掛金等の納付期限等の指定について」（平成23年10月26日年企発1026第1号、厚生労働省通知）、「東日本大震災に伴う厚生年金基金及び国民年金基金の掛金等の納付期限等の指定について」（平成24年2月17日年企発0217第1号、厚生労働省通知）は、厚生年金保険法第141条第1項において準用する第89条及び国民年金法第134条の2第1項において準用する第95条によりその例によることとされる国税通則法第11条、国税通則法施行令第3条第1項に基づき、納付期限の延長ができることとされている。

　この規定に基づき、厚生年金基金及び国民年金基金の掛金等について、納付期限の延長及び納付の猶予を行うよう指導するものであり、既存の特例規定を直接適用したものといえる。

　電気事業法令では、内燃力発電設備の設置者は、大気汚染防止の観点による工事計画等の事前届出が必要となり、通常、内燃力発電設備の設置者は、当該届出の受理日から30日間は工事を開始できないが、電気事業法第48条第3項により、同法第47条第3項に掲げる事項（技術基準に適合しないものではないこと等）に適合していると認められた場合は、当該工事開始制限期間を短縮できる。

　「「内燃力発電設備の工事計画に係る工事開始制限期間の短縮」について」（平成23年3月12日経済産業省事務連絡）は、本運用を実施し、内燃力発電設備の設置者の要望に応じ、同工事開始制限期間の短縮をする措置を行ったとするものである。これは、特例規定を直接適用したものといえる。

　「火力発電設備に係る電気事業法施行規則第94条の2第3項第2号の運用について（東北地方太平洋沖地震による被災下における定期事業者検査時期変更承認）」（平成23年3月29日経済産業省事務連絡）は、火力発電設備の設置者は、災害等の非常時において、定期事業者検査の実施が著しく困難であるときは、産業保安監督部長の承認を受けることにより、同検査の実施時期を延長することが可能であり、本運用を実施し、設置者の申請に応じ、定期事業者検査の実施時期を12か月を限度に延長する措置を行ったとするものである。

　これは、電気事業法施行規則第94条の2第3項第2号に規定する定期事業

者検査を行うことが著しく困難な場合に該当するものとして、「定期事業者検査を行うことが著しく困難な場合に該当すると産業保安監督部長が認める場合」が定められており、これを適用したものである。したがって、特例規定に基づく省庁権限を発動したものといえる。

「平成23年東日本大震災により影響を受けた手続期間の延長等について（第3報）」（平成23年4月11日経済産業省事務連絡）は、通常、緊急避難手続は手続きに際し事前に特許庁長官の認否の確認が必要とされているが、今般の災害により、特許出願等におけるオンライン手続を行うことができなくなった場合、この事前の認否確認手続なしに、CD－R等の記録媒体による提出（緊急避難手続）を行えることとするものである。

これは、オンライン手続が不可能な場合は、工業所有権に関する手続等の特例に関する法律第6条による磁気ディスクによる提出（緊急避難手続）を行えるとする特例規定を直接適用するものである。

なお、環境省では、平成23年3月18日当時の環境省サイト「環境省所管法令等における主な災害時の特例規定の例」で、公害健康被害補償法、石綿健康被害救済法、自然公園法、自然環境保全法、鳥獣保護法（現鳥獣保護管理法）、種の保存法、外来生物法、動物愛護管理法、悪臭防止法及び公害防止事業費事業者負担法の関係法令における災害時の特例規定のリストを掲載していた。

2　通常解釈の確認

「被災地への救援物資配送に関する業界での調整について」（平成23年3月18日公正取引委員会事務連絡）は、被災地に円滑に物資を供給するため、関係事業者が共同して、又は関係団体において、配送ルートや配送を担当する事業者について調整することは、独占禁止法上問題となるものではないとした。

これは、独占禁止法第3条が禁止している「不当な取引制限」に該当しないとの解釈を示したものであるが、通常の解釈を被災地にあてはめたものといえる。

「平成23年東北地方太平洋沖地震における処方箋医薬品の取扱いについて（医療機関及び薬局への周知依頼）」（平成23年3月12日厚生労働省事務連絡）は、被災地の患者に対して、医師の受診が困難又は医師等からの処方せんの交付が困難な場合に、必要な処方せん医薬品を販売又は授与することが可能であることを周知するものである。

　これは、薬事法（平成26年11月25日より「医薬品、医療機器等の品質、有効性及び安全性の確保等に関する法律（医薬品医療機器等法）」）第49条第1項の規定における「正当な理由」に該当するとの解釈を示したものであるが、薬事法（現医薬品医療機器等法）の解釈基準を示す「処方せん医薬品等の取扱いについて」（平成17年3月30日薬食発0330016号、厚生労働省医薬食品局通知）に示されている基準を確認したものであり、通常解釈の確認をするものといえる。

　「避難所において職業紹介事業者又は労働者派遣事業者が出張相談に応じる場合の取扱いについて」（平成23年4月1日職発0401第26号、厚生労働省通知）は、すでに許可又は届出を行っている民間の職業紹介会社等が避難所に窓口等を設置し、出張相談に応じる場合、当該出張相談は独立した事業所とは考えられず、当該窓口の設置は事業所の新設としては取り扱わないとしている。これは、通常解釈の確認をするものといえる。

　「平成23年（2011年）東日本大震災の発生により被災した理容師及び美容師による避難所又は仮設住宅における訪問理容・訪問美容について」（平成23年4月22日健衛発0422第1号、厚生労働省通知。平成25年3月12日健衛発0312第1号、平成27年4月20日健衛発0420第1号も同内容）は、避難所又は仮設住宅で生活する被災者であって、被災により理容所又は美容所に来ることができない者に対し、被災した理容師又は美容師が、避難所又は仮設住宅を訪問して理容又は美容を行うことを認めるとしている。

　訪問理容・訪問美容は、「疾病その他の理由により、理容所に来ることができない者に対して理容を行う場合」（理容師法施行令第4条第1号）、「疾病その他の理由により、美容所に来ることができない者に対して美容を行う場合」（美容師法施行令第4条第1号）に認められており、通常解釈を被災地にあてはめたものといえる。

「今夏の電力需給対策に供する既設及び新設の非常用予備発電装置に係る電気事業法上の取扱い及び保安管理の徹底について」（平成23年5月13日経済産業省事務連絡）及び「ピークカット用電源として非常用予備発電装置を使用する場合の電気事業法上の取扱い及び保安管理の徹底について」（平成24年1月11日経済産業省事務連絡）は、安全確保上等の要件を満足すれば、既設及び新設の非常用予備発電装置を夏の電力需給対策に供するため、ピークカットの必要時に一般負荷対応として運転することを可能とするものである。これは、現行電気事業法令では、常用電源の停電時に保安電力を確保するための装置を、非常用予備発電装置として扱っており、それに基づいて電力需給がひっ迫する東京電力管内及び東北電力管内にあてはめたものといえる。

「被災した家電リサイクル法対象品目の処理について（追加）」（平成23年3月23日経済産業省・環境省事務連絡）は、被災地ではがれき等の迅速な処理が最優先であることから、被災した家電リサイクル対象品目については、災害廃棄物として他の廃棄物と一括で処理することもやむを得ないとする。家電リサイクル法対象品目を災害廃棄物から分別することは、家電リサイクル法上は義務ではないので、通常の解釈を確認するものといえる。

「被災したパソコンの処理について」（平成23年3月30日経済産業省・環境省事務連絡）は、被災地ではがれき等の迅速な処理が最優先であることから、被災したパソコンについては、災害廃棄物として他の廃棄物と一括で処理することもやむを得ないとする。パソコンを災害廃棄物から分別することは、資源有効利用促進法上は義務ではないので、通常の解釈を確認するものといえる。

3　拡張解釈

「東北地方太平洋沖地震に伴う復旧工事に係る埋蔵文化財に関する文化財保護法の規定の適用について」（平成23年3月25日22庁財第1213号、文化庁次長通知）は、文化財保護法第94条（国の機関等が行う発掘）の通知について、第94条には例外規定がないものの、第92条（調査のための発掘）のただ

し書き（文化庁長官への届出をしなくてよい場合）を類推適用して通知を要しないとして取り扱ってよいとしている。これは、拡張解釈といえる。

「平成23年東北地方太平洋沖地震における医療用麻薬の県境移動の取扱いについて（卸売業者、医療機関及び薬局への周知依頼）」（平成23年3月15日厚生労働省事務連絡）は、県境を越えた麻薬の譲渡手続を簡素化し、事前に電話連絡をした上で、譲渡後に許可申請書を提出することも可能とするものである。本来は許可を得て行うべきところ、事前に電話連絡することで代替するものであるから、手続き要件を拡張解釈したものといえる。

法律で手続き要件が定められている場合、災害時にそれをそのまま要求するのは酷である場合に、この通知の事例のように、他の手続きで代替することによって同等の確認ができるならば、手続きを緩和しても違法ということはできないと考える。

「被災地から遠方の場所に応急仮設住宅等を建築するための開発行為等について」（平成23年4月5日国都開第1号、国土交通省通知）は、建築基準法第85条第1項により指定する区域内の、応急仮設住宅等を建築するための開発行為等については、都市計画法第29条の許可不要とされているが、建築基準法第85条第1項により指定する区域外であっても同様に許可不要とするものであり、拡張解釈といえる。

「東日本大震災の被災地の復旧・復興活動に係る制限外積載許可事務の取扱いについて」（平成23年4月22日警察庁丁規発第73号、警察庁通知）は、制限外積載許可の対象は、道路交通法第57条第3項により「貨物が分割できないもの」である場合に限られているが、被災地においては、分解した大型貨物を組み立てる場所、施設、熟練者等の確保が困難な場合もあることから、「分割できないもの」に該当するかどうかについては、こうした被災地の状況を踏まえて、通常であれば分解できないものであっても、柔軟な判断に努めることとする。「分割できないもの」との解釈を拡張するものであり、拡張解釈といえる。

「平成23年（2011年）東北地方太平洋沖地震災害対策に係る船舶職員及び小型船舶操縦者法第20条特例許可の取扱いについて」（平成23年3月19日国海技第174号、国土交通省通知）は、船舶職員及び小型船舶操縦者法では、

航行の安全上支障がないと認められる範囲内で、乗組み基準の特例が認められているが、被災地の復興を直接の目的とする船舶について、一定の要件の下で特例を認めている。

これは、特例措置が、同法施行規則第63条第6号で「船舶の航行の安全に関する事項に照らし特殊であると国土交通大臣が特に認める事由」とされるなど、航行の安全の観点から認められている取扱いを広げるもので、拡張解釈といえる。

4　超法規的解釈

「東北地方太平洋沖地震を受けた食品衛生法に基づく表示基準の運用について」（平成23年3月16日消食表第112号、消費者庁通知）（平成23年3月18日消食表第120号同通知、平成23年3月29日消食表第138号同通知も同様の内容）及び「東日本大震災に伴う食品衛生法の運用に係る通知の取扱いについて」（平成23年7月15日消食表第312号、消費者庁通知）は、震災地域にも相当量を供給している食品であって、今般の地震によりやむを得ない理由で当該製品の原材料を緊急に変更せざるを得ないものについて、震災地域への供給増等により震災地域以外で販売・授与する際の包材の変更が一時的に追いつかない場合には、例示すべき調味料の名称の違いなど、消費者の誤認を招かず、かつ、公衆衛生の見地から問題が生じない軽微な違いであって、製品に近接したPOPや掲示により、本来表示すべき内容を消費者が知ることができるようにしていれば、当分の間、食品衛生法に基づく行政措置を行わなくても差し支えないとする。

これは、超法規的解釈といえる。義務事項の目的を実質的にクリアしているものは差し支えないとしていると理解して、拡張解釈と解する余地もなくはないが、表示義務という外形的に明確な義務であるので、拡張解釈と解することは難しいものと考える。

「東北地方太平洋沖地震を受けたJAS法に基く品質表示基準の経過措置の運用について」（平成23年3月24日消食表第132号、消費者庁・農林水産省通知）は、農林物資の規格化及び品質表示の適正化に関する法律に基づく品質

表示基準の改正の経過措置については、平成23年3月31日をもって、その移行期間が終了するところであるが、3月11日に発生した東北地方太平洋沖地震により未曾有の被害が生じていることを踏まえ、当該改正に関しては、改正前の旧規定による表示があったとしても、当分の間、取締りを行わなくても差し支えないこととするものである。法的根拠なく経過措置を延長する通知であり、超法規的解釈といえる。本件は、本来なら改正附則の改正をすべき事案である。

「救急救命士の特定行為の取扱いについて」（平成23年3月17日総務省・消防庁・厚生労働省事務連絡）は、救急救命士は、医師の具体的な指示を受けなければ、厚生労働省令で定める救急救命処置を行ってはならないこととされているが（救急救命士法第44条第1項）、通信事情等の問題から医師の具体的指示が得られない場合についても、心肺機能停止状態の被災者等に対する救急救命処置を行うことは可能とするものである。事務連絡で、刑法第35条の正当業務行為として違法性が阻却されると説明されており、超法規的解釈といえる。

「「平成23年（2011年）東北地方太平洋沖地震」の発生を受けた墓地、埋葬等に関する法律に基づく埋火葬許可の特例措置について」（平成23年3月14日健衛発0314第1号、厚生労働省通知）、及び「「平成23年（2011年）東日本大震災」の発生を受けた墓地、埋葬等に関する法律に基づく焼骨の埋蔵等に係る特例措置について」（平成23年4月14日健衛発0414第1号、厚生労働省通知）は、墓地、埋葬等に関する法律によれば、市町村長が発行する埋火葬許可証を受ける必要があるが、死体の腐敗等による公衆衛生上の被害が発生する可能性も否定できない状況に鑑み、市町村長による埋火葬許可証が発行されない場合でも、代替措置により死体の埋火葬を認めるとするものである。法的根拠なく代替措置を認めており、超法規的措置といえる。

薬事法（現医薬品医療機器等法）においては、原則として、医療機関の間で許可なく医薬品及び医療機器の販売又は授与を行うことができないとされているが、「東北地方太平洋沖地震における病院又は診療所の間での医薬品及び医療機器の融通について」（平成23年3月18日厚生労働省事務連絡）では、「今般のような、大規模な災害で通常の医薬品及び医療機器の供給ルー

表1　墓地、埋葬等に関する法律の埋火葬許可証の取扱い等について

	原則	死亡届出受理が困難な場合の特例	死亡届出受理市町村とは別の市町村が埋火葬許可申請を受ける場合の特例	市町村が特例許可証の発行も困難な場合の特例
火葬	・死亡届出受理市町村による火葬許可証の発行 ・火葬場の管理者は、火葬許可証を前提とした火葬を実施	平成23年3月14日通知 ・市町村による特例許可証の発行 ・火葬場の管理者は、特例許可証を前提とした火葬を実施	平成23年3月14日通知 ・死亡届出受理市町村とは別の市町村による特例許可証の発行 ・火葬場の管理者は、特例許可証を前提とした火葬を実施	平成23年3月14日通知 ・死亡診断書又は死亡検案書の提出を前提に、火葬場の管理者が特例的に火葬を実施し、火葬を行った旨の証明書を交付
土葬（埋葬）	・死亡届出受理市町村による埋葬許可証の発行 ・墓地の管理者は、埋葬許可証を前提とした土葬を実施	平成23年3月14日通知 ・市町村による特例許可証の発行 ・墓地の管理者は、特例許可証を前提とした土葬を実施	平成23年3月14日通知 ・死亡届出受理市町村とは別の市町村による特例許可証の発行 ・墓地の管理者は、特例許可証を前提とした土葬を実施	平成23年3月14日通知 ・死亡診断書又は死亡検案書の提出を前提に、墓地の管理者が特例的に土葬を実施し、土葬を行った旨の証明書を交付
焼骨の埋蔵	・墓地の管理者は、火葬許可証を前提とした焼骨の埋蔵を実施	平成23年4月14日通知 ・墓地の管理者は、特例許可証を前提とした焼骨の埋蔵を行うことが可能	平成23年4月14日通知 ・墓地の管理者は、特例許可証を前提とした焼骨の埋蔵を行うことが可能	平成23年4月14日通知 ・墓地の管理者は、火葬場の管理者が特例的に火葬を行った旨の証明書を前提とした焼骨の埋蔵を行うことが可能
焼骨の収蔵	・納骨堂の管理者は、火葬許可証を前提とした焼骨の収蔵を実施	平成23年4月14日通知 ・納骨堂の管理者は、特例許可証を前提とした焼骨の収蔵を行うことが可能	平成23年4月14日通知 ・納骨堂の管理者は、特例許可証を前提とした焼骨の収蔵を行うことが可能	平成23年4月14日通知 ・納骨堂の管理者は、火葬場の管理者が特例的に火葬を行った旨の証明書を前提とした焼骨の収蔵を行うことが可能

※特例的に火葬、土葬、焼骨の埋蔵・収蔵を実施した場合は、混乱状況等が解消した段階で、特例許可証等を添えて市町村長に正式な埋火葬許可証の発行を求める必要がある。

(出典：「「平成23年（2011年）東日本大震災」の発生を受けた墓地、埋葬等に関する法律に基づく焼骨の埋蔵等に係る特例措置について」（平成23年4月14日健衛発0414第1号）」〔参考〕をもとに作成、一部改変）

トが遮断され、需給が逼迫している中で、病院又は診療所の間で医薬品及び医療機器を融通することは、薬事法違反とはならないこと」としている。これは、超法規的解釈といえる。

「平成23年東北地方太平洋沖地震、長野県北部の地震及び静岡県東部の地震の被災に伴う医療法等の取扱いについて」（平成23年3月21日医総発0321第1号、厚生労働省通知）は、被災地において定員を超えて入院患者を受け入れる場合等において、医療法等を弾力的に運用（事後的な対応を可とする、例外を容認する等）して差し支えないこととしている。これは、超法規的解釈といえる。

「平成23年東北地方太平洋沖地震の被災に伴う薬事法等の取扱いについて」（平成23年3月24日薬食総発0324第1号、薬食機発0324第1号、厚生労働省通知）は、被災地の医療提供体制を確保するため、薬局等が一時的に営業時間の変更等を行う場合等において、薬事法（現医薬品医療機器等法）等を弾力的に運用（届出の省略を可とする、例外を容認する等）して差し支えないこととしている。これは、超法規的解釈といえる。

職業紹介事業者又は労働者派遣事業者は、職業安定法第31条第1項又は労働者派遣事業の適正な運営の確保及び派遣労働者の就業条件の整備等に関する法律第7条第1項の規定に基づき、求人者等の秘密を守るために必要な措置（パーティションで仕切る等の措置）を講じることとされているが、「避難所において職業紹介事業者又は労働者派遣事業者が出張相談に応じる場合の取扱いについて」（平成23年4月1日職発0401第26号、厚生労働省通知）は、そのような措置を取らなくても差し支えないとしている。これは、超法規的解釈といえる。

「被災港における危険物荷役の特例について」（平成23年3月20日国土交通省事務連絡）は、「当分の間の危険物荷役許可に当たっては、国難時における被災港の特例として、非常時における現実的な安全対策を講じることを指導の上、岸壁区分、荷役許容量等にかかわらず、迅速かつ柔軟な運用をなされたい」としている。危険物荷役については、港則法の規制があるが、特に法的根拠を示さないまま柔軟な運用を許容しており、超法規的解釈といえる。

「東北地方太平洋沖地震における損壊家屋等の撤去等に関する指針について」（平成23年3月25日被災者生活支援特別対策本部長通知）は、作業を行うための私有地への一時的な立入りについては、その所有者等に連絡し、又はその承諾を得なくても差し支えないこと、倒壊してがれき状態になっているものについては、所有者等に連絡し、又はその承諾を得ることなく撤去して差し支えないとしている。これは、超法規的解釈といえる。

5　通知の迅速かつ全面的な公表の重要性

通知類の国民への提供に関しては、政府は、行政機関の諸活動に関する透明性を高め、開かれた行政の実現を図るため、「Webサイト等による行政情報の提供・利用促進に関する基本的指針」（2015年3月27日各府省情報化統括責任者（CIO）連絡会議決定）を定め、各省庁に周知している。

同指針では、「各府省は、以下の指針に沿って、Webサイト等による行政情報の提供・利用促進に関する措置を実施する」とし、次の通り、最初の項目で、通達（法令等の解釈、運用の指針等に関するもの）の公表について触れている。

> Ⅰ　Webサイト等により提供する情報の内容
> 1　行政の諸活動に関する情報
> (1)　行政組織、制度等に関する基礎的な情報
> 　④　所管する法令（法律、政令、勅令、府令、省令、規則）、告示・通達（法令等の解釈、運用の指針等に関するもの）その他国民生活や企業活動に関連する通知等（行政機関相互に取り交わす文書を含む。）の一覧及び全文（法令の全文については、法令データ提供システムの活用を図ることとする。）

また、「Ⅱ　行政情報の提供・利用促進に関する留意事項等」として、以下の考え方を示している。

> 1　Webサイトの活用
> (1) 提供手段の基本的考え方
> 　国民等一般に対し広く提供する情報のWebサイトによる提供は、複数のWebサイトにより提供する場合においても、国民等の利便性を確保する観点から、各府省ごとにひとつのWebサイトから容易に閲覧できるようにする。
> (2) 時宜を得た情報提供と提供内容の最新化
> 　① 時宜を得たWebサイトによる提供を行うとともに、Webサイトの掲載情報の内容について最新の状態を維持管理することとする。また、報道発表資料やその他国民等に速やかに提供することが重要な情報は、原則として、公表日等に提供するよう努め、それが困難な場合においても、公表日等に直近のWebサイトに掲載可能な日の提供に努める。

　上記のような指針が出されているが、平成27年から30年にかけて、筆者が各省庁からヒアリングしたところ、通知類のHPへの掲載は、省庁によって取扱いがバラバラであることが明らかになった。省庁によっては、基本的にホームページに載せない扱いをしているところもあったし、載せる取扱いをしている省庁においても、担当課の判断に任せているのが実態であった。いくら立派な指針を策定していても、絵に描いた餅になってしまう。

　当該通知が大規模災害に関するものであれば、事は重大である。国民の生命、身体の安全に大きな被害をもたらすことになりかねない。指針に基づき、各省庁官房の総務（又は法規）担当課が各局に周知徹底することが求められる。

　その一例として、熊本地震の際の内閣府（防災）の通知の例をあげる。2016年4月14日に熊本地震発生（震度7）、さらに16日にも震度7の地震が発生した。そして、内閣府（防災）から自治体への通知は、「平成28年熊本地震における被災者支援の適切な実施について」（平成28年4月15日府政防第577号）が九州全県及び愛媛県へ、「避難所の生活環境の整備等について

（留意事項）」（平成28年4月15日府政防第582号）は熊本県へ、「平成28年熊本地震に係る被害認定調査・罹災証明書交付の迅速化について」（平成28年4月26日事務連絡）は熊本県及び大分県へ、「「平成28年熊本地震による災害についての特定非常災害及びこれに対し適用すべき措置の指定に関する政令」について」（平成28年4月28日府政防第608号、総管管第72号、法務省民制第28号）は熊本県及び大分県へ、「平成28年熊本地震に係る災害救助法上の留意事項等」（平成28年5月2日事務連絡）は熊本県へ、「農地等を応急仮設住宅の用に供するために一時使用する場合の贈与税の納税猶予等の特例措置の適用について」（平成28年5月12日府政防第641号）は熊本県へ、「平成28年熊本地震における被害認定調査・罹災証明書交付等に係る留意事項について」（平成28年5月20日事務連絡）は熊本県、熊本県内市町村、大分県及び大分県内で全壊・半壊の被害が報告されている市町村へ、「罹災証明書に関する被害認定の第2次調査の周知等留意事項について」（平成28年5月30日事務連絡）は熊本県、熊本県内市町村、大分県及び大分県内で全壊・半壊の被害が報告されている市町村へ、「被害認定調査及び罹災証明書交付に係る留意事項について」（平成28年6月6日事務連絡）は、熊本県、熊本県内市町村、大分県及び大分県内で全壊・半壊の被害が報告されている市町村へと、発出されていた。

ところが、これらの通知は、内閣府（防災）のホームページには掲載されず、読売新聞が2016年6月1日（水）朝刊で「家屋の地盤被害　配慮を　罹災巡る判定　国、自治体に通知」と報道したにもかかわらず、この時点でも、当該通知は公開されていない状態が続いていた。熊本地震における内閣府の「通知」及び「事務連絡」が公表されたのは、2016年7月4日（月）になってからであった。

このことによって、被災地で支援を行っている人々は、通知を知らずに混乱することになった。被災者への支援対応が遅延することになったのはいうまでもない。内閣府（防災）には、今後このような対応はしないよう求めたい。地方公共団体へ発出された通知等は直ちにホームページに掲載すべきである。

なお、通知類に関する現状と改善提案について触れておきたい。通知類

は、e-Gov の対象外となっているが、e-Gov における「所管の法令・告示・通達等」でリンクを張っている各省庁ホームページをみると、当該リンク上では「通達等」を全く載せていない省庁が4省庁ある（平成31年4月時点、以下同じ）。2000年の地方分権一括法以降は、「通達」は省庁の出先機関へ発出する文書、「通知」は地方公共団体へ発出する文書で使用するのが正しいが、地方公共団体へ発出する文書を「通達」と表示している省庁が3省庁ある。そもそも e-Gov における「所管の法令・告示・通達等」の表示も不適切である。改善すべきである。

また、国民に影響する通知類が省庁ホームページに長期間にわたり掲載されないと、先の内閣府（防災）の事例のように、国民への悪影響が発生することになりかねない。

通知類が国民へ情報提供される意義としては、①国民への情報提供を通じ、政策の周知が図られる、②通知が誤った解釈をしている場合、国民が指摘することによって改善を図ることができる、③政策の推進を図る様々なアクターが政策の推進に協力したり、参加したりすることができる、④他の類似の政策にも応用することができる、などがある。地方公共団体への通知類は、すべてホームページに掲載し、国民に周知するべきである。

第 2 節　通知分類の法的評価

はじめに

　大規模災害時には、災害対策基本法や災害救助法などの災害関連法規のみならず、災害関連法規には通常分類されていない他の様々な法律の適用において、被災者のニーズに合致しないものが生じ、災害対応、被災者支援の支障になる事例が多く発生することとなる。これは、大規模災害の態様を事前に予想することが難しいことや、既存の法制度が大規模災害に柔軟に適応するものとはなっていないことが原因といえる。

　法制度が災害対応、被災者支援の支障になっている場合、状況に応じて、柔軟かつ適切に対応することが求められる。第1節では、東日本大震災時の通知を4つの分類にしたがって、具体例をみてきた。1つの通知にいくつもの項目が含まれているものもあり、厳密に数えることは難しいが、概ねの割合は、「特例規定の適用」が1割弱、「通常解釈の確認」が3割弱、「拡張解釈」が約3割、「超法規的解釈」が3割強であった。これらの法的対応は、災害のフェーズによって法原理が異なってくると考えられる。

　災害発生後のフェーズは、一般的には、「応急対応」（災害が発生した直後の活動）、「復旧」（災害が発生して生じた被害を旧に復する活動）、「復興」（長期的展望に基づき、地域の再建をめざす活動）の3段階に区分されて論じられるのが通例である。以下、この3段階ごとにみていくこととする。

1　応急対応段階

　応急対応段階は、「発災直後の、主として人命救助を直接の目的とした活動の時期」で、捜索救助、消火、医療応急処置、医療機関への搬送・収容などを行う段階である。つまり、住民の安全の確保、救助、救出を行う初動期

である。

　生存者の救出の目途としては、災害発生後72時間[2]がひとつの基準とされるが、多くの自治体の地域防災計画では、人命救助を中心とした初動活動期に、避難所運営の安定化などを含めた応急活動期を加えて10日程度とする考えが採用されている。また、さらに延ばして、発災後概ね1か月程度とする考え[3]もある。重要なのは、72時間や10日というタイムスパンではなく、応急対応段階は、「主として人命救助を中心とした活動の時期」と捉えることが適切であろう。

　第1節で取り上げた食品衛生法や薬事法（現医薬品医療機器等法）、救急救命士の特定行為の取扱い、さらには墓地、埋葬等に関する法律、損壊家屋等の撤去等に関する指針についての超法規的解釈にみられるように、平常時では違法とされることが災害時に許されるのは、住民の生命、身体等の安全の確保のためである。実際、東日本大震災においては、「地震発生直後に被災地に食料を届ける必要があり、緊急通行車両確認標章なしに緊急交通路を走った」「ガソリンの運搬では認められていない容器で運んだ」と発言した内陸部に位置する市長や、「薬の横流しは薬事法違反であるが、命を救うためにやらなければならなかった」という行政職員の発言も聞かれたところである。

　第1節で取り上げた通知以外に、超法規的解釈としては、「東北地方太平洋沖地震に伴う容器入り飲料水に係る食品衛生法に基づく表示基準の運用について」（平成23年3月25日消食表第136号、消費者庁通知）での、義務表示事項が表示されていなくても当分の間は行政措置を行わないとする取扱い、「東北地方太平洋沖地震に関する救援物資の取扱いについて」（平成23年3月15日食安検発0315第1号、厚生労働省通知）での、救援物資に該当する貨物であることが確認された食品等については、食品衛生法第27条に係る届出を要しないとする取扱いなどの通知が発出されている。

　通知分類で、超法規的解釈と分類しているものは、法的にどのように評価されるべきであろうか。平常時には違法とされる行政活動に対して適用される法理として、鈴木庸夫は、民法698条の緊急事務管理の類推適用を主張[4]している。この見解に対して、北村喜宣は、民法の緊急事務管理や事務管理

の考えを私人に対する公行政的活動に適用することは法理論的には成立しがたいとの見解[5]を示している。

　筆者は、違法性が阻却されると理解するのがよいと思う。先に取り上げた「救急救命士の特定行為の取扱いについて」の通知では同様の記述がされているところである。

　参考になる事例として浦安町事件がある。これは、河川法や漁港法による占用許可を受けずに、不法にヨット係留施設が設置されていたことに対して、町は県に撤去を要請するとともに、設置したヨットクラブの代表者に撤去を求めたが、撤去がなされなかったため、町は、単独でヨット係留施設を撤去したという事例である。

　最高裁判決（最二小判平成3年3月8日民集45巻3号164頁）では、判決理由において、本件の撤去について、漁港法や行政代執行法に照らして適法と認めることはできないとしつつ、撤去されなければ船舶航行の安全や住民の危難の防止を保障しがたい状況にあったことなどが述べられ、民法720条の法意に照らし、違法性は存在しないと判断した。

　災害の応急対応段階でやむにやまれず取られる対応が、平常時では違法とされるにもかかわらず許されるのは、最高裁判決が言及するように、違法性阻却の法理で捉えることが適切ではないだろうか。最高裁判決で引用する民法第720条第2項は対物損傷を対象とするものであるので、東日本大震災で起きた様々な事象にそのままあてはめることはできないが、住民の生命、身体にかかわる緊急の必要性が認められ、その措置が合理的であると評価されれば違法とはならない、という結論になるのが国民の法常識にかなうであろう。

2　復旧段階

　復旧段階は、「被害や障害を修復して従前の状態に機能を回復することを目的とした活動の時期」で、道路、橋梁、上水道、電気、ガス施設などのインフラの復旧、ガレキの撤去・処理、避難所等の運営と生活改善（物資の調達、配送を含む）、避難所の早期解消と仮設住宅への移行及び復興が始まる

までの被災者等の就労支援などが行われる段階である。この時期は、インフラの復旧、仮設住宅の建設などをいかに早く行うかが重要であり、機動性、時間的な迅速性が求められる。

一般的には、復旧の時期は、被災者の生活の視点からは、避難所から仮設住宅に移る1～2か月後（熊本地震では約1か月半後、平成30年7月豪雨（西日本豪雨）では約2か月後に入居開始）から仮設住宅が解消され始める時期まで、インフラ復旧の視点からは、ライフライン（電気、ガス、水道）が復旧する約1週間から2週間（熊本地震では電気は5日後、ガス、水道は2週間後に復旧）とインフラがほぼ復旧する約1年後（熊本地震の例）が一つの目安となる。ただ、東日本大震災の場合、岩手県では、最後の避難所が閉鎖され仮設住宅等に移ったのが震災発生後5か月経った8月、宮城県、福島県は12月と、これまでの災害に比べて著しく長期にわたることとなった。災害規模の大きさを反映して、復旧段階の期間も変化することになろう。

第1節で取り上げた食品衛生法や墓地、埋葬等に関する法律についての超法規的解釈は、いわゆる復旧の時期と考えられる時期にも維持されている。応急対応段階と復旧段階は連続しており、住民の生命、身体の安全を図るという保護法益に変化がない以上、超法規的解釈が維持されることになるのは当然のことである。

東日本大震災では原発事故が発生した。原発事故発生当時の法制度では、放射性物質による汚染のおそれのある災害廃棄物の処理は、廃棄物処理法の適用除外とされていた。環境省は、平成23年6月19日に「放射性物質により汚染されたおそれのある災害廃棄物の処理の方針」を定め、法律の根拠なしに処理を進めることとした。

その後、議員立法により、同年8月26日に、国が責任を負う「放射性物質汚染対処特別措置法」が成立したが、この法律の内容は、先に定められた処理の方針とほぼ同内容のものであった。つまり、法律制定に先行して、処理の方針が定められ、それに基づいて処理が行われたのである。

これは、法律自体が無かったのであるから、超法規的解釈という表現はあたらないが、法律の根拠なく処理を進めたという点では超法規的対応といえるだろう。

復旧段階では、インフラの復旧をはじめとした様々な公共事業が行われるとともに、被災者の生活を維持するための様々な支援が行われる。第1節で取り上げた「復旧工事に係る埋蔵文化財に関する文化財保護法の規定の適用」での手続き要件の緩和や、「医療用麻薬の県境移動の取扱い」にみられるような手続き要件の省略や簡素化などは、災害時においては平常時における厳格な手続きを求めることが難しいことから、実質的に問題がないと確認できる場合には、通常の手続きである申請書類等を省略又は簡素化することを認めるもので、拡張解釈と評価することができる。

　手続き要件の緩和は、第1節で取り上げた通知以外に、「東北地方太平洋沖地震及び長野県北部の地震による罹災者に対する記名国債関係事務の取扱いについて」（平成23年3月15日財務省事務連絡）、及び「東日本大震災及び長野県北部の地震による罹災者に対する記名国債関係事務の取扱いについて」（平成23年9月5日財務省事務連絡）での本人確認の代替手段を認める扱い、「東北地方太平洋沖地震及び長野県北部の地震における転入者に係る被保険者資格の認定等について」（平成23年3月17日厚生労働省事務連絡）での被災市町村との連絡に代替する方法を認める取扱い、「平成23年東北地方太平洋沖地震に伴う自動車保管場所の証明事務の取扱いについて」（平成23年3月22日警察庁事務連絡）での本人の自認署名など本来の手続きに替わる措置を認める取扱い、「東北地方太平洋沖地震に伴う輸出入手続の特例措置について」（平成23年3月16日経済産業省事務連絡）での手続きの簡素化、「東北地方太平洋沖地震被災地における「公害健康被害の補償等に関する法律」「水俣病被害者の救済及び水俣病問題の解決に関する特別措置法」「石綿による健康被害の救済に関する法律」等に係る公費負担医療等の取扱いについて」（平成23年3月14日環境省事務連絡）での本人確認の代替手段を認める扱いなど、相当数の通知が発出されている。

　次に、第1節で取り上げた「被災地から遠方の場所に応急仮設住宅等を建築するための開発行為」に関する許可不要の取扱いは、手続き要件の緩和ではなく実質的に問題がないと確認できるものに広げるもので、実質的要件の緩和に関する拡張解釈といえる。第1節で取り上げた以外に、「東北地方太平洋沖地震被災地域における液化石油ガスを充てんする容器の表示の方法の

特例について（内規）」（平成23年3月25日平成23・03・23原院第2号、経済産業省）での、「塗料又ははがれるおそれのないシール」ではなくても濡れても消えない氏名表記であれば差し支えない、規定する文字色、字体、大きさではなくても判読可能であれば差し支えない、との取扱いも実質的要件の緩和といえる。

　拡張解釈の法原理は、立法の趣旨目的から拡張解釈が可能か否かの判断をすることになるもので、明確なルールはないが、一般的には、論理的に可能かだけでなく、妥当な結果をもたらすかどうかをも考えることになる。災害時における拡張解釈は、被災地における必要性と合理性によって根拠づけられるものと考える。特に、被災者の生活が困難な状況に置かれていることを踏まえれば、柔軟な解釈が求められるといえよう。

　また、復旧段階は、インフラの復旧、仮設住宅の建設など費用負担の問題が生じる案件が多い。災害救助法における救助主体は都道府県であるが、東日本大震災の際には、市町村が災害救助法の一般基準を超える措置を行い、その後に厚生労働省によって国庫負担の裏打ちがなされた。一方、内陸部の被災地に隣接する自治体（岩手県住田町）では、木造仮設住宅の建設を決断したが、建設費の負担について、国や県は難色を示し、民間団体が資金援助を申し出て建設することとなったという事例もあった。

　復旧段階は、特に迅速性が要求される時期であるだけに、費用負担がなされるかどうかを気にして、自治体が必要な行動を躊躇する可能性が出てくるとすれば問題である。

　ここでの適用法理として、鈴木庸夫は、民法第697条の事務管理の考えを適用して、市町村に費用請求権を認めるべきと主張している[6]。災害救助法の場合、民法第697条の「本人」に相当するのは都道府県になる[7]。この点に関して、筆者は、必要性と合理性が認められるものについては、拡張解釈で対応することが適切ではないかと考える。災害救助法及び同法施行令に基づく一般基準は平成25年内閣府告示第228号で定められており、その取扱いが「災害救助事務取扱要領」[8]で示されている。

　一般基準では不十分であると考えられる場合、都道府県知事は、内閣総理大臣に協議し、その同意を得た上で、救助の程度、方法及び期間を定めるこ

とができるとされている（災害救助法施行令第3条。特別基準はあらかじめ定めるものとはされておらず、柔軟に対処すべきとされている）。ましてや、災害救助事務取扱要領は、いわゆるガイドライン的なものにすぎず、要領には法的拘束力はないのであるから、被災地の状況や被災者のニーズを踏まえて、自治体が有する自主解釈権により自ら被災状況に合わせて拡張解釈を行うことが求められているといえる。まさに、復旧段階における必要性と合理性に則り、被災者の生命、健康のために必要なことを自治体が行った場合、その費用負担を国が行うことは、災害救助法の趣旨、目的に合致するものといえよう

災害救助法の解釈、運用については、第3章で詳しく記述されるので、そちらを参照されたい。災害救助法の取扱いは、災害時において最重要の事柄であるから、自治体の積極的取組みが特に求められているといえる。

3　復興段階

復興段階は、「住宅再建、産業再建などの生活復興（くらしの復興）を図るとともに、都市復興、地域づくりなどにより市街地復興（まちの復興）を図っていく段階」である。ここでは、災害によって激甚な被害を被った都市や地域において、単に従前の状況に復旧するのではなく、長期的な視点に基づき、市街地構造や住宅形態のみならず、社会経済を含めた地域の総合的な構造を抜本的に見直し、新しい地域の創出を図ることが目指されている。

被災者の立場からみた場合、重要とされる要素は、「医・職・住」といわれている。「医」は医療、「職」は職業、「住」は住居である。この3つがない地域に住み続けることは誰しも困難である。

第1節で取り上げた「被災地の復興を目的とする船舶に係る乗組み基準の特例」は、実質的要件の緩和に関する拡張解釈である。また、復旧のところで取り上げた「避難所又は仮設住宅における訪問理容・訪問美容」の許容は、平成27年4月20日付け通知でも同様に発出されている。復旧段階と復興段階は連続しており、拡張解釈は、被災地における必要性と合理性があることを踏まえれば、復興段階でも同様の解釈が必要となる場合は出てくると思

われる。

　復興段階においても、応急対応段階や復旧段階と同様に、平常期の法律をそのまま適用したのでは、被災地の実情に合わない事態は起こり得るが、災害発生から一定の時間が経過している時期であるとともに、新しい地域の創造を図っていく時期でもあるので、必要な対応は新たな法的手当てによって対応するのが筋といえる。

　東日本大震災においては、共有・相続などによる権利者が多数存在するとともに、所有者が不明又は行方不明等になっている土地も多く、復興事業を実施する上で必要となる用地取得が進まなかった。また、復興事業手法のひとつである防災集団移転事業は5戸以上で可能であるにもかかわらず、土地収用法の対象事業は20戸以上となっており、5戸から19戸までの多くの事業が土地収用法の対象外となっていた。土地収用法の仕組みは、所有者への配慮など平常時には合理性があるが、復興を想定したものではなく、復興事業の壁となっていた。

　この事態について、岩手県は、平成25年11月に、相続登記未了の土地、多数共有等の土地について、早期の復興事業関連工事着手と、事業者の権利取得を可能とするとともに、適正に私有財産との調整を図ることができる特例制度の創設を求める提言[9]を発表した。その後、紆余曲折を経て、最終的には与野党一致による議員立法での「東日本大震災復興特別区域法の一部を改正する法律」（平成26年4月23日成立）という成果につながった。

　同法では、土地収用の申請時には損失補償の見積等の記載や土地調書の添付を不要にするなど、土地収用手続きの迅速化が図られるとともに、収用適格事業が5戸以上の集団住宅の整備についても収用を可能にするよう改正された。

　地域の実情に応じた特例措置に関連して適用される法原理として、多賀谷一照は「例外設定の法理」[10]という名称を使っている。多賀谷は、例外設定の諸事例として、緊急例外設定、特区設定、個別例外設定があるが、これらは普通法に対する例外という点で共通であるものの、その発動、権限、手続き、適用法のあり方等については、必ずしも一様ではないとする。

　「緊急例外設定」とは、時間的逼迫、緊急時対処のための例外的取扱、「特

図　東日本大震災復興特別区域法の一部を改正する法律（平成26年5月1日公布・施行）

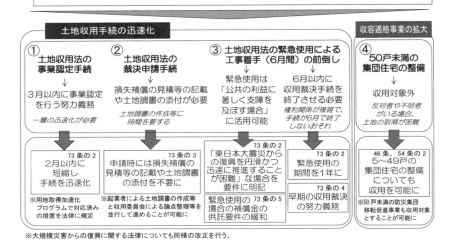

(出典：復興庁『被災地における用地取得加速化の取組』第3回所有者の所在の把握が難しい土地への対応方策に関する検討会、平成27年6月9日、7頁）

区設定」とは、一定の地域について包括的に特例を認める取扱い、「個別例外設定」とは、具体的事例の個別的特殊性による例外的取扱いである。東日本大震災復興特別区域法は、まさに多賀谷のいうところの「特区設定」に該当する。

　これまで述べてきた災害のフェーズに応じた法解釈について、簡単にまとめたものが、表2である。

　応急対応段階及びそれに続く復旧段階では、平時時には許されない超法規的解釈をせざるを得ない場合がある。これは、生命、身体等の安全の確保という保護法益の観点から、違法性が阻却されるものと解することができる。

　復旧段階及びそれに続く復興段階でも、平常時とは異なった状況下にある被災地や被災者の置かれている状況に鑑み、拡張解釈を行うことがある。これは、被災者としての生活の維持を図るために「合理性と必要性」が認めら

第2節　通知分類の法的評価

表2　災害のフェーズに応じた法解釈の原理と保護法益

フェーズ	特徴を言い表す言葉	法解釈の原理	主な解釈の手法	主に想定される保護法益
応急対応	危機発生後72時間 避難所の開設	違法性の阻却	超法規的解釈	生命、身体等の安全
復旧	避難者等の支援 ライフライン、インフラの復旧 仮設住宅への移行	違法性の阻却	超法規的解釈	生命、身体等の安全
		合理性と必要性	拡張解釈	被災者としての生活の維持
復興	医・職・住	合理性と必要性	拡張解釈	被災者としての生活の維持
		（平常時とは異なる）例外設定	通常の解釈	被災者の生活の復興

（筆者作成）

れれば、解釈をより現実に合致するように広げることが必要である、とされていると解することができる。

しかし、復興段階は、被災者の生活の復興を図る時期であるが、復旧段階と異なり、住民の合意形成をしっかりと取りながら、新たな「まちづくり」、新たな「生活」を作り上げていく時期である。したがって、既存の法律が現実に合わない場合には、超法規的解釈をするのではなく、当該災害に合った制度を創設して対応していくべきものである。そして、その新たな法律を通常の解釈にしたがって運用していくことになる。

4　法的課題と自治体の対応

最後に、通知分類を踏まえた法的課題について触れることにする。

第一に、特例規定の適用については、第1節で取り上げたように、東日本大震災の際には、特例規定を直接適用したもの、特例規定に基づき政令を定めたもの、特例規定に基づき告示を定めたもの、特例規定に基づき省庁権限を発動したことについて通知が出されている。しかし、特例規定に基づき首長の権限を発動することを促す通知をみつけることはできなかった。

これは、そもそも災害時の地域の実情を踏まえて、首長が柔軟に判断できるような仕組みを認める根拠となる特例規定が、法律にほとんどないことが

原因ではないかと思う。多賀谷は、「通常、日本法においては、(中略)例外時の決定権限が、「処分権限」として中央省庁に握られている。中央省庁は建て前としては権限を保持しつつ、実際のルーティーン的な権限行使は地方支分部局や首長に委ねている。そのような対応が、分権化体制の下、維持できなくなるのは明らかである。その場合、個別的例外への対処の仕組みを設けないと、法適用は一層の硬直化を招くこととなろう。」と述べている[11]。同様の指摘といえる。特に、自然災害への対応責任は基礎自治体である市町村長にあるのであるから、市町村長の権限で特例規定を発動できる規定を設けることを検討すべきではないかと考える。

第二に、通常解釈の確認及び拡張解釈については、国からの通知によって初めて、自治体にとっての法令解釈が明らかになるわけではないことを念頭に置くことが重要である。第一次分権改革、つまり、2000年の地方分権一括法の施行によって、機関委任事務が廃止され、自治体は法令の自主解釈権を有するようになった。国と自治体は対等な立場で、それぞれが法令を解釈する権限を有することとなったのである。国の解釈と異なる法令解釈を自治体が行った場合、国の解釈が正しいか、自治体の解釈が正しいかは、最終的には唯一、法令の有権解釈権を有している裁判所が判断を下すことができるのみとなった。つまり、自治体は国からの通知が来るのを、口を空けて待っているべきではなく、自らの責任で積極的に通常解釈や拡張解釈を行うことが求められているといえよう。

少なくとも、新たな災害が起きた時、過去の大規模災害時に発出された通知と同様の取扱いをする分には、何の問題も生じないはずであるから、過去の大規模災害と同様の通知が国から来るのを待つのは、自治体の職務怠慢ということになるのは論を待たないところであろう。

なお、拡張解釈に関しては、第1節で取り上げたように、ほとんどが手続き要件の緩和についてのもので、実質的要件の緩和は少なかった。自治体は、過去の災害事例も参考にして、自主解釈権を行使し、実質的要件の緩和についても積極的に取り組むべきである。

第三に、超法規的解釈については、自治体は平常時には違法とされることでも、災害時には違法ではないと積極的に判断し、住民の生命、身体等の安

表3　大規模災害時の通知分類を踏まえた法的課題と自治体の対応

通知分類	適用時期に関係する要素	法的課題	自治体の対応
特例規定の適用	時期を問わず迅速に適用	・首長の権限で特例を発動できる規定を検討すべき	―
通常解釈の確認	時期を問わない	―	過去の災害事例を参考にして自主解釈権を行使すること
拡張解釈	事柄の性質に応じて柔軟に解釈	・手続的要件の緩和に限らず、実質的要件の緩和についても積極的に対応	過去の災害事例を参考にして自主解釈権を行使すること
超法規的解釈	原則として災害発生直後の時期	・申請期限、報告期限の延長は柔軟に解釈 ・実質的要件についても積極的に対応	積極的に自主解釈権を行使して自ら判断すること

（筆者作成）

全の確保のために行動を起こすべきである。申請期限や報告期限の延長は、国からの通知を待つことなく被災者の実態に合った柔軟な措置をとっていくべきであるし、実質的要件についても、事は住民の生命、身体等の安全にかかわることであるので、積極的な判断を行っていくべきである。もちろん、ここでも過去の大規模災害時の通知について前もって理解しておくことが有益となる。

　以上述べてきた大規模災害時の通知分類を踏まえた、法的課題と自治体の対応についてまとめたものが表3である。地方分権の観点から、自治体自らが課題解決に取り組むことが極めて重要であり、それが住民の命を救うことになる。災害時には、フェーズごとに様々な住民のニーズが現れる。それに的確に対処するには、自治体自らの主体的な取組みが求められている。

（幸田　雅治）

[注釈]

1)　通知の解説は、通知された当時の法令に基づいて行っている。したがって、その後の法令改正によって現在の条文とは異なっているものもある。
2)　世界で起きた大災害での経験から、救出者中の生存者の割合が、発生から3日を境に急減することが分かっている（幸田雅治「危機の際に自治体はどう対応すべきか―素早い行動とそれを支える備え」、中邨章・幸田雅治編著『危機発生後の72時間』第一法規、2006年、136頁）。
3)　林春男『いのちを守る地震防災学』岩波書店、2003年、56頁以下

4) 鈴木庸夫「大規模震災と住民生活」『公法研究』76号、日本公法学会、2014年、66頁以下。なお、鈴木は、「震災緩和と法治主義」『自治総研』通巻436号、2015年2月号、地方自治総合研究所、81頁以下で、「非常災害の条理」の要件（つまり適法要件）として「必要性・緊急性・相当性」を提唱している。大規模震災の現実に即した理論であると思う。
5) 北村喜宣「行政による事務管理（1）～（3）」『自治研究』第91巻、第3号～第5号、第一法規、2015年
6) 鈴木・前掲注4）『公法研究』論文81頁、『大規模震災と行政活動』日本評論社、2015年、57頁以下
7) 一方、北村喜宣は、事務管理論は取れないとし、民法703条の不当利得と考えて、不当利得返還請求権に基づき、市町村は国や都道府県に費用の返還を求めることができるとする（北村「行政による事務管理（3）」『自治研究』第91巻第5号、2015年、62頁以下）。
8) 「災害救助事務取扱要領」は、内閣府が毎年更新している。なお、内閣府に災害救助法の事務が移管される前は、厚生労働省社会・援護局総務課災害救助・救援対策室が定めていた。
9) 「事業用地の確保に係る特例制度の創設に関する要望書（平成25年11月27日）」岩手県
10) 多賀谷一照「例外設定の法理再論」『千葉大学法学論集』第20巻第1号、2005年7月
11) 多賀谷・前掲注10）『千葉大学法学論集』論文26頁

参考文献

- 復興庁『被災地における用地取得加速化の取組』第3回所有者の所在の把握が難しい土地への対応方策に関する検討会、平成27年6月9日
- 鈴木庸夫『大規模震災と行政活動』日本評論社、2015年
- 読売新聞2016年6月1日朝刊、読売新聞社

第3章
大規模災害時の通知の先例

第3章　大規模災害時の通知の先例

　本章では、過去の災害において政府等から自治体や関連団体へ発信され、主に政府各省庁や自治体のウェブサイトなどに公表される通知等（お知らせ、事務連絡、技術的助言等）の先例を紹介し、解説する。

　大災害が起きるたびに政府側から既存の法令の柔軟解釈や超法規的措置の活用を促してきた実績がある。これらを最低限の知識としておくことは、あらゆる災害に対して、明確な法律的根拠をもって、迅速かつ安心して取り組む手助けになるはずである。「先例がないのでできない」「今までの対応とは異なるので躊躇する」といった考えが、災害発生後には被災者支援や災害救助を妨げることになりかねないのである。

　「第1節　災害救助法関係の代表先例」では、東日本大震災（2011年3月）、熊本地震（2016年4月）、平成30年7月豪雨（2018年7月。以下、西日本豪雨という。）の3つの巨大災害後に発信された災害救助法関連の通知等をまとめて紹介する。大きな災害がある都度、「災害救助法」がいかに柔軟に解釈され、自治体が利活用できる状況になっていたのかを学び、来るべき災害の物的・人的・予算的・技術的なノウハウとして継承してほしい。前提として「災害救助法」については、その基礎知識の理解がすべての自治体関係者、支援団体関係者に不可欠であることから、ごく簡単に法制度の概要を解説する。

　「第2節　分野別の代表先例」では、主として東日本大震災で様々な分野（各府省庁）で発信された通知等を紹介する（とはいえ、当時発信された通知等の中のごくごく一部でしかないことをお断りしておく）。

　被災者支援、環境、復旧、教育、情報通信、自治体政策執務、医療福祉、国民の衣食住などのあらゆる分野において、平常時の対応に限らない創意工夫が行われ、画期的な法解釈や実務指針が示されていたことを実感してほしい。

[第3章の構成]

第1節　災害救助法関係の代表先例
 Ⅰ　災害救助法概説（一般基準と特別基準）……………………… 52
 Ⅱ　災害救助法関係の先例通知 …………………………………… 55
  1　東日本大震災 ………………………………………………… 55
  2　熊本地震 ……………………………………………………… 70
  3　西日本豪雨（平成30年7月豪雨）………………………… 88

第2節　分野別の代表先例
  1　救急救護関連（厚生労働省・総務省）…………………… 95
  2　金融財務関係（財務省（財務局）・金融庁・日本銀行等）…… 97
  3　経済関係（公正取引委員会）……………………………… 106
  4　廃棄物関連（環境省）……………………………………… 108
  5　公衆衛生（厚生労働省）…………………………………… 112
  6　医療（厚生労働省）………………………………………… 116
  7　埋葬（厚生労働省）………………………………………… 130
  8　食品（厚生労働省）………………………………………… 133
  9　交通規制（教習所）（警察庁）…………………………… 135
  10　交通規制・各種規制（警察庁）………………………… 137
  11　食品表示（消費者庁・農林水産省）…………………… 141
  12　消防（消防庁）…………………………………………… 149
  13　供託（法務省）…………………………………………… 151
  14　印鑑（法務省）…………………………………………… 153
  15　入国管理（法務省）……………………………………… 155
  16　在留資格（外務省）……………………………………… 157
  17　訪日外国人（外務省）…………………………………… 158
  18　戸籍（法務省）…………………………………………… 159
  19　教育（文部科学省）……………………………………… 162

第3節　先例通知のアーカイブ化の必要性

第1節　災害救助法関係の代表先例

I　災害救助法概説（一般基準と特別基準）

　災害救助法は、昭和南海地震（1946年）を契機に1947年に成立した。「応急的に、必要な救助を行い、被災者の保護と社会の秩序の保全を図ること」を目的としている。その後、東日本大震災を契機とした2013年6月の改正により、所管が厚生労働省社会・援護局から内閣府政策統括官（防災担当）に移管された。

　災害救助法の最大の特徴は、災害時に被災者救助、衣食住の支援、応急復旧行動などが実施される根拠を明確にしていることと、そのための国の予算措置が明確になっていることにある。災害救助を国からの法定受託義務として、都道府県、都道府県から委託を受けた市町村、及び救助実施市を災害救助の実施主体としている。災害救助を躊躇することがないように、最低限の災害救助項目を列挙したうえで、予算の最低基準を告示で示している。

　救助の種類は次の通りである（災害救助法第4条第1項、第2項、同施行令第2条）。

救助の種類等（第4条第1項）
　一　避難所及び応急仮設住宅の供与
　二　炊き出しその他による食品の給与及び飲料水の供給
　三　被服、寝具その他生活必需品の給与又は貸与
　四　医療及び助産
　五　被災者の救出
　六　被災した住宅の応急修理
　七　生業に必要な資金、器具又は資料の給与又は貸与
　八　学用品の給与

> 九　埋葬
> 十　前各号に規定するもののほか、政令で定めるもの（※政令で定めるもの：死体の捜索及び処理、災害によって住居又はその周辺に運ばれた土石、竹木等で、日常生活に著しい支障を及ぼしているものの除去）
>
> 救助の種類等（第4条第2項）
> 2　救助は、都道府県知事等が必要があると認めた場合においては、前項の規定にかかわらず、救助を要する者（埋葬については埋葬を行う者）に対し、金銭を支給してこれを行うことができる。

　以上の救助の種類に対応した予算については、内閣総理大臣（実際は内閣府防災担当）が定める基準に従い都道府県知事等が定めることになっており、この内閣府防災担当が定める基準を「一般基準」と呼んでいる。具体的には「災害救助法による救助の程度、方法及び期間並びに実費弁償の基準」（平成25年内閣府告示第228号）が毎年更新され発表されている。

> 一般基準の例（平成31年4月1日時点）
> ○避難所の設置のため支出できる費用は、避難所の設置、維持及び管理のための賃金職員等雇上費、消耗器材費、建物の使用謝金、器物の使用謝金、借上費又は購入費、光熱水費並びに仮設便所等の設置費として、一人一日当たり320円以内とすること（告示2条「1 避難所」ハ）
> ○一戸当たりの規模は、応急救助の趣旨を踏まえ、実施主体が地域の実情、世帯構成等に応じて設定し、その設置のために支出できる費用は、設置にかかる原材料費、労務費、付帯設備工事費、輸送費及び建築事務費等の一切の経費として、561万円以内とすること（告示2条「2 応急仮設住宅」イ（2））
> ○炊き出しその他による食品の給与を実施するため支出できる費用は、主食、副食及び燃料等の経費として一人一日当たり1,140円以内とすること（告示3条「1 炊き出しその他による食品の給与」ハ）

「一般基準」はあくまで最低基準を定めているだけであり、当然ながら一般基準だけで被災者支援や応急救助活動をすることは不可能である。そこで、災害救助法施行令第3条第2項は、「前項の内閣総理大臣が定める基準によっては救助の適切な実施が困難な場合には、都道府県知事等は、内閣総理大臣に協議し、その同意を得た上で、救助の程度、方法及び期間を定めることができる」としている。この上乗せ基準のことを「特別基準」と呼んでいる。ここで注意しておきたいのは、この特別基準は例外的措置などでは一切なく、災害直後より活用することがそもそも予定されているものであるということで、この点をしっかり把握・周知しておかなければならない。

　内閣府がウェブサイトで公表し毎年更新する「災害救助事務取扱要領」においても「救助の程度、方法及び期間については、応急救助に必要な範囲内において、内閣総理大臣が定める基準に従い、あらかじめ、都道府県知事がこれを定める（中略）この取扱いはあくまでも原則的な考え方であり、<u>硬直的な運用に陥らないように留意すること。（中略）災害は、その規模、態様、発生地域等により、その対応も大きく異なるので、実際の運用に当たっては、内閣府と連絡調整を図り、必要に応じて内閣総理大臣に協議し、特別基準を設定するなど、救助の万全を期する観点から、柔軟に対応する必要があるものである</u>」（平成31年4月版）としていることは、確実におさえておかなければならない。

　災害救助法は、法律の条文、施行令、告示の字面だけをみていては、必ずしも本来自治体の最前線で行うべき行動指針や、その予算根拠が明らかになっていない。いかに迅速かつ柔軟に特別基準の実施を行うかにかかっている。Ⅱの災害救助法関係の先例通知は、東日本大震災、熊本地震、西日本豪雨の際の実績である一方で、災害救助法適用災害のすべてにおいて参考にすべき先例であり、政府や自治体が体制を整備しておくべき項目ともいえる。

Ⅱ 災害救助法関係の先例通知

1 東日本大震災

(1) 平成23年（2011年）東北地方太平洋沖地震に係る災害救助法の弾力運用について（平成23年3月19日社援総発0319第1号）

【先例通知の概要】

> 1 特別基準の設定について
> 　一般基準では対応できない場合に特別基準を設定できる。
> 2 特別基準の運用について
> (1) 避難所の設置
> 　公共施設だけではなく、民間旅館・ホテルを借上げることで避難所として活用できる。また地域の実情に応じて経費は国庫負担となる。
> (2) 避難所の開設期間、炊き出しその他による食品の供与及び飲料水の供給の期間
> 　一般基準では7日間とされているところを自治体との電話協議などで2か月に延長することが決定されたことの周知。
> (3) 応急仮設住宅の供与
> 　建設型応急仮設住宅について寒冷地仕様にする配慮をすること。地域の実情に応じて民間住宅や空き家の借上げによる仮設住宅（いわゆるみなし仮設住宅）の提供ができること（過去の災害では月額6万円で借上げた例があることの情報提供）。
> (4) 応急仮設住宅の着工期間
> 　仮設住宅は20日以内に着工すべきとされている一般基準があるが、被災状況からそれができない場合は早期に着工をすることで差し支えないことを周知。
> 3 広域にわたる避難が行われた場合の取扱い

> 　災害救助法では広域避難をした被災者は、県域を超えた避難先の都道府県等であっても救助を受けることができ、県域を超えた場合の費用も国費によって手当てされることを確認。
> **4　その他**
> (1)　租税特別措置法
> 　農地を応急仮設住宅に一時使用する場合でも、従来の税制優遇措置を受けられる。
> (2)　御遺体の輸送経費
> 　御遺体発見場所から安置場所への輸送についても、国庫負担となる。

【先例通知の教訓と活用】
　災害救助法の解釈について、東日本大震災後最初に政府から発信された通知である。全体として、災害救助法が本来実施できる内容を改めて確認すべく、自治体に周知を図ることを目的としたものである。裏を返せば、被災自治体において災害救助法実務に関するノウハウが欠乏していたことを意味する。また、3月11日の発生から1週間以上経過した3月19日に発信されていることから、国としても、自治体の現場の実情を理解し、状況を整理して発信するのに相当の時間をかけてしまっていることもみてとれる。
　まずもって「1　特別基準の設定について」が冒頭に掲げられている。本来は自治体側から要望をして内閣府と協議するという建前ではあるが、被災が甚大であることから、政府から積極的に災害救助法の活用を促している。一般基準があくまで最低基準であり、災害救助の本質はむしろ「特別基準」にあることが明確になっている意味で、法律の本来の趣旨にも合致する先例価値の高い通知として評価できよう。
　「2　特別基準の運用について」では、被害の甚大性に鑑みて、当初より一律の「底上げ」を特別基準によって行っている状況である。もちろん、これが上限になるのではなく、自治体の状況に応じて、さらなる「上乗せ」基準の設定がなされるべきことは言うまでもない（例えば、借上型仮設住宅の月額賃料が上限6万円であると誤解してはならない）。そして、この通知が

出ているということは、すでに現場の救助実施に関する予算については確実に手当てされることを意味する。救助活動や被災者支援活動に現場が躊躇することは決して許されない。実際には、現場では先行してすでに「２　特別基準の運用」に書かれている以上の措置がとられており（あるいは準備されており）、国からは念のため確認をする意味で、あるいは実施が遅れている自治体への注意喚起の意味を込めて、このような通知を発信しているとみることもできる。通知がなければ特別基準が作れない、といった誤解がないように心がけなければならない。

「３　広域にわたる避難が行われた場合の取扱い」や、「４　その他」に記述された御遺体輸送経費なども、あえて言及するまでもなく災害救助法の条文や解釈から当然導かれる結論である。しかし、被災自治体の被害や災害救助法の浸透度・熟練度からすれば、当然とも思える通知も確認しておくという趣旨で発信されていることがわかる。

これらの通知の中には具体的「数字」「金額」が示されている項目があるが、それらは上限や原則ではなく、あくまで「過去の先例」とされていることが多い。文脈を読み取り、「あくまで実際に目の前に起こった災害で必要なものはすべて手配すべきものである」というマインドセットが必要であろう。

なお、本通知は災害救助法に関しては、最初の総論的な意味合いの強いものである。後述するように、詳細なアイディアを含むさらなる通知がこれ以降数多く発出されている。

東日本大震災に係る災害救助法の弾力運用について（その５）（平成23年４月４日社援総発0404第１号）

【先例通知の概要】

> **1 災害救助法の適用対象について**
> 　被災した都道府県から要請を受け、災害救助法の適用があった市町村から避難者を受け入れて行われた救助費用については、受け入れ都道府県から被災都道府県へ全額求償ができる。
> **2 応急仮設住宅について**
> (1) 災害救助法では家の全壊や流出で「居住する住家がない」場合が応急仮設住宅提供の対象とされているが、住家の直接被害だけではなく長期避難等もこれに含まれる。
> (2) 災害救助法では「自らの資力をもってしては住宅を確保することができない」世帯を供給の対象としているが、資力要件を厳密に判定することは困難であるから、必要と考えられる希望者にはできる限り応急仮設住宅を供給すること。

【先例通知の教訓と活用】

　災害救助法や同法施行令の条文による厳密な解釈を柔軟化させる通知である。文言通り災害救助法をみると、多くの被災者に応急仮設住宅の供給ができないという不都合が生じるため、解釈運用により対象者を拡充することを狙ったものである。法律の文言への評価について一つの指針を示すものとして、先例的価値があると思われる。

　なお「災害救助事務取扱要領」でも「特別な事情があり、その他の者に対して法による応急仮設住宅を提供する必要があるとき」には仮設住宅に入居可能であるとの解説があるので、確実に参照すべきであろう。

　東日本大震災やそれ以前の災害では、主な例として次のような取組みがある。
　①　新潟県中越沖地震（2007年７月）の被災地である新潟県柏崎市では、

仮設住宅入居要件を罹災証明書上の「半壊」以上とする運用をしていた。
② 東日本大震災の被災地である岩手県宮古市や、福島県南相馬市では、仮設住宅入居要件を「一部損壊以上」で幅広く対象にした。
③ 東日本大震災の被災地である宮城県多賀城市や、同岩沼市では、仮設住宅入居要件について、個別の相談のうえ、住めるか住めないかを、精神的な面も考慮して決定した。
④ 東日本大震災の被災地である岩手県釜石市では、津波の場合は床上浸水以上、地震被害では建築士が危険と判断する等の事情があれば、仮設住宅への入居対象としていた。

(3) 東日本大震災に係る災害救助法の弾力運用について（その6）（平成23年4月27日社援総発0427第1号）

【先例通知の概要】

> 1 避難所における仮設風呂等の設置
> 　避難所設置の長期化にともない、仮設洗濯場（洗濯機・乾燥機を含む）、簡易シャワー、仮設風呂等の設備や備品を整備すること。すでに上記体制が充実した避難所もある。
> 2 避難所生活における外部入浴施設の利用
> 　近隣の銭湯等の利用券費用、送迎バスの借上げ費用についても、避難所設営に必要な費用として国庫負担対象となる。
> 3 旅館、ホテル等を利用した避難所への移転
> 　体育館等の公共施設を利用した避難所生活から、旅館、ホテル等を利用した避難所に移る費用なども国庫負担対象となる。避難者が旅館やホテル等の避難で住み慣れない地域に避難した場合でも、避難者の不安解消のため、移転先の環境が合わない場合には、被災地に戻ることができるという条件を付した場合でも、遠隔地への避難の費用は国庫負担対象となる。

【先例通知の教訓と活用】

　災害救助法の一般基準によれば、避難所の設置については「原則として、学校、公民館等既存の建物を利用すること。ただし、これら適当な建物を利用することが困難な場合は、野外に仮小屋を設置し、天幕を設営し、又はその他の適切な方法により実施すること」と記述されている。

　避難所の開設は、「その他の適切な方法により実施すること」が法文上もともと予定されている。避難所の形態は公民館や体育館などの大規模公共施設に限定されることは決してないことを確認しておくべきである。日常生活に少しでも近づけるべく、同一自治体や地域内にとどまらず、近隣自治体、さらには公的施設だけではなく民間施設などを広く「避難所」として活用できることを念頭に置かなければならない。

　自治体によっては、大規模な観光地を抱えている場合がある。その場合は、リゾート地や温泉地などに、避難者をまるごと移転させる（旅館やホテルの空部屋を長期間借上げる）ことも検討しなければならないだろう。大災害が起きると、観光客、修学旅行、ツアーなどのキャンセルも相次ぎ、数か月間以上客足が遠のくケースもままみられている。むしろ、被災者を安全かつ健康に生活させられる場所として、自治体内や近隣自治体における観光資源を活用することは、合理的かつ経済復興にも相応しいと考えられる。

　また、長期間の利用に耐え得る大型テントやコンテナハウスの設営も効果的である。内部に簡易ベッドと空調を完備することは当然である。体育館での雑魚寝解消、プライバシー確保の課題解決のためにも、家族単位による移動式住居等への避難は効果的だと思われる。

　なお、旅館やホテルを利用した「避難所」の設置は、風評被害などへの観光支援としても事実上意義があることから、本通知の後にも「東日本大震災に係る旅館、ホテル等を利用した避難所の一時的な利用について」（平成23年5月23日社援総発0523第1号）などが発信され、特に高齢者、障害者、妊産婦、乳幼児、病弱者等の災害時要配慮者について、ホテルなどを避難所として利用することを丁寧に説明するなどしている。

第1節　災害救助法関係の代表先例

(4) 東日本大震災に係る災害救助法の弾力運用について（その8）（平成23年5月30日社援総発0530第1号）

【先例通知の概要】

> （みなし仮設住宅等におけるエアコン等附帯設備の取扱）
> 1　建設型の応急仮設住宅に標準的に設置されている附帯設備（エアコン、ガスコンロ、照明器具、給湯器、カーテン）に要する相当な費用は、民間賃貸住宅、空き家、公営住宅などを借上げて応急仮設住宅として供与（いわゆるみなし仮設住宅）する場合でも、その家賃等の中で、当該費用相当額を上乗せして、国庫負担対象とすること（賃貸借契約では、所有者がエアコン等を設置することになるので、当該費用を家賃分に上乗せできる）。
> 2　住宅借上げによる仮設住宅の提供に際し、所有者等が管理の都合などで附帯設備を設置できない場合には、都道府県が住宅所有者等に対して費用を支出し、その費用は国庫負担対象となる（ただし、契約終了後には都道府県と所有者との間で退去に伴う費用精算をする）。

【先例通知の教訓と活用】

　借上型応急仮設住宅（いわゆるみなし仮設住宅）の供給の際に、不十分な住環境である場合は、災害救助の一つとして、環境を改善してから入居できることを示すものである。生活に必需となる附帯設備の整備に躊躇することがないようにしなければならない。

　東日本大震災などの巨大災害では、日本赤十字社や民間支援団体が、生活用品や家電製品などを寄付する活動が行われた。一方で、最低限の住環境を整備することは、災害救助法の要請に基づく行政の義務であることを確認しておく必要がある。

　なお、これらの対応をするためには、平時からの対策が不可欠である。「民間賃貸住宅借上げ事前登録制度」（例として静岡県など）により、あらか

じめ業者やオーナーと賃貸住宅の仕様、契約内容などを詳細に打ち合わせておくことが求められるだろう。

また、借上げた住宅の家賃支払いは、本来は都道府県から各オーナー・業者へ行われることになるが、その支払い手続きを、都道府県から宅地建物取引業協会や全日本不動産協会などに業務委託し、効率化を図る取組み（例として山形県など）が参考になる。

(5) 東日本大震災に係る応急仮設住宅について（平成23年4月15日社援総発0415第1号）

【先例通知の概要】

> **1　仮設住宅の着工期間**
> 一般基準では20日以内とされている建設型仮設住宅着工については、地域の実情に鑑み早期着工をお願いすること。20日以降でも当然着工可能であること。
>
> **2　仮設住宅建設地の借地料**
> 仮設住宅の建設は公有地を想定しているため、土地の借料は仮設住宅建設費用に含まれないが、被害の甚大さに鑑みて、公有地確保ができない場合には、土地の借料についても災害救助法による国庫支給対象となる。
>
> **3　広域調整**
> 本来は一律に都道府県が業者への金額や単価を広域調整するが、被害が広域化していることや、市町村の特性に鑑みて応急仮設住宅建設を市町村へ委託することも可能であること。都道府県で規格やアフターサービス基準の条件を示し、地元建設業者による住宅を活用することも可能であること。
>
> **4　建設型の仮設住宅の仕様**
> (1) バリアフリー仕様

通常住宅であっても、高齢者・障害者に配慮したバリアフリー仕様をできる限り建設すること。
（2）福祉仮設住宅
　高齢者等であって、日常の生活上特別な配慮を要する複数の者が生活できる「福祉仮設住宅」を仮設住宅として建設設置することができること。
5　集会施設の整備
　同一地域や敷地に50戸の仮設住宅を建設した場合には、居住者の集会等に利用するための施設を設置できること。行政その他による生活支援情報、保健・福祉サービスなどを提供する場としても活用できること。
6　入居者決定のあり方
　従前地区コミュニティを維持することが必要であり、数世帯単位での入居場所決定も検討すること。障害者・高齢者等が集中しないように配慮すること。

【先例通知の教訓と活用】
　建設型の仮設住宅に関する運用を確認する通知である。地域の特性を活かし、コミュニティの維持、生活環境の最低限の担保などを求めている。バリアフリー仕様や、福祉施設の建設も当然に配慮されるべき事項となっており、いわゆる災害時要配慮者への対応は災害救助においては当然に織り込むべき問題であることがわかる。
　東日本大震災の被災地や、その後の大災害の被災地においても、プレハブ型の仮設住宅だけではなく、木造仮設住宅や、恒久住宅への転換を意識した仮設住宅が作られている。これらは決して特別な事例というわけではなく、災害救助法が予定している範囲ともいい得る。自治体は平常時から建設場所の選定、建設する業者や仕様の確認、避難が長期化した場合の恒久住宅との関係性などを考慮した地域防災計画（復興基本計画）を構築しなければならないことが読み取れる。
　なお、紹介している本通知には、「阪神・淡路大震災における高齢者・障害者向地域型応急仮設住宅地」や「新潟県中越地震に係る応急仮設住宅地に

おけるデイサービスセンターについて」が添付されている。工夫された福祉仮設住宅や集会施設の設置の先例や、当時の建築物の平面図などが添付されていることは参考になる。しかし、当時から建設技術、介護福祉に関する考え方、設備備品の技術的向上など、時代は相当に変化している。仕様や規格についてまで、当時のものを単にそのまま活用することがあってはならないことに注意が必要である。

また、入居者の決定について「公平」の概念を誤解し、一律抽選で実施してしまった市町村の地域も存在した。障害者、高齢者、独居者への見守りや配慮、家族との関係、地域のコミュニティの維持などを考慮することは、当然ながら前提条件として不可欠であり、一律の抽選実施は決して推奨されない。

(6) 東日本大震災に係る応急仮設住宅について（その2）（平成23年5月24日社援総発0524第2号）

【先例通知の概要】

> 1　応急仮設住宅の早期入居について
> 　応急仮設住宅の完成から入居までに期間が空くケースが見受けられることから、県と市町村とで連携・意思疎通を深め早期入居を実現すること。具体的には①県と市町村の入居管理者の相互把握、②県の情報を市の担当者に即時提供、③市町村は県外の旅館・ホテル等への避難者を含め入居募集情報を周知すること、④市町村は建設中から入居者選定を行い、日本赤十字社が寄贈する家電の数などを県と調整すること、⑤県は日本赤十字社に事前に連絡しておくこと、⑥県は速やかに仮設住宅の建物完了検査を実施すること、⑦完了検査後速やかに引渡しができるよう県と市町村で連携すること（いずれも「東日本大震災に係る災害救助法の弾力運用について（その7）」（平成23年5月6日社援総発0506第1号）で通知済み）について改めて周知。
> 2　県外避難者の把握について

岩手県、宮城県及び福島県からの県外避難者に対しても仮設住宅募集状況を周知する体制を構築すること。
3　民間賃貸住宅の借上げによる応急仮設住宅の家賃について
　家賃については、①実勢賃貸料等の地域の実情、②家族構成員数の多寡、③専用寝室を必要とする要介護者等の有無、等を考慮して柔軟に決定してよいこと。東日本大震災後に発信した各県への通知で、岩手・宮城内陸地震の際には「一戸あたり月額6万円」という先例が示されたが、それはあくまで参考に過ぎないことを念のため確認。

【先例通知の教訓と活用】

　仮設住宅の入居と募集を巡る論点を整理した通知である。仮設住宅を供給する主体は、災害救助法によれば都道府県（政令市）ということになるが、住民窓口となったり、避難者がどこにいるかを実際に把握したりしているのは市町村というケースがある。そこで、県と市町村では住民の個人情報を共有しておく必要がある。個人情報保護条例では、行政機関同士の個人情報の共有は比較的広く許容されているため、条項を正確に使いこなす必要がある（その場合は、もちろん住民本人の同意は必要ない）。

　その後、2013年6月には災害対策基本法の改正により「被災者台帳」制度が導入され、被災者情報を行政機関や支援機関で共有できることが法律上も明確になった（法第90条の3、同第90条の4。同年10月施行済）。被災者台帳を、県単位で全市町村をカバーするように、事前にフォーマットや共通システムを作っておくことが、平常時対応として求められる。

　借上型応急仮設住宅（いわゆるみなし仮設住宅）の経費として家賃相当額を「6万円」とする運用が事実上広がってしまっていたが、通知にあるように、単なる参考値であり、法律上は全く根拠のない数値である。都道府県が行うべきは、必要な「災害救助」に基づく住宅の供給である。通知にあるように、①実勢賃貸料等の地域の実情、②家族構成員数の多寡、③専用寝室を必要とする要介護者等の有無、を考慮し、その結果家賃が決まるというプロセスを考えておく必要がある。

(7) 東日本大震災に係る応急仮設住宅について（その３）（平成23年６月21日社援総発0621第１号）

【先例通知の概要】

1　応急仮設住宅のバリアフリー化について
　高齢者、障害者のための手すり、スロープ、浴槽段差への配慮、周辺道路の簡易舗装、等が不十分な仮設住宅があるため、改めてバリアフリー化を確認するもの。すでに完成した住戸に簡易スロープ、踏み台等のバリアフリー化補修や、周辺通路の砂利敷から簡易舗装化についても、災害救助法に基づく国庫負担となること。

2　地域の特性に応じた仕様について
　暑さ寒さ対策として、断熱材、二重ガラス化、利用者の希望に応じた畳や建具の後付け、日よけ、強風対策の風除室の設置、その他地域の入居者の実情に応じた場合に必要となる相当な経費の増加額についても、国庫負担となること。

【先例通知の教訓と活用】

　東日本大震災後に作られた建設型仮設住宅の仕様や規格において、バリアフリー対応や地域特性対応が不十分なものがみられたことから、改善を促すものである。いわゆる過去のプレハブ型仮設住宅の規格をそのまま利用してしまう場合には、現実の利用者ニーズとの間にミスマッチが起きやすいことが教訓として導かれる。

　バリアフリー化については、当初より十分な予算が確保できることが通知で明らかになっており、かつ今後もこのような対応は最低限の災害救助活動として決して除外できないものである。そうであれば、平常時からバリアフリー型の仮設住宅の仕様や規格を準備できるように、災害協定や地元企業との連携を深めておく対策を怠るべきではないと思われる。

　東日本大震災では、仮設住宅が必要な地域には寒冷地が多かったことか

ら、2011年から2012年の厳冬期において、凍結による水道管破裂が相次いだ仮設住宅が存在した。当初より十分な地域特性を考慮し、予算を確保することを念頭に計画していれば、このような事態は防げたものと考えらえる。自治体にとって気候条件は既知のものであるから、当初より寒冷地や猛暑対策を施したうえでの仮設住宅建設が望まれることは、いうまでもないだろう。特に、地元や近隣自治体の工務店などとの連絡（事前協定）や、地元の木材などを活用した仮設住宅の建設・設計計画を講じておくことは、今後の広域災害に備えて十分に考えておくべきことである。

(8) 東日本大震災に係る応急仮設住宅について（その4）（平成23年7月15日社援総発0715第2号）

【先例通知の概要】

> 1　借上げによる仮設住宅の家賃についての改めての注意喚起
> 　民間賃貸住宅を借上げての仮設住宅の提供について、「参考金額」である「月額6万円」が上限金額かのように扱われている現状を懸念し、家賃の設定については、
> 　①地域の実情に見合った実勢賃貸料の設定（実情に合わない上限設定を行わないこと）、
> 　②家族構成数の多寡を勘案した設定（構成員によっては複数の部屋を借上げること等も要検討）、
> 　③専用寝室を必要とする要介護者等の有無などを勘案した設定、
> をするよう求めるもの。
> 2　被災者名義で賃借した場合の仮設住宅としての取扱い
> 　岩手、宮城及び福島の各県の被災者が、県外に避難し、被災者名義で賃貸借契約をして避難場所を確保した場合には、後日災害救助として県名義に切り替わるときには、被災者名義で契約した日からの家賃も含んで、災害救助法による支援対象となること。

3　家賃の水準に関する相談
　都道府県を通じなくても、市町村が直接国の担当部署に問い合わせることで差し支えないこと。

【先例通知の教訓と活用】
　国が発信する法律や制度の解釈運用の指針には、しばしば「数字」が登場する。しかし、この数字の示し方には気を付けなければならない。疲弊する現場の担当者に、「参考」「原則」「先例」などの形で金額、日数、期限などを具体的な数値をもって示した場合は、自治体の現場はどうしてもその数値に捉われてしまうからである。
　今回のような「借上げによる仮設住宅の家賃」について誤解を避けるような通知が何度も発信されなければならなかったのは、国がそもそも十分な説明をすることなく最初に通知を発信してしまったことが問題ではあるが、自治体側も、「参考」であり「単なる先例」を示されたに過ぎないものであるのかどうかを十分に理解しておく必要がある。
　このような東日本大震災当時の混乱ぶりから教訓とすべきことは、事前に災害救助法により支援できる範囲を想定したうえ、当然に予想される上乗せの支援や、特別な対応に根ざした事前準備を、先回りして講じておくことの必要性であろう。災害救助においては、現に被災者がおり、現実の支援を行うことが要請されるのであり、おおよそ過去の数字は「参考」以上の何ものにもなり得ない。災害救助法の趣旨を理解し必要な救助を確実に行うという軸を持っていれば、誤解が生じることがなかったといえる。
　災害救助法は、現在の政府の解釈によれば「現地救助の原則」を採用している。すなわち、被災者に対する支援をその被災者が現に存在する自治体によって行うということである。従って、被災地の外において住宅を確保した場合であっても、本来みなし仮設住宅を提供すべきような被害を受けた被災者であれば、当該自治体において、災害救助を受けることができるのである。
　先行して契約をして支出をしているとしても、本来は災害救助法による支援を受けられる該当者であった以上、被災者名義で契約した入居日から都道

府県名義とした日までの期間を含め、災害救助法によるみなし仮設住宅の支援期間になるとするのは、当然の解釈である。

2 熊本地震

(1) 避難所の生活環境の整備等について（平成28年4月15日府政防第582号）

【先例通知の概要】

> 1 避難所の設置
>
> 　避難所の設備や備品等の整備、被災者に対するプライバシー確保、暑さ寒さ対策、入浴及び洗濯機会確保等、生活環境の改善対策を実施する。具体的に5つの類型を列挙する。
> 　①簡易ベッド（代用品を含む）、畳、マット、カーペット等の整備
> 　②間仕切り用パーティションの設置
> 　③冷暖房機器、テレビ、ラジオの設置
> 　④仮設洗濯場（洗濯機、乾燥機を含む）、簡易シャワー、仮設風呂等の設置
> 　⑤仮設トイレの設置。なお、高齢者、障害者等の要配慮者が使いやすい洋式の仮設トイレを必要に応じて設置すること。
>
> 2 炊き出し等の食品の供与
>
> 　メニューの多様化、適温食の提供、栄養バランスの確保、高齢者や病弱者に対する配慮を行うこと。
>
> 3 福祉避難所の設置
>
> 　福祉避難所については、一般基準であったとしても、通常の避難所経費とは別に必要な経費を加算できること。具体的には、介助員の配置、高齢者や障害者用のトイレ、各種消耗品、介護食などである。
>
> 4 応急仮設住宅の設置・応急修理制度
>
> 　災害救助として応急仮設住宅を設置できること、建設型仮設住宅のみならず民間住宅等の借上型仮設住宅も活用できることを確認するもの。また、修繕を希望する場合には災害救助法による応急修理制度があること。

5　特別基準の設定

　災害救助法による救助については一般基準に基づくが、被災状況等に応じて特別基準を設定することが可能であり、都道府県担当者から内閣府担当者に対して「幅広に」相談を促すこと。

【先例通知の教訓と活用】

　災害救助法の適用をトリガーとして本通知と同種の内容が国から発信される。主として東日本大震災後の「災害救助法の弾力運用」に関する一連の知恵が承継されているのである。

　国は、災害救助法の弾力運用や特別基準の設定が必要になるのは「避難所の設置期間の長期化」が第一の理由であるとしているが、長期化してから対応するという趣旨ではない。発災直後でも、避難所解消時期の見込みは容易にシミュレーションできるのであり、数日から1週間以上に及ぶのであれば、直ちに最低限本通知を満たすようにしなければならないと考えるべきであろう。

　都道府県や市町村は、事前に専門士業（主としてソフト面、メンテナンス、避難所運営、被災者生活再建支援、医療健康福祉支援等）や専門業者（主としてハード面、避難所設営、区画整理、設備備品設置、公衆衛生等）と災害協定などを締結しておくべきである。大災害を想定したのであれば、当初より災害救助法の「特別基準ありき」で準備をすることが、速やかな避難所環境整備には不可欠なのである。

　以下、特に留意すべき点について述べる。

　避難所環境の整備について特に重要なのは、誰もが安心して使える水洗トイレの早期設置である。避難所の長期化の有無にかかわらず、高齢者、障害者、女性、小さな子どもらが安心して使えるトイレの存在は、最低限の設備である。

　また、公衆衛生の観点からも、簡易トイレの利用は極力短い期間とすべきである。これについては内閣府「避難所におけるトイレの確保・管理ガイドライン」（2016年4月）なども参考になる。北海道胆振東部地震では早期に

大型の水洗式コンテナ型トイレが配置された実績がある。

　なお、このとき清掃や処理業者も確実に手配することが不可欠である。被災者自身によるトイレの運営管理は、公衆衛生の観点からも望ましくなく、公衆衛生やトイレ設置に関する専門士業や専門業者に委ねるべきである。トイレ環境が清潔でなかったり、暗い場所や隠れられない場所などに設置されていたりすると、多くの被災者がトイレを控えるべく、水分や食事（水分の大部分は食物から摂取）をとらなくなる。栄養の低下、血流の悪化等関連疾病を引き起こすことにもなり得る。

　同じく重要なのが適温食の提供である。おにぎり、乾パン、備蓄食、カップ麺、菓子パン類などは、確かに災害直後に物資支援が完全に途絶している場合には必要な備蓄である。しかし、物流が回復した場合には、直ちに取りやめ、適温食の提供（給食やビュッフェをイメージしてほしい）に切り替えなければならない。

　注意すべきなのは、小規模なボランティアによるアドホックな炊き出し支援に頼るのではないということである。栄養バランスや高齢者、子ども、アレルギー、要介護状態などに配慮した食事を、「災害救助」として適切に実施するべきだということである。栄養士の配置、大量の食事を作ることができる調理スタッフの配置は必須である。

　これを実現するためには、キッチンカー導入、近隣ホテルとの協力、給食センターの活用、その他自治体内部や近隣自治体のリソースを最大限活用する準備を、平常時から実施しておかなければならない。

　そして、居住区画の整備、特に「簡易ベッド」の配備が不可欠である。簡易ベッドには、いわゆる段ボールベッドが浸透しつつある。生産拠点も多く、全国に業者がいるため、災害後の発注でも早期大量生産が可能である。すでに多くの自治体が段ボールベッド供給・設置・撤去に関する災害協定を締結しているところである。西日本豪雨における岡山県倉敷市真備地域や、北海道胆振東部地震の厚真町の避難所の整備などが参考になる。

　ベッドは、単に快適な睡眠の提供ということではなく、必要最低限の設備である。なぜなら、床から距離を置かずにマットや敷きつめた段ボールの上に毛布だけで寝るような場合（いわゆる雑魚寝）は、血栓のできる避難者が

増加するという有為な医学データがすでに存在しているからである（榛沢和彦監修『避難所づくりに活かす18の視点』東京法規出版、2018年参照）。エコノミークラス症候群をはじめ、脳梗塞や心臓病を引き起こし、災害関連死を招く可能性が劇的に高まってしまうのである。内閣府の「避難所運営ガイドライン」（2016年4月）でも「簡易ベッドの確保を目指す」と明記しているところである。床から距離を置き、腰掛のできる「ベッド」の配備が不可欠であることを心得ておきたい。

　なお、本通知に「畳」「マット」「カーペット」とあるが、体育館・公民館など土足や不特定多数が出入りする可能性のある環境では、これらを「簡易ベッド」と同列にして、同等の機能を発揮すると捉えてよいのかは留意が必要である。

　東日本大震災や熊本地震における、災害関連死の原因についての簡易な取りまとめ結果である「東日本大震災における震災関連死に関する報告」（復興庁・震災関連死に関する検討会、2012年8月21日）や「震災関連死の概況について」（熊本県、2018年3月12日）においてですら、「避難所環境」が悪いことが原因で災害関連死に繋がったことが指摘されている。その内実は、まさに「トイレ」「キッチン」「ベッド」（＝TKB）に関する環境の整備が不足していたことにある。

　福祉避難所の整備については「福祉避難所（高齢者、障害者等（以下「高齢者等」という。）であって避難所での生活において特別な配慮を必要とするものに供与する避難所をいう。）を設置した場合は、（中略）当該地域において当該特別な配慮のために必要な通常の実費を加算することができること」（一般基準：内閣府告示第228号第2条第1号ニ）と明記されている。まずはこの告示の記述を頼りに、地域における災害時要配慮者の人口などを勘案しながら、事前に人的物的な対策を講じておくことが不可欠になる。

　応急仮設住宅については、都市部などで災害があれば、借上型仮設住宅（みなし仮設住宅）の供給こそがメインとなる。先述のとおり、事前の協定等を活用し、候補者を選定しておく努力が必要である。

　通知の最後には、「特別基準」への言及がある。災害救助法では、一般基準のみならず、特別基準の設定が可能であることは繰り返し述べているとこ

ろであるが、大災害の場合には確実に特別基準が必要になることから、むしろ都道府県や市町村は「特別基準ありき」での備蓄・災害協定・教育訓練等を実施する必要があるだろう。

(2) 福祉避難所の設置等の対応（情報提供）（平成28年4月18日事務連絡）

【先例通知の概要】

> 福祉避難所を立ち上げるための契約や協定の様式を通知するもの。
> 1　災害発生時における福祉避難所の設置運営に関する協定（例）
> 　市町村と福祉施設運営主体とが協定を結ぶ場合の書式（本書では掲載省略）
> 2　平成28年熊本地震による避難者に対する宿泊施設の提供に関する協定書（例）
> 　ホテルや旅館などを避難所として利用する場合に、市町村と運営会社とが協定を結ぶ場合の書式（本書では掲載省略）
> 3　避難所在住者アンケート調査（様式例）
> 　避難者の状況を把握するための様式（本書では掲載省略）

【先例通知の教訓と活用】

　災害救助法に基づく避難所の設置方法としては、公的施設（公民館、体育館等）の利用に固執する必要はなく、ホテル等宿泊施設や民間施設を利用することを積極的に検討し、事前に候補地を準備しておくことは不可欠である。同様に、高齢者、障害者等のニーズに対応するための福祉・介護設備を備えた避難所については、既存の福祉事業者や介護事業者との準備が欠かせない。

　実際に本通知のような通知が発信されるタイミングになってから協定の打

診をしたり、書式を準備したりするのでは、到底避難所開設に間に合わない。本通知の添付資料を参考にして、事前協定の締結を進めることが必要である。様式については、自治体の顧問弁護士や組織内弁護士（任期付職員等）のリーガルチェックを受けるプロセスも重要である。

　避難所に滞在する被災者にアンケートを実施する様式例が示されているが、これを利用したり、また実際にアンケート調査などを実施したりする場合には、細心の注意が必要である。盲目的にプロフィールや現状を被災者自身に回答してもらう必要があるのか、そもそもアンケート結果を何に使うのか、回答者は回答に対して何を期待できるのかなど、明確な目的と、調査結果の確実なフィードバックについて設計しておく必要がある。このような観点からみると、災害後になって、すでに避難所が開設されてから、本通知の様式をそのまま利用してアンケートを実施することは、やや疑問の余地があると思われる。

　例えば「被災者の生活再建や住まいの再建」を目的にするのであれば、プロフィール調査や被災状況の調査をするにしても、今後どのような再建プランをもっているかに応じて、被災者がどのような行動をとるべきか、法制度を利用できるか、また相談できる弁護士等の窓口への誘導、自治体独自の支援制度の紹介、金融関連情報の提供や説明会の実施、などが不可欠であり、単なるアンケートで希望を徴取したり、現在の自宅の損壊状況などを聞いたりしてもあまり効果がないといえるだろう。

　そもそも被災状況の調査であれば、「罹災証明書」における被害認定などの課程で、自治体側も情報収集ができている。むしろ、情報を自治体から被災者にフィードバックし、それに応じて利用できる制度などをアウトリーチで伝達するべきではないだろうか。

　もしアンケート調査をするのであれば、既存の制度や自治体の制度の「狭間」に陥り、支援漏れなどがないかをチェックする意味で実施すべきである。当然、調査チームが聞取り調査をするのが効果的であり、被災者自ら記載するアンケート方式自体が効果的かどうかも批判的に検証するべきである。

　避難所が開設されると、様々な「専門家チーム」が被災者にヒアリング調

査などを網羅的に実施する。被災者側は、何度も同じような質問をされ、意図せずして回答が異なってしまう場合もあろう。避難所開設に当たっては、大災害が起きる前から、医療、福祉、介護、食事、健康、生活再建、住まい等のあらゆる分野で、「何が必要で」「何を聞く必要があり」「聞いた結果どうするのか」を明確に設計しておかなければならないのである。

　避難所在所者、介護、移動、滞在時間帯、食事対応など、そもそも避難所の設営や開設に必須の情報なども「アンケート」として様式に含まれている。しかし、これらは避難所開設から直後の間に、避難所を運営する自治体側から積極的に調査し（専門家のアセスメントと兼ねてもよい）、把握しておくべき内容である。「アンケート」で後日問うべき問題ではないことを心得なければならないだろう。

　こうしてみると、本通知の添付のアンケートは、むしろ、避難所の開設に向けて、「平常時から」考慮し、データを集め、備蓄を行っておく項目が列挙されているとみることができる。結局のところ、内閣府「避難所運営ガイドライン」に沿った事前データ取集、備蓄、避難所開設のための専門人材や物資業者との協定の締結等をしておくことの必要性が強調される。

(3) 平成28年熊本地震に係る当面の住まいの確保についての留意事項（平成28年4月26日事務連絡）

【先例通知の概要】

> （応急仮設住宅・公営住宅等）
> 1　県内一律の対応をするのではなく、被害調査、意向調査、用地確保などを含め先行できる市町村から順次公営住宅や仮設住宅への移行を行うこと。
> 2　公営住宅、UR賃貸住宅、国家公務員寄宿舎等の空き家の活用を図ること。
> 3　応急仮設住宅の建設時には、当初から、①バリアフリー仕様（住宅仕様、浴室・便所への手すり等）に配慮すること、②福祉仮設住宅においても高齢者、障害者等に配慮すること。
> 4　集会施設を設置すること。集会施設のみならず、生活支援情報の提供、保健・福祉サービスの提供の場所としても活用できる。50戸に満たない場合でも、小規模の集会施設の設置が可能であること。
> 5　高齢者、障害者など個々の世帯に配慮すべきなので、機械的な抽選は行わないこと。従前地区コミュニティを維持することが必要であり、数世帯単位での入居場所決定も検討すること。高齢者、障害者等が集中しないように配慮すること。

【先例通知の教訓と活用】

　集団的な避難所から、世帯ごとの応急仮設住宅へ移行する際の留意点を通知するものである。すべての仮設住宅を建設型で補うことは不可能であり、既存の空き家、特に即時利用可能となる公営住宅やUR賃貸住宅の空き家などの利用を促すものであり、妥当である。

　行政としては、これらの情報は平常時から当然に把握しているのであり、高齢者、障害者のいる家庭、乳幼児のいる家庭等については、先行的に早期

に避難所からの転出を可能とする準備をしておくことが必要であろう。

また、バリアフリー仕様は、当初からすべての仮設住宅に対して一律に施しておく仕様とすることが最も効率的だと考えられる。バリアフリー仕様は基本的にはすべての居住者にとっても便益が高く、必要なものと認識すべきである。

集会施設は、小規模でも確実に設置したいところである。一律に戸数ごとに設置するのではなく、すべての住民が集会施設にアクセスできるような配置を検討しなければならないだろう

入居決定については、東日本大震災時、ある自治体で一律抽選による選定を行った地域もあり、コミュニティが崩壊する危機となった。さらに、仮設住宅が撤去され、新市街地の区画にできた恒久的な住宅へ帰還する際にも、区画の決定を一律抽選で行ったことで、再度コミュニティが崩壊するという事態がおきる集落もあった。「公平」の概念を誤解することなく、必要かつ効果的な入居選定を行うべきことが教訓として残された。

これには、住民同士の対話の場をいかに行政が創出するかが重要な鍵となる。東日本大震災では、住民や自治体職員を交えてひざ詰めで、十数回以上の会合を繰り返して入居場所などを決定した集落もある。機微な人間関係や、独居者への支援の必要性などは、住民目線でないと気が付かないところであり、居住場所の決定についての入念な合意形成を怠るべきではない。

(4) 平成28年熊本地震に係る災害救助法上の留意事項等（平成28年5月2日事務連絡）

【先例通知の概要】

> 1　総論として、避難所の所在や避難者の把握について熊本県と市町村間で連携すべきこと、避難所には指定避難所以外の場所も含まれることの注意喚起、避難生活環境整備に努めること、といった内容である。
> 2　高齢者、障害者に配慮した福祉避難所を積極的に活用すること、福祉避難所への介護職員等の派遣や設備経費について国庫負担となることの確認等。
> 3　災害救助法に基づく応急修理制度の周知等。
> 4　応急仮設住宅について、原則20日以内に着工すべき運用については当該期間を越えてもよく、早期着工をすればよい旨の確認等。
> 5　参考資料として次のガイドラインを URL とともに紹介。
> ○避難所における良好な生活環境の確保に向けた取組指針（平成28年4月改訂）
> ○避難所運営ガイドライン（平成28年4月）
> ○避難所におけるトイレの確保・管理ガイドライン（平成28年4月）
> ○福祉避難所の確保・運営ガイドライン（平成28年4月）
> ○災害救助事務取扱要領（平成28年4月）

【先例通知の教訓と活用】

　熊本地震から約半月が経過した時点で、なお避難所や福祉避難所の環境整備が課題であることから、国から熊本県に対して災害救助法の活用を促す通知である。特に2016年4月に公開された各種災害対応のガイドラインが列挙されており、非常に重要な情報提供と位置付けられる。

　本通知が示した各種ガイドラインは、熊本地震発災直前に取りまとめら

れ、前後して公開されたものであり、必ずしも自治体に周知されていなかった。熊本地震では、避難所の環境整備には多大な課題を残したが、ガイドラインが十分に活用されなかったことが悔やまれる。

なかでも「避難所運営ガイドライン」は、東日本大震災では、避難所における「生活の質」に課題が多く残り、水・食料・トイレ等は特に不十分で、暖房も限定的かつ狭い空間での生活で、災害関連死の原因を作りだしていたことを反省し、策定された。避難所運営全体を俯瞰するマニュアルとして価値も高く、チェックリスト方式で避難所環境を点検できる。

平常時から、避難所がどうあるべきかを学習し、特別基準として何を要望すべきか、また「特別基準ありき」で何を備蓄しておくか、専門士業、専門業者との事前協定はどの分野でどの程度進めておくか、を検討する素材として役立てる必要がある。

同様に「避難所におけるトイレの確保・管理ガイドライン」も重要である。同ガイドラインにもあるように「ひとたび災害が発生し、水洗トイレが機能しなくなると、排泄物の処理が滞る。そのために、排泄物における細菌により、感染症や害虫の発生が引き起こされる。また、避難所等において、トイレが不衛生であるために不快な思いをする被災者が増え、その上、トイレの使用がためらわれることによって、排泄を我慢することが、水分や食品摂取を控えることにつながり、被災者においては栄養状態の悪化や脱水症状、静脈血栓塞栓症（エコノミークラス症候群）等の健康障害を引き起こすおそれが生じる」のである。

トイレ整備の分野は、医療・保健の指導者をしっかりと立てて、専門業者による水洗式コンテナトイレ設備の搬入などを早期に実現するよう、平常時から協定や備蓄を行っておく必要がある。自治体間で融通できるように対口支援関係を築くことも大切である。

第1節　災害救助法関係の代表先例

(5) 平成28年熊本地震における避難所の暑さ対策について（平成28年5月5日事務連絡）

【先例通知の概要】

> 1　避難所におけるエアコン設置について
> 　エアコン未設置の避難所に早急に設置することを示唆する通知。台数制限はなく、必要な台数を設置するよう注意喚起する。レンタル設置ができない場合には、内閣府（防災担当）まで相談することとする。
> 2　エアコン設置が困難な場合の対応
> (1) 隣接場所などにエアコンを設置して対応すること。
> (2) 冷却用シート・マット、保冷材、通気性の良い吸湿・速乾の衣服などを生活必需品として供与するなどの対応をすること。
> 3　エアコン等対策経費については災害救助法による国庫負担対象となること。諸経費については県の相談に「弾力的」に対応するので「幅広」に内閣府（防災担当）被災者行政担当者へ連絡すること等。

【先例通知の教訓と活用】

　日本国内では、いかなる季節でも原則として室内温度調整が必要なことは明らかである。常に準備できるよう、あらかじめ備蓄や設置計画を綿密に行っておくべきである。また、避難所設営に当たっても、事後の「特別基準ありき」による迅速な対応を先行して行っておく必要性が極めて高い分野と考えられる。
　なお、西日本豪雨では、各省庁からのプッシュ型支援により、岡山県倉敷市内の避難所等に、比較的早期にエアコンが運搬・設置されるに至った。
　また、エアコン設備の設置ができない場所が避難所とならないよう、平時から環境整備や建物更新を行っておくことも重要である。さらに、エアコンがない場合には、厳冬期や猛暑期間では生命にかかわる問題であるので、ホテル、宿泊施設、近隣自治体の施設の利用などを迅速に判断し、当初より避

難所の候補地としてそれらをリストアップし、災害協定や避難所設営訓練を実施しておく必要があるといえる。

(6) 平成28年熊本地震に係る応急仮設住宅としての民間賃貸住宅の借上げについて（平成28年5月9日府政防第627号・国土動第8号・国住賃第7号）

【先例通知の概要】

> 1　応急仮設住宅において民間賃貸住宅の借上げを促進すべき旨を改めて確認すること。
> 2　震災により損害を受けた民間賃貸住宅については、補修したうえで応急仮設住宅として供与する場合も災害救助法の国庫負担になり得ること。
> 3　不動産関係団体についても応急仮設住宅の借上げについて協力依頼をしているので、連携を深めること。
> 4　建築士（賃貸住宅の構造安全を現場で検査できる検査員）派遣及び事業者（応急的な補修工事を実施）リスト提供が国からできること。

【先例通知の教訓と活用】

内閣府（防災担当）、国土交通省建設産業局、同住宅局が、災害救助実施主体である熊本県に対して、借上型応急仮設住宅（みなし仮設住宅）の確保と、そのための国による支援策を伝える通知である。

東日本大震災以降も、避難者の生活拠点として借上型仮設住宅の確保が課題となっているが、自治体側に必ずしもノウハウが蓄積しているとは限らない。本通知は、国において自治体と専門家や業者との橋渡しをするものであり評価できる。

本通知からも明らかなとおり、①住宅補修業者への即時修繕依頼や、②不

動産諸団体を通じての民間賃貸住宅の空部屋確保、などは平常時からの関係性を築いておかなければ機能しないものであり、事前協定や担当者の顔の見える関係性構築が不可欠と考えられる。

(7) 避難所における食生活の改善について（平成28年5月20日府政防第674号）

【先例通知の概要】

> 1　被災者自身による炊事の重要性
>   避難所における炊事場の確保、食材・燃料等の提供等に配慮すること等。
> 2　専門職の活用
>   長期化に対応し、メニューの多様化、適温食の提供、栄養バランスの確保、高齢者や病弱者に対する配慮等の質の確保を行うこと。県の保健師、管理栄養士、栄養士の資格を有するもの、食生活改善指導員、調理師等を被災者の栄養改善のための要因として雇いあげることも可能であること。人材が不足する場合は内閣府（防災担当）に相談できること等。
> 3　地元業者の活用
>   被災地や近隣の事業者の営業再開状況をみながら食事の供給契約を結ぶこと、適温食の確保に配慮すること。ただし、毎日・毎食同じ食事を提供することや、おにぎり・パン等のみを三食提供するような内容にならないよう配慮すること。
> 4　食中毒対策
>   冷蔵庫の設置、手洗いの励行、調理従事者への衛生指導等を行うこと。
> 5　在宅等避難者への対応
>   自宅、車中やテントなどの場所で避難生活を送っている被災者の食生活にも配慮すべきことを確認すること。

【先例通知の教訓と活用】

　熊本地震から1か月以上経過しても「温かく栄養バランスのとれた食事の確保が図られていない」ことから食生活の早期改善を促す通知である。また、指定避難所生活者のみならず、やむを得ない理由により、自宅、車中やテントなどの場所で避難生活を送っている被災者の食生活にも配慮すべきことを確認している。

　災害救助法に基づく食事の供給は、避難所の設置とは別項目で独立している。被災者への支援が、指定避難所生活者だけへのものではないという法の理解を改めて確認するものである。

　被災者自身による栄養バランスのとれた食事の自炊の必要性を掲げているが、集団生活や厨房設備の共有の課題もあるため、ゴールとして、避難所等での被災者の自炊を目指さなければならないと誤解しないよう、留意が必要である。むしろ、介護職、アレルギー対応食材などに配慮しつつ、専門職を活用した食事の共有を行うことが望ましい。

　専門職の活用が明記されている点は、避難所運営にとって極めて重要なポイントである。災害後に被災者自身が大量の食事を作り支給することは不可能であり、専門的なノウハウを持った業者・業界が調理を担うべきである。

　例えば、給食センターを活用したり、自らキッチンカーや燃料等を調達できる業者に依頼したり、また、旅館やホテルで大量調理を行う技術を持ったスタッフを正式に派遣することを、最優先で考えるべきである。もちろん、栄養士など健康面における専門スタッフの活用も欠かせない。これらが災害救助法によって国庫負担となるべきものであるという認識を、避難所運営責任者（県ないし市町村）は明確に持つべきである。

　地元業者や大手企業との連携は重要であるが、コンビニエンスストア経営会社から支援を受ける提携をした結果、毎食「菓子パン」などが共有されてしまった事例がある。これは、栄養や健康へのマイナスの面が懸念されるものであり、供給される食事については、細心の注意を払うべきである。

　基本的には「適温食」を毎回違うメニューで供給できる体制を構築すべきである。初期段階では、災害支援の専門業者を派遣し、中長期では、地元の業者との提携を深めていくなどして、食事の供給方法を移行していくなどの

事前の計画が重要になると思われる。

　なお、初期段階では、キッチンカーを各所に備蓄しておき、それらを参集させて食事を供給する方式が有益ではないかと思われる。

　食中毒対策は重要であるが、気にするあまり、毎食「パン」となる事態もまた避ける必要がある。初期段階において、最低限の栄養バランスのとれた「適温食」の大量供給をいかに実現するかを念頭に災害対策を行えることが、望ましいだろう。

(8) 平成28年熊本地震に係る応急仮設住宅について（平成28年5月24日事務連絡）

【先例通知の概要】

> 1　入居対象者の拡大について
> 　応急仮設住宅は以下の方なども入居することが可能なので周知すること。
> ①住宅の被害を受け、現在、避難所にいる方はもとより、ホテル・旅館、公営住宅等を避難所として利用されている方や、親族宅等に身を寄せられている方
> ②二次災害等により住宅が被害を受ける恐れがある、ライフライン（水道、電気、ガス、道路等）が途絶している、地すべり等により避難指示等を受けているなど、長期にわたり自らの住居に居住できない方
> ③「半壊」であっても、住み続けることが危険な程度の傷みや、生活環境保全上の支障となっている損壊家屋等、取り壊さざるを得ない家屋の解体・撤去に伴い、自らの住居に居住できない方
> 2　借地料について
> 　建設型応急仮設住宅の建設地として公有地等を確保できない場合や、迅速な建設のために民有地を活用したことに伴う土地の借料については、災害救助法により国庫負担対象となること。

3 造成費及び土地の原状回復費について

建設型応急仮設住宅の建設用地の造成費（権利調査、測量、造成設計、盛り土、切り土など）及び応急仮設住宅を解体撤去する際の用地の原状回復費は、災害救助法の国庫負担対象となること。

4 防火対策等について

応急仮設住宅の防火対策等を強化するための経費は、災害救助法の国庫支出対象となること。優先順位をつけて実施すること。

①外だけではなく、各住戸内への「消火器」の設置
②集会場、談話室等への「AED」（自動体外式除細動器）の設置（管理者の設置を含む）
③各住戸、集会場、談話室等への「非常ベル」の設置

【先例通知の教訓と活用】

災害救助法の一般基準の文言をそのまま読めば、住宅そのものへの損傷が少ない場合には、仮設住宅の入居要件を満たさないことが多い。過去の例では、罹災証明書において「全壊」（50％以上の損壊）、「大規模半壊」（40％以上50％未満の損壊）の場合に入居を認めるケースが多いようである。ところが、「半壊」（20％以上40％未満の損壊）、「一部損壊」（20％未満の損壊）であっても、実際は居住に支障がある場合には仮設住宅以外の選択肢はない。

そこで、罹災証明書の認定のみに固執して仮設住宅の提供を躊躇しないためにも、柔軟に仮設住宅の入居を認めてきた実績を、先例や通知に学ぶ必要がある。

先述した通り、東日本大震災や新潟県中越沖地震の被災地では、相当柔軟に仮設住宅入居を認めてきた実績がある（55～57頁参照）。まずは過去の先例を把握しておくべきである。熊本地震では、それらを教訓として、仮設住宅入居要件の柔軟な対応を通知したものである。

まず、指定避難所などに滞在した実績がなくても、当然に仮設住宅の入居が好ましい被災者世帯は存在する。これらを排除することがないよう注意が必要である。

次に、自宅や敷地内の地盤の範囲で考えれば、住宅損壊が軽微であっても、周辺環境を考えると居住ができない自体は容易に想定される。ライフラインや土砂崩れの危険はその代表例である。買い物に苦労するとか、周囲に生活必需品を入手できる店舗がないなども十分に考慮事項となる。被害態様や被災世帯の希望を柔軟に聞き入れることが不可欠である。

 最後に「半壊」であっても解体撤去を余儀なくされるケースでは、仮設住宅へ入居できるとしている。これも当然のことを記載していると思われる。しかし、熊本地震直後、多くの自治体では、①「解体又は撤去済みであることが条件になる」とか、②「解体又は撤去の工事契約を締結していることが条件になる」とか、③「将来自宅を解体又は撤去することを制約する念書を差し入れることが条件になる」などという運用が濫立していた。①と②は、業者の確保の可否や被災地全体の復興にかかわるものであり、あまりにナンセンスというほかはないし、そもそもそのような決断を早期にすることはできるはずがないので不当なことは明白である。③も、結局のところ避難所生活などのうちに決断を迫られ、十分な検討ができるはずがないし、解体を強制されるかのような心理的プレッシャーも与えるので不当である。

 結局、①から③までの資料提出などは不要となった。今後も、不合理な書面を被災者に要求することがないように留意しなければならない。

 用地確保が民有地に及んだり、造成工事が必要になったりすることは当然に予想される。災害救助法によりこれらの費用が手当されることは、およそ国民的理解を得られるものであるはずだから、特別基準ありきの施策を平常時から検討しておく必要があるだろう。

 最後に、防火や救命に関する設備・備品も確実に支給されるべきであることが確認されており、評価できる。これに付け加えて、あえていえば「防犯」の要素も必要であり、避難所への携帯式防犯ブザーの配布なども十分検討に値するだろう。

3　西日本豪雨（平成30年7月豪雨）

(1) 避難所の生活環境の整備等について（留意事項）（高知県）（平成30年7月6日府政防第883号）
　　同（鳥取県、広島県、岡山県）（平成30年7月7日府政防第884号）
　　同（京都府、兵庫県、愛媛県）（平成30年7月7日府政防第885号）
　　同（岐阜県）（平成30年7月8日府政防第889号）
　　同（福岡県）（平成30年7月12日府政防第896号）
　　同（島根県）（平成30年7月12日府政防第899号）
　　同（山口県）（平成30年7月13日府政防第905号）

【先例通知の概要】

1　避難所の設置

　避難所開設期間の長期化が見込まれる場合は、衛生的な環境維持、避難者の健康管理、設備や備品の整備、プライバシーの確保、暑さ対策、入浴及び洗濯の機会の確保等の生活環境の改善対策を講じること。具体的には、以下の点を整備すること。借上げにより対応できない場合は購入による整備も可能であること。
　①簡易ベッド（代用品等を含む）、畳、マット、カーペット
　②間仕切り用パーティション、仮設スロープ
　③テレビ、ラジオ、冷暖房機器
　④公衆電話、公衆ファクシミリ
　⑤仮設トイレ、障害者用ポータブルトイレ
　⑥仮設洗濯場（洗濯機、乾燥機等の借上げ料を含む）、簡易シャワー・仮設風呂
　⑦仮設炊事場（簡易台所、調理用品等）
　⑧その他必要な設備備品

2　炊き出しその他による食品の給与

　長期化に対応して、管理栄養士を雇用すること。メニューの多様化、

適温食の提供、栄養バランスの確保、高齢者や病弱者に対する配備等の配慮をすること。

3　福祉避難所の設置

　福祉避難スペースの設置、社会福祉施設、公的宿泊施設等の協力により福祉避難所を開設すること。福祉避難所の経費については、通常の避難所設置の一般基準に加えて「特別な配慮のために必要な通常の実費」を加算できる。実費として、介護職員の配置、ポータブルトイレ等の借上げ費用、紙おむつ、ストーマ用装具などの消耗器材の購入費を列挙する。

4　応急仮設住宅の供給

　応急仮設住宅の供給には、建設型のみならず、民間賃貸住宅の借上型による供給もあること。住宅の災害救助法に基づく応急修理制度を周知すること。応急修理制度と仮設住宅供給は併用できない運用であることの確認。

5　特別基準の設定

　災害救助法による救助については、一般基準に加えて「特別基準」が設定できることから、県の担当者は「幅広に」内閣府（防災担当）へ相談すること。

6　参考資料として次のガイドラインを URL とともに紹介。

- ○避難所における良好な生活環境の確保に向けた取組指針（平成28年4月改定）
- ○避難所運営ガイドライン（平成28年4月）
- ○避難所におけるトイレの確保・管理ガイドライン（平成28年4月）
- ○福祉避難所の確保・運営ガイドライン（平成28年4月）
- ○災害救助事務取扱要領（平成30年4月）
- ○平成28年度避難所における被災者支援に関する事例報告書（平成29年4月）

【先例通知の教訓と活用】

　西日本豪雨で甚大な被害が発生した7月6日以降に、災害救助法の適用の

あった市町村を抱える都道府県へ順次発信された通知である。災害救助法に基づく救援・救護活動のうち、特に避難所環境の整備について、当初より一般基準を超える特別基準を念頭において対応すべきことが示されている点で、価値がある通知といえる。

通知に記載されている内容は「災害救助事務取扱要領」にも記述されているところだが、同要領には原則対応や特例対応などの例が多岐にわたって記述され、ポイントを掴むことは被災してしまった自治体の職員には困難である。その意味で、情報整理機能を果たすものとして、東日本大震災や熊本地震でも同種の通知は都度発信されてきている。

自治体側としては、平常時よりこれらの通知に記載されている事項については熟知しておく必要があり、また十分な環境の避難所設営ができるように、備蓄品の利用、避難所設営、各種業界との協定、人材派遣についての専門家との協定について準備し、訓練や交流をしておくことが求められるだろう。

避難所の設営における留意点は、東日本大震災や熊本地震を経て、さらに精緻になってきている感がある。なかでも特に避難者の生命にかかわる重要な設備が「簡易ベッド」「トイレ」であろう。

一つ注意が必要なのは「簡易ベッド」の整備は、2016年4月策定の「避難所運営ガイドライン」でも明確になっているのであり、項目に列挙されている「畳、マット、カーペット」については、清潔に区画された宿泊施設であればともかくも、体育館や公民館、あるいはコンベンションセンターなど不特定多数が（時には土足で）出入りする環境での設備としては、やや問題があろう。「避難所運営ガイドライン」のチェックリストこそ、まずは参照されるべきであることを付言する。

同様にトイレについても「避難所におけるトイレの確保・管理ガイドライン」（2016年4月）を最低限踏まえ、速やかに清潔かつ安心できるトイレ環境の整備が不可欠である。いわゆる1人用のボックス型トイレを並べるだけでは、決してトイレ環境が整備されたとはいえないのである。北海道胆振東部地震では水洗式コンテナトイレを早期に導入したことで話題となったが、子どもや高齢者としては、コンテナトイレが導入されて、はじめて安心できるトイレ環境になったという声が残っている。

炊き出しに関しては、避難所立ち上げ直後から行えるようにすべきである。あくまで「適温食」の提供が必要であることは、過去の通知などでも明記されている。先述のとおり、キッチンカーの早期受入れ、調理人材の確保、栄養や健康面の専門家の確保を行うべきである。

　通知に記述された内容を十分に実行するためには、専門士業や専門業者との事前協定が不可欠であり、避難所設営ノウハウについてあらかじめ訓練しておく必要がある。災害の規模、被害の程度、避難所の実際の避難者の数などは想定できているのであり、避難所開設期間の長期化もまた計算できているならなおさらといえる。

　福祉避難所については、災害救助法の一般基準においても、必要経費を国庫支給対象とすることができる。一方で、福祉避難所に関する知識を事前に備えていないと、災害後に福祉施設などとゼロから協定を締結するなど、即時性を欠くことになる。災害時要配慮者の支援が不十分であれば、災害関連死に直結しかねない。事前協定を進めておくことが最も重要な分野の一つといえる。

　応急仮設住宅には、建設型と借上型があり、いずれも可能な限り迅速に住居を確保するためには、事前の建設候補地選定、不動産業界との連携、公営住宅などの空き家の把握などを行っておく必要がある。

　本通知の最後の項目としては「特別基準の設定」が明記されている。これは東日本大震災や熊本地震と同様である。災害救助については内閣府による「災害救助法による救助の程度、方法及び期間並びに実費弁償の基準」（一般基準：内閣府告示第228号）が一般に公開され、金額が記載されている。これに固執すれば、ほとんどの分野で最低限の支援もおぼつかない。災害救助法が一般基準に量的にも質的にも上乗せできる「特別基準」策定を当初から予定していることを、政策担当者や関係支援者は熟知しておく必要がある。

　内閣府は特別基準の設定に関して「幅広にご相談いただきたい」と通知に記述しているが、最低限の災害救助法、同法施行令、内閣府告示（一般基準）、特別基準、過去の運用実例（先例通知）を知っていなければ、自治体担当者からの自発的な相談などは難しいと思われる。少なくとも、平時から、すべての行政職員やボランティア関係者らへの「災害救助法」の政策法務基礎研修を行っておくべきであると考える。

(2) 平成30年7月豪雨に係る応急仮設住宅について（平成30年7月17日事務連絡）

【先例通知の概要】

> 1 入居対象者の拡大について
> 　応急仮設住宅は以下の方なども入居することが可能なので周知すること。ただし、災害救助法による仮設住宅の提供と、同法による応急修理制度の併用はできないことに留意することの確認である。
> 　①住宅の被害を受け、避難所にいる方はもとより、ホテル・旅館、公営住宅等を避難所として利用されている方や、親族宅等に身を寄せている方
> 　②二次被害等により住宅が被害を受ける恐れがある、ライフライン（水道、電気、ガス、道路等）が途絶している、地すべり等により避難指示を受けているなど、長期にわたり自らの住居に居住できない方
> 　③「半壊」（大規模半壊を含む）であっても、水害により流入した土砂や流木等により住宅としての再利用ができず、自らの住居に居住できない方
> 2 借上型仮設住宅の対象経費
> 　借上型仮設住宅を提供する場合の経費は、貸主又は仲介業者との契約に不可欠な、家賃、共益費、敷金、礼金、仲介手数料、火災保険料、管理費、入居時鍵等交換費等であること。
> 3 借地料について
> 　建設型応急仮設住宅の建設地として公有地等を確保できない場合や、迅速な建設のために民有地を活用したことに伴う土地の借地料については、災害救助法により国庫負担対象となること。
> 4 造成費及び土地の原状回復費について
> 　建設型応急仮設住宅の建設用地の造成費（権利調査、測量、造成設計、盛り土、切り土など）及び応急仮設住宅を解体撤去する際の用地の

原状回復費は、災害救助法の国庫負担対象となる。
5　防火対策等
応急仮設住宅の防火対策等を強化するための経費は、災害救助法の国庫支出対象となること。優先順位をつけて実施すること。
①野外だけではなく、各住戸内への「消火器」の設置
②集会場、談話室等への「AED」（自動体外式除細動器）の設置（管理者の設置を含む）
③各住戸、集会場、談話室等への「非常ベル」の設置

【先例通知の教訓と活用】

　災害救助法に基づく応急仮設住宅（建設型及び借上型）の提供に際しての運用を確認するものである。熊本地震の際に発出していた通知を統合したものであり、内容もほぼ同じである。

　熊本地震の際の通知と比較すると、仮設住宅の入居の選択と、災害救助法に基づく「応急修理を併せて利用することはできない」との説明が随所にある。確かに「災害救助事務取扱要領」でも同様の説明がある。このような「あくまで解体・撤去の前提で仮設住宅へ入居するか、仮設住宅への入居を諦めてわずか60万円にも満たない応急修繕費用だけで満足するか」という過酷な選択肢しか存在しないのが、現在の政府運用である。

　なお、災害救助法、同法施行令、内閣府告示による一般基準等をみる限りでは、仮設住宅の提供と応急修理制度が二者択一的な制度であるような限定はなされていない。あくまで政府解釈として二者択一的な運用がなされていることになる。自治体などの要望により改善を促す余地のある分野であることは認識しておきたい。

　また、本通知と同時に、仮設住宅入居要件については、相当厳格に解釈する通知（「平成30年7月豪雨に係る応急仮設住宅について（その2）」平成30年7月17日事務連絡）が出されている。すなわち、「概要1①」にある「住宅の被害」とは、「住家が全壊、全焼又は流出した場合」という災害救助法の一般基準に該当するような場合に限定している旨が、わざわざ通知で示さ

れている。また、「概要1②」にある「長期にわたり」とは、対策に1か月以上かかり、自らの住居に居住できない場合のことをいうとしている。さらに「概要1③」の「住宅としての再利用ができず」に該当するかどうかの判断に際しては、「応急仮設住宅入居申請時に被災者からその旨を申請書等において記載していただく方法等が考えられる」などとしている。

　ただし、過去にも柔軟に仮設住宅の入居を認めてきた経緯からすれば、あえてこのように厳格な解釈を行うような通知を国が発出する必要があったかどうかは、やや疑問が残る。

第2節　分野別の代表先例

1　救急救護関連（厚生労働省・総務省）

救急救命士の特定行為の取扱いについて（平成23年3月17日厚生労働省医政局指導課事務連絡）

【先例通知の概要】

> 救急救命士法上、救急救命士は、医師の具体的な指示を受けなければ、厚生労働省令で定める救急救命処置を行ってはならないこととされている（救急救命士法第第44条第1項）。
> しかしながら、救急救命士法は今回のような緊急事態を想定しているものではなく、こうした事態の下では、通信事情等の問題から医師の具体的指示が得られない場合についても、心肺機能停止状態の被災者等に対し、医師の具体的指示を必要とする救急救命処置を行うことは、刑法第35条に規定する正当業務行為として違法性が阻却され得るものと考える。

【先例通知の教訓と活用】

「救急救命処置」とは、症状が著しく悪化するおそれや、生命が危険な状態にある傷病者（重度傷病者）が病院又は診療所に搬送されるまでの間に、重度傷病者に対して行われる気道の確保、心拍の回復その他の処置であって、重度傷病者の症状の著しい悪化を防止し、又はその生命の危険を回避するために緊急に必要なものをいう。これを業として行うことのできる資格を有するのが「救急救命士」である（救急救命士法第2条）。

救急救命士の行う行為の性質は、本来医師のみが行うことができる「医行為」であるが、看護師に限りこのうち「傷病者若しくはじよく婦に対する療養上の世話又は診療の補助を行うことを業とする」ことができる（保健師助産師看護師法第5条）。救急救命士の行為は本来看護師でなければ実施できない「診療の補助」に該当するが、「重度傷病者」の救命においては、これを可能としているのである（救急救命士法第43条）。ただし、「医師の具体的な指示を受けなければ、厚生労働省令で定める救急救命処置を行ってはならない」（同法第44条）という厳しい条件が課せられている。

　本通知は、傷病者の大量同時発生が予想される東日本大震災の被災地において、救命を第一に考えたとき、医師の具体的な指示を待たずとも救命救急士としての行為を実施してよいとする政府解釈を示すものである。政府は、刑法第35条の正当業務行為に該当し、違法性阻却事由が存在していると根拠を示している。

　なお、同様の通知は、熊本地震においても、2016年4月18日の時点で、厚生労働省医政局地域医療計画課及び消防庁救急企画室から発出されている。救急救命の現場では、大規模災害発生により通信途絶や指揮命令系統の喪失があったとしても、躊躇せずに行動する指針を示したものとして、大いに参考になると思われる。

　一方で、集団傷病者発生事例における「トリアージ」もまた、その性質上「医行為」に該当すると考えざるを得ないが、救急救命士や看護師などが医師の指示を待たずして、また仮に指示があったとしても単独でトリアージ行為をなすことができるかについては、今後さらに精密な議論を行い、一定の指針を示すことが望まれる。

2　金融財務関係（財務省（財務局）・金融庁・日本銀行等）

(1) 平成23年（2011年）東北地方太平洋沖地震にかかる災害に対する金融上の措置について（平成23年3月11日内閣府特命担当大臣（金融）・日本銀行総裁）
平成30年北海道胆振地方中東部を震源とする地震にかかる災害に対する金融上の措置について（平成30年9月6日財務省北海道財務局長、日本銀行釧路支店長、日本銀行札幌支店長、日本銀行函館支店長要請）ほか過去に行われた各種の「災害に対する金融上の措置」等

【先例通知の概要】

（平成30年北海道胆振東部地震）

1　金融機関（銀行、信用金庫、信用組合等）への要請
(1) 預金証書、通帳を紛失した場合でも、災害被災者の被災状況等を踏まえた確認方法をもって預金者であることを確認して払戻しに応ずること。
(2) 届出の印鑑のない場合には、拇印にて応ずること。
(3) 事情によっては、定期預金、定期積金等の期限前払戻しに応ずること。また、当該預金等を担保とする貸付にも応ずること。
(4) 今回の災害による障害のため、支払期日が経過した手形については関係金融機関と適宜話し合いのうえ取立ができることとすること。
(5) 今回の災害のため支払いができない手形・小切手について、不渡報告への掲載及び取引停止処分に対する配慮を行うこと。また、電子記録債権の取引停止処分又は利用契約の解除等についても同様に配慮すること。
(6) 損傷した紙幣や貨幣の引換えに応ずること。
(7) 国債を紛失した場合の相談に応ずること。
(8) 災害の状況、応急資金の需要等を勘案して、融資相談所の開設、融資審査に際して提出書類を必要最小限にする等の手続きの簡便化、

融資の迅速化、既存融資にかかる返済猶予等の貸付条件の変更等、災害の影響を受けている顧客の便宜を考慮した適時的確な措置を講ずること。

(9) 「自然災害による被災者の債務整理に関するガイドライン」の手続き、利用による効果等の説明を含め、同ガイドラインの利用に係る相談に適切に応ずること。

(10) 罹災証明書を求めている手続きでも、市町村における交付状況等を勘案し、現況の写真の提出など他の手段による被災状況の確認や罹災証明書の後日提出を認める等、災害被災者の便宜を考慮した取扱いとすること。

(11) 休日営業又は平常時間外の営業について適宜配慮すること。また、窓口における営業が出来ない場合であっても、顧客及び従業員の安全に十分配慮した上で現金自動預払機等において預金の払戻しを行う等災害被災者の便宜を考慮した措置を講ずること。

(12) (1) ～ (11) にかかる措置について実施店舗にて店頭掲示を行うとともに、可能な限り顧客に対し広く周知するよう努めること。

(13) 営業停止等の措置を講じた営業店舗名等、及び継続して現金自動預払機等を稼働させる営業店舗名等を、速やかにポスターの店頭掲示等の手段を用いて告示するとともに、その旨を新聞やインターネットのホームページに掲載し、顧客に周知徹底すること。

2 証券会社等への要請

(1) 届出の印鑑を紛失した場合でも、災害被災者の被災状況等を踏まえた確認方法をもって本人であることを確認して払戻しに応ずること。

(2) 有価証券紛失の場合の再発行手続きについての協力をすること。

(3) 災害被災者から、預かり有価証券等の売却・解約代金の即日払いの申し出があった場合に、可能な限り払戻しに応ずること。

(4) (1) ～ (3) にかかる措置について実施店舗にて店頭掲示等を行うとともに、可能な限り顧客に対し広く周知するよう努めること。

(5) 窓口営業停止等の措置を講じた場合、営業停止等を行う営業店舗名

等を、速やかにポスターの店舗掲示等の手段を用いて告示するとともに、その旨を新聞やインターネットのホームページに掲載し、顧客に周知徹底すること。
(6) その他、顧客への対応について十分配意すること。

3　生命保険会社、損害保険会社及び少額短期保険業者への要請
(1) 保険証券、届出印鑑等を紛失した保険契約者等については、申し出の保険契約内容が確認できれば、保険金等の請求案内を行うなど可能な限りの便宜措置を講ずること。
(2) 生命保険金又は損害保険金の支払いについては、できる限り迅速に行うよう配慮すること。
(3) 生命保険料又は損害保険料の払込については、契約者の被災の状況に応じて猶予期間の延長を行う等適宜の措置を講ずること。
(4) (1)～(3)にかかる措置について実施店舗にて店頭掲示等を行うとともに、可能な限り保険契約者等に対し広く周知するよう努めること。
(5) 窓口営業停止等の措置を講じた場合、営業停止等を行う営業店舗名等を、速やかにポスターの店舗掲示等の手段を用いて告示するとともに、その旨を新聞やインターネットのホームページに掲載し、顧客に周知徹底すること。

4　電子債権記録機関への要請
(1) 災害時における電子記録債権の取引停止処分又は利用契約の解除等の措置について配慮すること。
(2) 休日営業又は平常時間外の営業について適宜配慮すること。
(3) 上記にかかる措置について実施店舗にて店頭掲示を行うこと。
(4) 営業停止等の措置を講じた営業店舗名等を、速やかにポスターの店頭掲示等の手段を用いて告示するとともに、その旨を新聞やインターネットのホームページに掲載し、顧客に周知徹底すること。

【先例通知の教訓と活用】

「災害時における金融上の特別措置」とは、主に災害救助法の適用のあった災害で、財務省の各地方財務局や日本銀行各支店の担当部署から発出される要請文書である。日本銀行のウェブサイトでは2009年以降に発出された「災害時における金融上の特別措置」が一覧できるようになっている。

災害の規模にもよるが、通常は、財務省の各地方財務局、日本銀行の支店の連名で発出されることが多い。東日本大震災では、内閣府特命担当大臣（金融）と日本銀行総裁名義で発出された。

内容は、概要の通りであり、金融監督庁側があらゆる金融機関に対して、契約者である被災者等に対して配慮すべき事項などについての対応を要請するものである。

通帳、クレジットカード、銀行印などを紛失すれば、多くの契約者が不安になり、今後の手続きや財産の保全方法を知りたいと考えるだろう。過去の災害現場での対応をみても、金融機関側からも積極的な情報提供が期待できない地域も相当存在している（金融機関の担当者が必ずしも「災害時における金融上の特別措置」の発出の事実や、その内容を知っているわけではない）。そこで、これらの知識は、行政機関にとっても住民のニーズに応えるべく熟知しておく必要がある。

概要で示したのは「平成30年北海道胆振地方中東部を震源とする地震にかかる災害に対する金融上の措置について」（平成30年9月6日財務省北海道財務局長、日本銀行釧路支店長、日本銀行札幌支店長、日本銀行函館支店長要請）である。東日本大震災後、熊本地震発災に至るまでに、「個人債務者の私的整理に関するガイドライン」（東日本大震災対応でつくられたガイドライン）や「自然災害による被災者の債務整理に関するガイドライン」（災害救助法適用の自然災害に適用。以下、自然災害被災者債務整理ガイドライン）が登場したことで、要請文書も更新されているため、本書時点での最新版を掲載することにした。

すべての項目が銀行や保険会社との契約者にとって重要な事項になっているが、特に重要なのは、「自然災害被災者債務整理ガイドライン」（被災ローン減免制度）の周知と運用である。

「1（8）災害の状況、応急資金の需要等を勘案して、融資相談所の開設、融資審査に際して提出書類を必要最小限にする等の手続きの簡便化、融資の迅速化、既存融資にかかる返済猶予等の貸付条件の変更等、災害の影響を受けている顧客の便宜を考慮した適時的確な措置を講ずること」「1（9）「自然災害による被災者の債務整理に関するガイドライン」の手続き、利用による効果等の説明を含め、同ガイドラインの利用に係る相談に適切に応ずること」の2項目は、住宅ローンや事業ローンをはじめ、車のローン、奨学金などの支払いに困窮した被災者にとって非常に重要である。

「自然災害被災者債務整理ガイドライン」は、収入条件など一定の制約はあるものの、相当程度の資産を手元に残したままで、既存のローン（被災ローン）について減免することができる制度であり、しかも信用情報登録もなされない。使わない手はないという制度であるはずだが、被災者自身が自ら制度を察知し金融機関に出向く機会は極めて少ない（弁護士の無料電話相談を受けているなどの特別の機会がなければ難しい）。

本来は金融機関から窓口で漏れなく伝えるべきだが、金融機関担当者も熟知していないことで、本来は利用できる制度の利用に至らず、相談の際に「門前払い」になってしまうケースも弁護士の無料法律相談に多数報告されていることは、見逃せない。行政機関は、金融機関と地元弁護士会を協働し、「自然災害被災者債務整理ガイドライン」の説明会を合同で開催するなどの対応を怠るべきではない。

例えば、熊本地震の際には、肥後銀行や熊本銀行が、熊本弁護士会と共催の住宅ローン支払い相談会を開催し、「自然災害被災者債務整理ガイドライン」の利用促進を促すなどした功績がある。行政機関側も共催・後援などを行い、積極的に住民への支援情報提供サービスに務める必要がある。

なお、東日本大震災では、当時運用が開始されたばかりの被災ローン減免制度である「個人債務者の私的整理に関するガイドライン」が、金融機関による周知・説明があまりに不足しており、あろうことか、義援金や被災者生活再建支援金などを原資とした返済条件変更契約（リスケジュール）を積極的に行うという事態が多発した。

事態を深刻にみた金融庁や財務省は、「いわゆる二重債務問題に係る被災

者支援の促進について」(平成24年7月24日金融庁金融監督局長通知：本項(2))や「個人債務者の私的整理に関するガイドラインの利用の促進について」(平成24年10月1日財務省東北財務局要請文書：本項(3))などの要請文書を連続して発信し、金融機関に対して、ガイドラインの周知と利用促進に関する丁寧な説明をローン契約者にするよう厳しく指導していることは、教訓にしておく必要がある。

(2) いわゆる二重債務問題に係る被災者支援の促進について（平成24年7月24日金監第1894号）

【先例通知の概要】

> 1　金融機関によるコンサルティング機能の強化
> 　被災者の状況をきめ細かく把握した上で、公的な各種支援策の活用を含め、当該被災者にとって最適な解決策を提案し、その実行を支援するよう努めること。
> 2　東日本大震災事業者再生支援機構等による被災事業者支援の促進
> 　東日本大震災事業者再生支援機構及び各県の産業復興相談センター・産業復興機構を活用した被災事業者の再生支援の促進のため、金融機関は、被災事業者に対し、これらの機構等の役割・機能等を丁寧に説明するとともに、被災事業者とともに機構等の積極的な活用を検討すること。金融機関は、当事者意識を持って、長期にわたる事業再生計画の遂行について、モニタリング・支援を行うこと。
> 3　個人債務者の私的整理に関するガイドラインの活用の促進
> 　「個人債務者の私的整理に関するガイドライン」は、東日本大震災の影響によって、既往債務を弁済できなくなった個人の債務者が一定の要件の下、債務の減免を受けられる枠組みであり、今後、防災集団移転促進事業等の進捗に伴い、ガイドラインの利用を通じた被災者の生活再建支援が強く望まれている。これを踏まえ、金融機関は、引き続き、債務

> 者の状況を一層きめ細かく把握し、元本返済猶予等の貸付条件の変更を行っている債務者も含め、ガイドライン利用のメリットや効果等を丁寧に説明し、当該債務者の状況に応じて、ガイドラインの利用を積極的に勧めること。また、ガイドラインに基づく弁済計画案が提示された場合には、出来る限り迅速に当該計画案に関する判断を行うこと。

【先例通知の教訓と活用】

　東日本大震災によって、住宅ローン等の支払いが困難となった被災者個人に対しては、2011年7月に策定された「個人債務者の私的整理に関するガイドライン」の利用促進が求められた。ところが、運用を担った一般社団法人個人版私的整理ガイドライン運営委員会において周知啓発が不足し、また当初約半年間にわたってあまりに厳しすぎる運用を行ったことで、利用者がほとんど現れないという事態に陥ったのである。弁護士らによる提言を受け、金融庁金融監督局が、金融機関に「リスケジュール誘導」の不合理を注意した通知が本通知である。

　「元本返済猶予等の貸付条件の変更を行っている債務者も含め、ガイドライン利用のメリットや効果等を丁寧に説明し、当該債務者の状況に応じて、ガイドラインの利用を積極的に勧めること」という丁寧な通知文言にも、そのことが現れている。金融機関はこの通知を肝に銘じ、2015年12月に策定された「自然災害被災者債務整理ガイドライン」の周知と丁寧な制度説明を被災者に対して行うべきである。

個人債務者の私的整理に関するガイドラインの利用の促進について
（平成24年10月1日財務省東北財務局理財部金融調整官要請文書）

【先例通知の概要】

> 1　債務者の状況を一層きめ細かく把握し、当該債務者に対し、次の点も含め、一般社団法人個人版私的整理ガイドライン運営委員会（以下「運営委員会」という。）と当局が共同で作成したパンフレット等を活用し、ガイドライン利用のメリットや効果等を営業の第一線において丁寧に説明すること、自由財産たる現預金は、500万円（目安）まで手元に残すことができること、東日本大震災関連義捐金等は、上記500万円とは別に手元に残すことができること、ガイドラインの利用において、運営委員会に登録された弁護士に係る費用については国が全額補助をしており、当該債務者の負担は生じないこと。
> 2　ガイドラインを利用すれば、生活の早期再建が図られる債務者も存在すると考えられるので、元本返済猶予等の貸付条件の変更を行っている債務者を除外することなく、当該債務者にもあらためて利用を提案するなど、ガイドラインの利用を積極的に勧めること。
> 3　ガイドラインに基づく弁済計画案が提示された場合には、出来る限り迅速に当該計画案に関する判断を行うこと。

【先例通知の教訓と活用】

　本通知は、金融庁金融監督局通知（本項（2）参照）をもってしても、依然として東日本大震災における「個人債務者の私的整理に関するガイドライン」の周知や利用開始が進まないことから、財務省東北財務局が、改めて同ガイドラインの周知や説明を行い、金融機関に注意するものである。
　営業担当者と触れ合うことが多い被災者（債務者）に対して、積極的なアウトリーチ手法で説明をすべきこと、リスケジュールが完了してしまった被災者でも改めて利用できることなど、かなり踏み込んだ具体的な指示であ

る。ここまで指示しなければ、ガイドラインの周知が困難であることが、東日本大震災の発災から1年半以上経過して、ようやく政府に認知されたことになる。

　本通知の教訓は、新しい制度や、金融機関など被災者（債務者）に比べて申告先の立場が強い場合には、被災者が積極的に制度について尋ねたり、利用を強く申告したりすることができないことが、浮き彫りになったということである。この苦い教訓を踏まえて、すべての金融機関は平常時から職員の「自然災害被災者債務整理ガイドライン」研修を義務づけ、地元弁護士会や行政機関とも協働してプログラムを用意すべきである。

　また、行政機関側は、ガイドラインが生活再建にとって不可欠な制度であることから、「罹災証明書」や「被災医者生活再建支援金」の窓口への誘導と併せて、より積極的に制度の存在の周知を行うべきである。金融機関同様に、職員への研修を義務付けることが必要になるだろう。

3　経済関係（公正取引委員会）

被災地への救援物資配送に関する業界での調整について（平成23年3月18日公正取引委員会事務総局事務連絡）

【先例通知の概要】

> 東日本大震災という緊急の状況に対処し、被災地に円滑に物資を供給するため、関係事業者が共同して、又は関係団体において、配送ルートや配送を担当する事業者について調整することは、①被災地に救援物資を円滑に輸送するという社会公共的な目的に基づくものであり、②物資の不足が深刻な期間において実施されるものであって、かつ、③特定の事業者に対して差別的に行われるようなおそれはないと考えられることから、独占禁止法上問題となるものではない。

【先例通知の教訓と活用】

　独占禁止法は、ステークホルダーの利益を守り、公正かつ自由な競争を促進するべく、事業者による「私的独占」又は「不当な取引制限」を禁止している（法第3条）。このうち「不当な取引制限」とは、「事業者が、契約、協定その他何らの名義をもつてするかを問わず、他の事業者と共同して対価を決定し、維持し、若しくは引き上げ、又は数量、技術、製品、設備若しくは取引の相手方を制限する等相互にその事業活動を拘束し、又は遂行することにより、公共の利益に反して、一定の取引分野における競争を実質的に制限すること」（法第2条第6項）をいう。簡単に言えば、他の事業者との共同事業や行為（行為要件）によって、健全な競争の実質的制限をもたらす（効果要件）ことが禁止される。

　被災地への円滑な輸送を完遂するためには、関係団体が取りまとめ役となり、関係事業者が共同して配送ルートや物資の分担を行うことになるので、一見すると行為要件や効果要件に該当する外形を有している。

そこで、公正取引委員会は、東日本大震災において物資の緊急輸送を業界全体で調整することは、①公共目的があり、②期間が限定的で、③他の事業者を差別的に排除するなどが行われないため、「不公正な取引制限」に該当しないとの政府解釈を示した。

　このほか、公正取引委員会では、「震災等緊急時における取組に係る想定事例集」（平成24年3月）を取りまとめ、以下の①～⑨までの災害復旧支援等のための各種企業等の行動が、独占禁止法上問題があるのか、問題がないのかについて、図解によりわかりやすく解釈指針を示しているので参考にされたい。

①自動車部品用の想定事例（部品メーカーが被災したケース）
②鉄鋼製品の想定事例（特殊鋼メーカーが被災したケース）
③化学製品の想定事例（化学メーカーが被災したケース）
④仮設住宅用の安全機器の想定事例（住宅向け機器メーカーが被災したケース）
⑤災害復旧工事用の資材の想定事例（資材メーカーが被災したケース）
⑥仮設住宅用プレハブ建築の想定事例（都道府県で緊急的需要が発生したケース）
⑦住宅用合板の想定事例（協会所属の合板メーカーが被災したケース）
⑧鉄道車両部品の想定事例（委託加工会社が被災したケース）
⑨低熱セメントの想定事例（セメントメーカーが被災したケース）

　さらに、公正取引委員会では「東日本大震災に関連するQ＆A」をウェブサイトで公表している。今後の大災害に備えて事業者や所管する自治体担当者としても、これらを参照しておく必要があろう。

4　廃棄物関連（環境省）

東北地方太平洋沖地震における損壊家屋等の撤去等に関する指針について（平成23年3月25日被災者生活支援特別対策本部長、環境大臣）

【先例通知の概要】

> 1　作業のための私有地立入りについて
> 　作業を行うための私有地への一時的な立入りについては、その所有者等に連絡し、又はその承諾を得なくても差し支えない。ただし、可能な限り所有者等の承諾を得、あるいは作業に立ち会っていただくことが望ましいことから、作業の対象地域・日程等の計画を事前に周知することが望ましい。
> 2　損壊家屋等の撤去について
> (1) 建物について
> 　○倒壊してがれき状態になっているものについては、所有者等に連絡し、又はその承諾を得ることなく撤去して差し支えない。
> 　○本来の敷地から流出した建物についても、同様とする。
> 　○敷地内にある建物については、一定の原形をとどめている場合には、所有者等の意向を確認するのが基本であるが、所有者等に連絡が取れない場合や、倒壊等の危険がある場合には、土地家屋調査士等の専門家に判断を求め、建物の価値がないと認められたものについては、解体・撤去して差し支えない。その場合には、現状を写真等で記録しておくことが望ましい。
> 　○建物内の動産の扱いについては、後記（4）による。
> (2) 自動車について
> 　○外形上から判断して、その効用をなさない状態にあると認められるものは撤去し、仮置場等に移動させて差し支えない。その上で、所有者等が判明する場合には、所有者等に連絡するよう努め、所有者等が引渡しを求める場合は、引き渡す。それ以外の場合は、自動車

リサイクル法に従って使用済自動車として処理を行う。
○上記以外の自動車については、仮置場等に移動させた後、所有者等に連絡するよう努め、所有者等が引渡しを求める場合は、引き渡す。それ以外の場合の扱いについては、追って指針を示す。
○上記いずれの場合においても、移動及び処理を行う前に写真等で記録しておくことが望ましい。
○原動機付自転車についても、自動車に準じて処理する。
○自動車内の動産の扱いは後記（4）による。
(3) 船舶
○外形上から判断して、その効用をなさない状態にあると認められるものは撤去し、仮置場等に移動させて差し支えない。その上で、所有者等が判明する場合には、所有者等に連絡するよう努め、所有者等が引渡しを求める場合は、引き渡す。それ以外の場合は、廃棄する。
○上記以外の船舶については、仮置場等に移動させた後、所有者等に連絡するよう努め、所有者等が引渡しを求める場合は、引き渡す。それ以外の場合の扱いについては、追って指針を示す。
○移動が困難な船舶については、個別に所有者等と協議して対応する。
○上記いずれの場合においても、移動及び処理を行う前に、写真等で記録しておくことが望ましい。
○船舶内の動産の扱いは後記（4）による。
(4) 動産（自動車及び船舶を除く。）
○貴金属その他の有価物及び金庫等については、一時保管し、所有者等が判明する場合には所有者等に連絡するよう努め、所有者等が引渡しを求める場合は、引き渡す。引き渡すべき所有者等が明らかでない場合には、遺失物法により処理する。
○位牌、アルバム等、所有者等の個人にとって価値があると認められるものについては、作業の過程において発見され、容易に回収することができる場合は、一律に廃棄せず、別途保管し、所有者等に引

> き渡す機会を設けることが望ましい。
> ○上記以外の物については、撤去し、廃棄して差し支えない。

【先例通知の教訓と活用】

　本通知は、東日本大震災において「人の捜索・救出、御遺体の捜索・搬出その他防疫・防火対策の必要性、社会生活の回復等のため、緊急に対処する必要性があるので、その処置についての指針を示す」ことを目的として、環境省が示した指針（マニュアル）の一つである。

　廃棄物処理を所管する環境省から発出されてはいるが、廃棄物処理に関する申請や支援窓口の調整などを内容とするものではなく、被災者の財産権（所有権）の侵害のおそれと、救援救護や復旧復興活動の必要性（市民の生命にかかわる）との調整をテーマとするものである。

　復旧作業や救助捜索活動を迅速に行うためには、既存や各所に放置された個人の所有物の破壊や撤去が不可欠である。一方で、所有者からの後日の損害賠償請求などの紛争を恐れていては作業もままならない。そこで、ある程度割り切った形で、比較的早期に環境大臣名の指針が示されたことは評価できる。

　本通知では、緊急時においては所有権（私権）の制限が当然になされる余地があることを述べつつも、「位牌、アルバム等、所有者等の個人にとって価値があると認められるものについては、作業の過程において発見され、容易に回収することができる場合は、一律に廃棄せず、別途保管し、所有者等に引き渡す機会を設けることが望ましい」など、一定の配慮がなされている。

　車両撤去については、道路法第67条の2、道路法第68条、災害対策基本法第64条第1項、同法第64条第2項、同法第76条の4、同法第76条の6、同法第76条の7、同法第76条の8などの災害法制を使いこなす必要がある。

　被災地の現場での車両撤去は、道路法や災害対策基本法第64条が明確な条項となっており、車両撤去の法的根拠をみつけやすい。これに対し、被災地へアクセスする道路に放置された車両は、基本的に損壊などをしていないこ

とが多く、単に撤去するというには躊躇があるだろう。

　そこで、上記の災害対策基本法第76条の4以下の条文（これらは平成26年11月の災害対策基本法改正により新設された）を利用することを忘れてはならない。本法の運用については、「災害対策基本法の一部を改正する法律の施行ついて」（平成26年11月21日府政防第1230号、消防災第275号、国道政第62号）を参照されたい。

　災害応急措置として、緊急車両通行ルートを確保するためには、車両運転者への移動命令、運転者不在時における道路管理者による移動措置、移動時のやむを得ない限度での車両破損の容認、所有者への損失補償などが整備されている。法改正以降、すでに多数の現場で膨大な数の車両撤去の根拠に利用されており、使い勝手もよいので、是非ノウハウを学んでおきたい。

5　公衆衛生（厚生労働省）

平成23年（2011年）東日本大震災の発生により被災した理容師及び美容師による避難所又は仮設住宅における訪問理容・訪問美容について（平成23年4月22日健衛発0422第1号）
※平成25年3月12日健衛発0312第1号、平成27年4月20日健衛発0420第1号でも同様の通知が発出されている。

【先例通知の概要】

> 1　訪問理容・訪問美容について
> 　避難所又は仮設住宅で生活する東日本大震災の「被災者」であって、被災により理容所又は美容所に来ることができないものに対しては、「被災した理容師又は美容師」が、理容所及び美容所以外の場所（避難所や仮設住宅など）で理容又は美容を行うことができる。所定の場所以外で行うことができる条件である「その他の理由により、理容所に来ることができない者に対して理容を行う場合」（理容師法施行令第4条第1号）や「その他の理由により、美容所に来ることができない者に対して美容を行う場合」（美容師法施行令第4条第1号）に該当する。
>
> 2　訪問理容・訪問美容の対象者について
> 　1の「被災者」とは、災害救助法適用の指定があった市町村（指定市町村）で被災し、避難所又は仮設住宅で生活するものをいう。健康状態や本人独自の事情を理由とするものに限らず、適切な交通手段がないことや、近隣の理容所・美容所が損壊した場合を含む。また、被災者だけではなく、避難所や仮設住宅で業務やボランティアを行う者も、訪問理容・訪問美容を受けることができる。
>
> 3　訪問理容・訪問美容を提供できる者について
> 　1の「被災した理容師又は美容師」とは、(1)指定市町村で被災し、営業する理容所又は美容所が損壊して営業が困難となった理容師又は美容師（仮設店舗で営業する場合は、避難所又は仮設住宅に隣接している

場合に限る。なお、当該仮設店舗は理容所又は美容所に来ることができない被災者に対して訪問理容・訪問美容を行う限りにあっては、理容所又は美容所として届出を必要としない。)、(2) 指定市町村で被災し、避難所又は仮設住宅で生活している理容師又は美容師、である。

なお、訪問理容・訪問美容を行える理容師又は美容師を「被災した理容師又は美容師」としているのは、理容業及び美容業が地域に密着した住民に身近な営業であることに鑑み、被災した理容師又は美容師が他の被災者を支援することを通じ、地域の再生を図る趣旨である。ただし、訪問理容・訪問美容を行える被災した理容師又は美容師がいない場合又はその数が十分ではない場合は、全国理容生活衛生同業組合連合会又は全日本美容業生活衛生同業組合連合会からの要請に基づき、(1) 及び (2) に該当しない理容師又は美容師が訪問理容・訪問美容を行っても差し支えない。

4　訪問理容・訪問美容の衛生管理について

訪問理容・訪問美容を行う場合、皮膚に接する布片及び器具は清潔に保ち、皮膚に接する布片は、客1人ごとにこれを取りかえ、皮膚に接する器具は、客1人ごとにこれを消毒することに留意すること。参考資料として「出張理容・出張美容に関する衛生管理要領について」(平成19年10月4日健発第1004002号健康局長通知)の別添、「出張理容・出張美容に関する衛生管理要領」がある(本書では掲載省略)。

5　生活衛生関係営業対策事業費補助金を活用した支援について

厚生労働省では、理容師や美容師の事業再生に向けて、「生活衛生関係営業対策事業費補助金」を活用した「被災営業者による被災者支援プログラム」などを実施する予定なので活用すること(平成27年の通知では削除)。

6　本措置の期間について

本通知による取扱いを実施する期間は、本措置が特例的な性格のものであることに鑑み、2年間とする。被災地域の復興等の状況に応じて更なる措置が必要な場合には、改めて通知する(平成27年の通知では削除)。

【先例通知の教訓と活用】

　理容師法及び美容師法により、理容師と美容師は、いずれも政令で定める場合を除き、理容所及び美容所以外の場所で理容又は美容の業を行ってはならない（理容師法第6条の2、美容師法第7条）。しかし、東日本大震災では、理容所及び美容所（いわゆる理髪店・美容室等）も多数被災し、避難所などでも適切な理容又は美容のサービスを受けられない被災者も多数に上った。そこで、本通知により、東日本大震災によっておかれた状況が、「政令で定める場合」に該当する旨の政府解釈を示し、業界へ助言する通知を行ったものである。

　これにより、事業者の営業の機会を確保しつつ、被災者が衛生面でのサービスを受けられることになった。法令の解釈について政府がいち早く宣言することで、業界がスムーズに事業再生へ向かうことが可能となるため、有益な通知であったと評価できる。

　本通知の根底にあるのは、地域の復興については、地域の事業者の生活再建や事業再生が不可欠であるという考え方である。被災地以外からの無償の職能ボランティアとしての理容・美容サービスも、災害直後においては不可欠であるかもしれないが、地域の経済復興や被災者（事業者）の再生・再建にとってはかえって障害となる可能性も否定できない。

　通知に「なお、訪問理容・訪問美容を行える理容師又は美容師を「被災した理容師又は美容師」としているのは、理容業及び美容業が地域に密着した住民に身近な営業であることに鑑み、被災した理容師又は美容師が他の被災者を支援することを通じ、地域の再生を図る趣旨である」とあることからも、その趣旨は明白になっている。

　そのため、政府による解釈は当面の2年間に限定し、都度状況を判断するとの扱いになっていた。結局のところ、平成25年、平成27年の時点でも同じ内容の通知が繰り返し発出されることになった。

　理容・美容の分野に限らず、法令が原則としている規制も、その法令により最初から例外や規制緩和措置が発動できる条項が設けられている場合がある。理容師法と美容師法は、いずれも各法の施行令によって例外措置が予め定められていたことがポイントである。

本来この例外措置を認める施行令は、主に寝たきりや介護の方への支援などを想定している規定であるが、大規模被災地における公衆衛生サービスの不足を補うことも、解釈上は十分可能であることを示した点は、大きな先例価値を持っていると思われる。地域にもともと存在した事業者の再生を考える視点の重要さを学ぶことができる通知として、教訓を承継すべきである。

6　医療（厚生労働省）

(1) 平成23年東北地方太平洋沖地震による被災者に係る被保険者証等の提示について（平成23年3月11日厚生労働省保健局医療課事務連絡）
東北地方太平洋沖地震及び長野県北部の地震の被災者に係る被保険者証等の取扱い等について（平成23年4月2日同事務連絡）
東北地方太平洋沖地震及び長野県北部の地震の被災者に係る被保険者証等の提示について（平成23年5月2日同事務連絡）

【先例通知の概要】

■平成23年3月11日通知

　被災に伴い被保険者証等を紛失あるいは家庭に残したまま避難していることにより、保険医療機関に提示できない場合等においては、氏名、生年月日、被用者保険の被保険者にあっては事業所名、国民健康保険及び後期高齢者医療制度の被保険者にあっては住所を申し立てることにより、受診できる扱いとする。

　地方厚生局や都道府県においては、実施及び関係者に対する周知について、遺漏なきを期すること。

■平成23年4月2日通知

①被保険者証等を提示できない場合であっても保険診療を受けることが可能な取扱については、地域を限定していない。

②患者（被保険者）の氏名、生年月日、住所等は、免許証等身分証明書の提示で確認する必要はなく、窓口で口頭により確認することで足りる。

③患者（被保険者）の一部負担金の割合の確認については、窓口で患者本人や保険者へ照会するなどして確認する。仮に差額が発生していたとしても、当面は保健医療機関の請求通りの給付割合により医療費の支払いがなされる。差額は後日患者と保険者とで調整する。

④患者から有効期限切れの被保険者証を提示された場合でも、被災者

が更新などをすることが困難な場合があるため、紛失等の場合と同様、窓口の口頭確認などにより、保険により受診できる。医療機関は保険者に従前の記載に基づき請求できる。なお、75歳に到達していることが確認できる場合には、医療機関は後期高齢者医療の保険者に保険請求する。

■**平成23年5月2日事務連絡**

　平成23年7月1日以降は、原則として通常通り被保険者証等を提示することで資格確認を行う。

　各保険医療機関等は、被保険者証等を紛失等した者へ再交付を受けるよう周知を図ること。

　各保険医療機関等は、被保険者証等を紛失等した者が、平成23年7月1日以降も被保険者証等を提示せず受診しようとした場合には、連絡先を確認したうえで従前通りの申告で受診できることとするが、保険医療機関等は、速やかに被保険者証等の再交付を受けるよう周知するとともに、再交付を受けた後に保険者番号及び被保険者証等の記号・番号を必ず当該保険医療機関等に連絡するよう伝えること。

【先例通知の教訓と活用】

　わが国では、皆保険制度により国民のほとんどは保健医療を受けることができる。患者としては窓口負担割合が1割、3割と極めて少なく済むメリットがあり、保険医療機関も窓口負担分以外については、原則として確実な支払いが保証されているといってよい。このため、健康保健の受給資格者であるかどうかは制度の根幹にかかわるものである。

　保険医療機関等を受診しようとする者（療養の給付又は入院時食事療養費に係る療養、入院時生活療養費に係る療養若しくは保険外併用療養費に係る療養を受けようとする者）は、被保険者証を、当該保険医療機関等に提示しなければならないとされている（健康保険法施行規則第53条第1項本文）。また保険医療機関側も、患者から受診を求められた場合には、その者の提出する被保険者証によって療養の給付を受ける資格があることを確かめなけれ

ばならないとされている（保険医療機関及び保険医療養担当規則第3条）。

　ところが、東日本大震災で自宅等が被災し、また原子力発電所事故等によって広域避難を余儀なくされた被災者は、必ずしも健康保険証を所持しているとは限らない。そこで、そのような被災者であっても、従来通りの自己負担分のみで保険診療が受けられ、かつ保険医療機関も保険給付分について安心して保険者に請求できるよう、厚生労働省にて整理したものである。

　保険診療が受けられず、10割の自己負担をしなければならないものと被災者が誤解して、通院を控えてしまったり、病院側の理解が不足して10割を請求してしまったりという事例は、決して少なくない。大規模災害時に、被保険者証の紛失等に関する、医療機関の窓口対応の柔軟化が実施される見込みが高いことを把握しておく必要があるだろう。

　健康保険法施行規則では、患者の被保険者証の提示義務について、「ただし、やむを得ない理由があるときは、この限りでない」（第53条第1項ただし書き）としており、大災害の被災者こそこれに該当するものといえるだろう。

　介護保険については、「居宅要介護被保険者は、指定居宅サービスを受けるに当たっては、その都度、指定居宅サービス事業者に対して被保険者証及び負担割合証を提示しなければならない」とされている（介護保険法施行規則第63条）。これについても、厚生労働省老健局介護保険計画課より、氏名、住所、生年月日の申立てにより被保険者証を提示した時と同様の取扱いとするよう、都道府県介護担当部署へ通知された（「東北地方太平洋沖地震の被災者に係る被保険者証の提示等について」（平成23年3月12日厚生労働省老健局介護保険計画課事務連絡）、「東日本大震災による被災者に係る被保険者証の提示等及び地方自治体における第5期介護保険事業（支援）計画及び老人福祉計画の弾力的な策定について」（平成23年5月16日同事務連絡））。

(2) 災害により被災した被保険者等に係る一部負担金等及び健康保険料の取扱い等について（平成23年3月11日厚生労働省保険局保険課事務連絡）

【先例通知の概要】

> 1　一部負担金等の徴収猶予及び減免
> 　健康保険法に基づき、保険者の判断により一部負担金の猶予及び減免を行うことができるので、被災者の被害状況に応じて必要な措置をとること。
> 2　保険料の納期限の延長及び納付猶予
> 　任意継続被保険者に対する保険料の納期限の延長及び納付猶予について、被災者の被害状況に応じて必要な措置をとること。
> 3　被保険者証の取扱い
> 　被保険者証等を紛失した被災者がいる場合でも、再交付を速やかに行ったり、窓口における口頭の申告などで保険診療ができるようにしたりする取扱いをすること。
> 4　保険給付費等の支払
> 　全国健康保険協会は、被災した被保険者からの給付に迅速に対応すること。
> 5　周知徹底
> 　被災者や関係者への周知徹底を行うこと。
> 6　船員保険
> 　船員保険制度も同様の取扱いとすること。

【先例通知の教訓と活用】

　健康保険組合、全国健康保険協会（船員保険制度を含む）に対して発出された事務連絡である。
　例えば、保険診療における患者等の一部負担金については、「保険者は、

災害その他の厚生労働省令で定める特別の事情がある被保険者であって、保険医療機関又は保険薬局に第74条第1項の規定による一部負担金を支払うことが困難であると認められるものに対し、次の措置を採ることができる。①一部負担金を減額すること、②一部負担金の支払を免除すること、③保険医療機関又は保険薬局に対する支払に代えて、一部負担金を直接に徴収することとし、その徴収を猶予すること」(健康保険法第75条の2第1項、家族療養費について同法第110条の2)など減免規定が存在する。保険者においては、これらの条文を適切に活用し、被災者支援を実施することを促す通知である。

また、被保険者証の紛失等により、医療機関等に被保険者証を提示できない患者に対しての取扱いについても、医療機関と同様に、窓口での被災者の口頭等の申し出で対応できることを周知徹底する内容となっている。

(3) 平成23年東北地方太平洋沖地震における処方箋医薬品の取扱いについて(医療機関及び薬局への周知依頼)(平成23年3月12日厚生労働省医薬食品局総務課事務連絡)

【先例通知の概要】

> 薬局開設者又は医薬品販売業者による、被災地の患者に対する処方箋医薬品の販売等の取扱いについては、過去にも通知を発信しているように、薬事法第49条第1項の「正当な理由」に該当する。
> 医師等の受診が困難な場合、又は医師等からの処方箋の交付が困難な場合において、患者に対し、必要な処方箋医薬品を販売又は授与することが可能である。

【先例通知の教訓と活用】

薬事法(平成26年11月25日より「医薬品、医療機器等の品質、有効性及び

第2節　分野別の代表先例

安全性の確保等に関する法律（以下、医薬品医療機器等法)｣）では、「薬局開設者又は医薬品の販売業者は、医師、歯科医師又は獣医師から処方箋の交付を受けた者以外の者に対して、正当な理由なく、厚生労働大臣の指定する医薬品を販売し、又は授与してはならない。ただし、薬剤師等に販売し、又は授与するときは、この限りでない。」（第49条第1項）とされている。

　東日本大震災後の被災地における医薬品の供給に、必ずしも医師が関与できないことから、適切な薬品供給のために、被災地における医薬品の供給について、医師が関与できない場合の「正当な理由」に該当することを確認した通知である。早期に解釈を統一したことには大きな意義があると考えられる。

　なお、「処方せん医薬品等の取扱いについて」（（平成17年3月30日薬食発第0330016号）。ただし現在は「医局医薬品の取扱いについて」（平成26年3月18日薬食発第0318第4号）に置き換わっている）においても、「大規模災害時等において、医師等の受診が困難な場合、又は医師等からの処方せんの交付が困難な場合に、患者に対し、必要な処方せん医薬品を販売する場合」は、薬事法（現「医薬品医療機器等法」）第49条の「正当な理由」に該当することが、政府解釈として示されており、本事務連絡は、従来の政府解釈を改めて再確認・周知するものである。

(4) 平成23年東北地方太平洋沖地震における処方箋医薬品（医療用麻薬及び向精神薬）の取扱いについて（医療機関及び薬局への周知依頼）（平成23年3月14日厚生労働省医薬食品局監視指導・麻薬対策課事務連絡）
　　平成23年東北地方太平洋沖地震における処方箋医薬品（医療用麻薬及び向精神薬）の取扱いについて（その2）（医療機関及び薬局への周知依頼）（平成23年3月15日同事務連絡）

【先例通知の概要】

1 　被災地の患者に対する、処方箋医薬品のうち医療用麻薬及び向精神薬の取扱いについては、医師等の受診が困難な場合、又は医師等からの処方箋の交付が困難な場合において、麻薬小売業者等が、被災地の患者の症状等について医師等へ連絡し、施用の指示が確認できる場合には、必要な医療用麻薬又は向精神薬を施用のために交付することができる。麻薬小売業者等において、記録をとり適切に保管・管理すること。
2 　医師等の施用の指示のなかには、事前の包括的な施用の指示（例えば、被災者の患者の持参する薬袋等から常用する向精神薬の薬剤名及び用法・用量が確認できる場合に、当該向精神薬を必要な限度で提供することについて事前に医師に了解を得ている場合等）が確認できる場合を含む。
　　向精神薬小売業者は、事前に了解を得ている医師等に患者に提供した薬剤名・数量を報告すること。

【先例通知の教訓と活用】

　麻薬及び向精神薬については、「麻薬営業者でなければ、麻薬を譲り渡してはならない」（麻薬及び向精神薬取締法第24条第1項本文）、「麻薬小売業者は、麻薬処方せん（略）を所持する者以外の者に麻薬を譲り渡してはならない」（同条第11項、なお東日本大震災当時は第10項）、「麻薬小売業者は、麻薬処方せんを所持する者に麻薬を譲り渡すときは、当該処方せんにより調剤された麻薬以外の麻薬を譲り渡してはならない」（同法第25条）、「向精神薬営業者（向精神薬使用業者を除く。）でなければ、向精神薬を譲り渡し、又は譲り渡す目的で所持してはならない」（同法第50条の16第1項本文）、「向精神薬小売業者は、向精神薬処方せんを所持する者以外の者に向精神薬を譲り渡してはならない。ただし、向精神薬営業者から譲り受けた向精神薬を返品する場合その他厚生労働省令で定める場合は、この限りでない」（同

条4項)、「向精神薬小売業者は、向精神薬処方せんを所持する者に向精神薬を譲り渡すときは、当該向精神薬処方せんにより調剤された向精神薬以外の向精神薬を譲り渡してはならない」(同法第50条の16第4項)など、厳格な禁止事項が定められているところである。

　本件通知は、被災地の患者への適切かつ迅速な向精神薬などの供給を果たすべきという観点から、処方箋に基づく向精神薬等の譲渡しが本来可能であることと、その処方箋がない場合にも、医薬品医療機器等法第49条第1項の「正当な理由」に該当し、向精神薬等の交付が可能であることについて、政府解釈を確認するものである。

(5) 平成23年東北地方太平洋沖地震における工業用ガスボンベを医療用ガスボンベとして使用することについて(医療機関及び製造販売業者等への周知依頼)(平成23年3月14日厚生労働省医薬食品局監視指導・麻薬対策課事務連絡)
　平成23年東北地方太平洋沖地震における工業用液化酸素ガス超低温容器を医療用液化酸素ガス超低温容器として使用することについて(医療機関及び製造販売業者等への周知依頼)(平成23年3月19日厚生労働省医薬食品局監視指導・麻薬対策課事務連絡)

【先例通知の概要】

1　医療用酸素ガスボンベが枯渇したことにより、やむを得ず工業用ガスボンベを医療用ガスボンベとして使用することができる。条件として、①酸素ガス専用(黒色)のものを使用すること、②暫定使用である旨表示すること、③薬事法(注:現「医薬品医療機器等法」)上の取扱業者が充填すること、④出荷管理を行うこと、⑤取り違いリスクを踏まえ、酸素以外のものでないことを確認すること、⑥患者への説明責任を果たすこと、などが詳細に示されている。

2　医療用液化酸素ガス超低温容器が枯渇したことにより、やむを得ず

> 工業用液化酸素ガス超低温容器を医療用液化酸素ガス超低温容器として使用することができる。条件として、①液化酸素ガス専用（ねずみ色に黒帯）のものを使用すること、②暫定使用である旨表示すること、③薬事法（注：現「医薬品医療機器等法」）上の取扱業者が充填すること、④出荷管理を行うこと、⑤取り違いリスクを踏まえ、液化酸素以外を使用しないこと、⑥納入先を使用実績がある医療機関に限定すること、⑦医療機関において条件を確認すること、⑧患者への説明責任を果たすこと、などが詳細に示されている。

【先例通知の教訓と活用】

　医療用の酸素ボンベ及び液化酸素ガス超低温容器が、医療機関や製造業者の被災、供給ルートの途絶等により枯渇するおそれがあることから、工業用酸素ボンベ及び液化酸素ガス超低温容器の流用を認める通知である。

　在宅酸素療法（HOT）の患者や入院中の患者にとって、酸素供給は絶対的に不可欠である。一方で、専用機材でない場合、万一の取違いがあれば、生命・身体・健康に重篤な危険も伴う。そこで、あくまで「緊急避難的な状況における工業用ガスボンベの暫定使用」等であることも通知で示されている。東日本大震災におけるこれらの対応等を受け、医療用酸素ガス製造・供給業者などでは、さらに進んで、工業用酸素ボンベや医療機関に届ける医療用酸素ボンベを、在宅用酸素ボンベへと転用できるアダプターなどを開発するなどに至っている。

　西日本豪雨においても、「平成30年7月豪雨による被災地において医療用酸素ガスボンベの代わりに工業用酸素ガスボンベを用いて医療用酸素ガスを供給すること等について（医療機関及び製造販売業者等への周知依頼）」（平成30年7月24日厚生労働省医薬・生活衛生局監視指導・麻薬対策課事務連絡）が発出され、医療用酸素ガスと医療用液化酸素ガス超低温容器について、工業用で代用できる旨が示された。大規模災害時における医療機関向けの政府主要対応の一つになっている。

(6) 平成23年東北地方太平洋沖地震における医療用麻薬の県境移動の取扱いについて（卸売業者、医療機関及び薬局への周知依頼）（平成23年3月15日厚生労働省医薬食品局監視指導・麻薬対策課事務連絡）

東北地方太平洋沖地震における病院又は診療所の間での医薬品及び医療機器の融通について（平成23年3月18日厚生労働省医薬食品局総務課、監視指導・麻薬対策課事務連絡）

東北地方太平洋沖地震における地方公共団体間又は薬局間の医薬品等の融通について（平成23年3月30日厚生労働省医薬食品局総務課、監視指導・麻薬対策課事務連絡）

【先例通知の概要】

1　被災地の医療用麻薬の供給確保の観点から、被災各県以外の都道府県の業者等が所有する医療用麻薬を被災各県の業者等へ譲渡する場合に必要になる許可について、簡易かつ事後的な書面手続きによるものとした。具体的には、①業者等が管轄の地方厚生局に譲渡医療用麻薬の名称、数量、譲渡先を電話連絡し、②譲渡後に許可申請書提出及び許可書交付を受けることで足りる。

2　病院又は診療所の間で医薬品及び医療機器を融通することは、大規模災害で通常の医薬品及び医療機器供給ルートが遮断され、需要がひっ迫している中では、薬事法（注：現「医薬品医療機器等法」）違反ではない。

3　地方公共団体間、薬局間で、医薬品及び医療機器を融通することは、大規模災害で通常の医薬品及び医療機器供給ルートが遮断され、需要がひっ迫している中では、薬事法（注：現「医薬品医療機器等法」）違反ではない。

【先例通知の教訓と活用】

医薬品等の移転や融通に関する、緊急時の法令の柔軟な解釈・緩和措置に

ついて通知するものである。いずれも医薬品などの供給確保という、被災地のひっ迫した状況における緊急的措置として、法令違反にならないとの政府見解を示すものである。

麻薬及び向精神薬取締法によれば、医療用麻薬の譲渡については、主体に応じて、厚生労働大臣や都道府県の許可を必要とする。ところが、東日本大震災においては、「被災各県において医療用麻薬の需要が逼迫している状況に鑑み、被災各県に早期に必要な医療用麻薬を補給するため」という緊急の必要性を重視し、許可手続きについて大幅な緩和措置を行っている。なお、これらは熊本地震等でも同様の措置が取られている。

また、医薬品等の販売等は、許可を受けた薬局などに限られている（薬事法（現「医薬品医療機器等法」）第24条）。従って、例えば、病院間や診療所間での医薬品の移転・融通などは、条文上では禁止されていることになる。

しかし、東日本大震災の発生により、「通常の医薬品及び医療機器の供給ルートが遮断され、需要が逼迫している中」で、病院、診療所、薬局、地方公共団体において、医薬品等の融通については「薬事法（現「医薬品医療機器等法」）違反とはならない」との政府解釈が示された。なお、これらは熊本地震等でも同様の措置が取られている。

(7) 平成23年東北地方太平洋沖地震、長野県北部の地震及び静岡県東部の地震の被災に伴う医療法等の取扱いについて（平成23年3月21日医政総発0321第1号）
東日本大震災に伴う医療法等の取扱いについて（平成23年5月30日医政総発0530第2号）

【先例通知の概要】

1　病院、診療所又は助産所の建物が損壊等して医療提供が不可能となり、代替建物、仮設建物、敷地内の他の場所等で一時的に医療の提供を継続する場合には、開設等許可や届出（医療法第7条、第8条）は

適切な時期に事後的に行うことで足りる。
2　東日本大震災による患者等への対応のため診療時間の延長をする場合は、診療時間変更届出は省略できる。
3　定員以上の患者の入院、病室以外の場所への入院、病床種別に関わらない入院受入れを行って差し支えない。東日本大震災による各種対応は、医療法施行規則第10条ただし書きでいう「臨時応急」の事態に該当する。
4　避難所等の巡回診療については、本来は「巡回診療の医療法上の取り扱いについて」(昭和37年6月20日医発第554号厚生省医務局長通知)に基づき行うが、これにかかわらず、実施計画を適切な時期に事後的に行うことで足りる。医師個人が巡回診療を行う場合も、必要性が高い場合には同様の対応で足りる。
5　病院等における医師等の人員基準(医療法施行規則第19条、第21条の2、第22条の2)については、当該医師や従業者が被災や被災地への通行途絶などで実質勤務できない場合であっても、それらの者も人員基準に含めて算定に加える取扱いとする。
6　病院等開設者が被災又は当該被災地内で医療活動に従事するため、被災前の病院等の休止の届出をできない場合には、省略してよい。
7　原子力災害対策特別措置法に基づく避難区域等の設定に伴う医療法の取扱いについて各種規制緩和を列挙。

【先例通知の教訓と活用】

　東日本大震災及び福島第一原子力発電所事故の被害に伴う、医療法及び医療法施行規則の取扱いについてまとめた通知である。平成23年3月21日に最初の取りまとめ通知が発出され、その後原子力発電所事故に伴う避難区域等の設定を受けて、改めて取りまとめ通知が発出されている(後者については本書では内容の掲載を省略)。

　例えば、病院において患者の入院に関しては、病床数などについて「病院、診療所又は助産所の管理者は、患者、妊婦、産婦又はじよく婦を入院さ

せ、又は入所させるに当たり、次の各号に掲げる事項を遵守しなければならない。ただし、第1号から第4号までに掲げる事項については、臨時応急のため入院させ、又は入所させるときは、この限りでない。①病室又は妊婦、産婦若しくはじょく婦を入所させる室（以下「入所室」という。）には定員を超えて患者、妊婦、産婦又はじょく婦を入院させ、又は入所させないこと」（医療法施行規則第10条第1号。以下略）、などの厳格な基準が設けられているが、これらを状況に鑑み撤廃できることを示している。法令上も「臨時応急のため」という条文をあらかじめ設けていることから、全国的な解釈の統一のための通知と理解できる。

　このほか、本来は事前の許可・届出の手続きが不可欠であるものや、人員基準を満たさないものであっても、「被災地の医療提供体制を確保するための一時的なものである」ことから、緊急的な規制緩和の措置を示したものと考えられる。従って、「通常の手続きを行うことが可能となった場合又は通常の手続きを行うことが可能となった場合以後にこれらの取扱いが常態化する場合は、速やかに通常定められた手続きが行われるよう取扱いをお願い」したい旨が通知にも明記されているところである。

(8) 平成23年東北地方太平洋沖地震の被災に伴う薬事法等の取扱いについて（平成23年3月24日薬食総発0324第1号・薬食機発0324第1号）

【先例通知の概要】

> 1　被災地の患者に対応するため、一時的に、薬局又は医薬品販売業者の営業時間を変更する場合、実務に従事する薬剤師や登録販売者数を変更する場合には、変更届出を省略できる。
>
> 2　薬剤師や登録販売者が被災して薬局に勤務できないなどの状況であっても、当面の間、当該薬剤師等を勤務している薬剤師等として取り扱って差し支えない。
>
> 3　薬局開設者、医薬品販売業者、高度管理医療機器・特定保守管理医

療機器・管理医療機器販売業者、同賃貸業者が、被災地内で従事するために休止届ができない場合には、一時的に、届出を省略できる。また、薬局管理者の都道府県への兼務許可は省略できる。

【先例通知の教訓と活用】

　薬事法（現「医薬品医療機器等法」）及び関連政省令では、薬局開設者の休廃等の届出（法第10条）、人員基準（薬局並びに店舗販売業及び配置販売業の業務を行う体制を定める省令第1条、第2条）、医療機器等業者の各種許可・届出（法第7条、第10条、第38条、第委40条）などが厳格に定められている。医薬品及び医療機器の質の確保は、国民の生命・健康に直結する重大な事項であり、不良品の排除や質の確保が徹底される必要があるからである。

　しかし、東日本大震災では迅速な医療の提供と救援を優先させる必要性が生じた。そこで、手続き上の措置を大幅に緩和することを「一次的」や「当面の間」認める特例対応を行ったものである。

7　埋葬（厚生労働省）

「平成23年（2011年）東北地方太平洋沖地震」の発生を受けた遺体保存、遺体搬送、火葬体制の確保等について（平成23年3月12日健衛発0312第1号）

「平成23年（2011年）東北地方太平洋沖地震」の発生を受けた墓地、埋葬等に関する法律に基づく埋火葬許可の特例措置について（平成23年3月14日健衛発0314第1号）

「平成23年（2011年）東日本大震災」の発生を受けた墓地、埋葬等に関する法律に基づく焼骨の埋蔵等に係る特例措置について（平成23年4月14日健衛発0414第1号）

【先例通知の概要】

> 平成23年3月12日の厚生労働省健康局生活衛生課長通知による特例措置である。①戸籍確認をすることなく、死亡診断書又は死体検案書の確認による特例許可証に基づき火葬を行う、②火葬場に直接火葬の申し出があった場合には、死亡診断書又は死体検案書を確認したうえで火葬を行う、などが示された。
>
> 同年3月14日には、①市町村が埋火葬許可証に代わる証明書を発行する方式、②市町村が証明書を発行する対応が困難な場合における、墓地や火葬場の対応、などが追加で示された。ただし、「焼骨の埋蔵」に関しては、その後、正式な火葬許可証の発行を受けて行うことが求められる、とするにとどまった。
>
> 同年4月14日には、さらに進んで、「焼骨の埋蔵」について正式な火葬許可証の発行が戸籍の被災などで依然として確認できない状況に鑑み、正式火葬許可証の発行を待つことなく、管理者が特例的に火葬を行った旨の証明書を前提として焼骨の埋蔵収蔵ができるとし、被災地域のみならず全国で埋葬等を実施することもできるとした。

【先例通知の教訓と活用】

　墓地及び埋葬に関しては、墓地、埋葬等に関する法律によって規制されており、①墓地外の埋葬等の禁止（埋葬や焼骨の埋蔵は墓地で行う、火葬は火葬場で行う）、②埋葬等の応諾義務（墓地や火葬場等の管理者は正当な理由がない限り埋葬や火葬の求めを拒絶できない）、という2大原則が掲げられている（墓地、埋葬等に関する法律第4条、第13条）。そして、これを実効的にするため、①市町村長による埋葬・火葬等の許可制、②無許可の埋葬・火葬等の禁止、③墓地等の管理者の報告義務、④埋火葬を行う者がないときの市町村の埋葬等義務、が定められているところである。詳細は図のとおりである。

　本通知は、3月14日時点の通知では「東北地方太平洋沖地震により生じた事態が、墓地埋葬法の予定しない特殊な状況であったことに鑑み、死体の腐敗等による公衆衛生上の危害の発生を未然に防止する観点から、緊急避難的対応として実施した措置であることから、すでに死体を埋火葬した後には、こうした緊急事態は一定の収束を見るものと解している」との政府見解が示されている。

　また、平成23年4月14日時点の通知が「被災自治体の実情として、戸籍の流出等により埋火葬許可証の発行に当たり戸籍等による確認作業が未だにできない市町村があること、戸籍等の確認が可能でも様々な震災対応に追われて戸籍等による確認作業まで手が回らない市町村があること等、現段階においても震災後の混乱状況が解消しきれていない自治体も多く、また特例的な手続きによる火葬を実施した件数も相当数になってきています。このため、（中略）正式な火葬許可証の発行を待って焼骨の埋蔵等を行うのでは、多くが被災者でもある御遺族に不都合を強いるおそれがあること、また、多くの焼骨の埋葬等が停滞し、将来的に骨壺等の保管場所の確保や多くの骨壺等の管理が困難になる可能性も否定できない状況にあります」と記述しているように、緊急避難的対応が必要な状況は、その後も長期間にわたり継続した。

　政府としては、随時さらなる例外的な緊急避難的対応に踏み切らざるを得なかったことも伺える。緊急時対応の手続き緩和のノウハウとして参考になると思われる。

図　墓地、埋葬等に関する法律に係る行政の仕組み

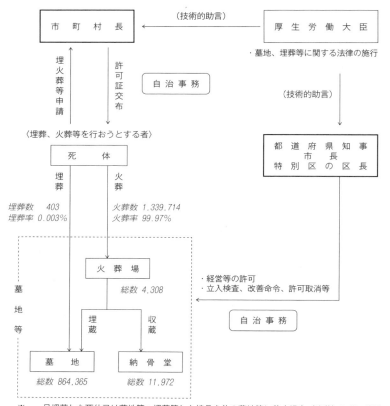

※　一旦埋葬した死体又は墓地等へ埋蔵等した焼骨を他の墓地等に移す場合（改葬）には、当該墓地等の所在地を所管する市町村長に改葬申請を行い、許可を得ることが必要（墓地の使用者以外の者が改葬申請を行う場合には、墓地の使用者の承諾が必要。平成26年度の改葬件数は83,574件。）

（出典：厚生労働省「衛生行政報告例」（平成26年度）（厚生労働省ホームページ「墓地、埋葬等に関する法律の概要」https://www.mhlw.go.jp/stf/seisakunitsuite/bunya/0000130181.html より））

8　食品（厚生労働省）

東北地方太平洋沖地震に関する救援物資の取扱いについて（平成23年3月15日食安検発0315第1号）

ミネラルウォーター類の輸入時審査について（平成23年3月31日食安輸発0331第1号）

【先例通知の概要】

> 1　救援物資（輸入食品等について）
> 　輸入食品等について、災害対策本部等において救援物資に該当する貨物であることが確認された食品等については、食品衛生法第27条に係る届出を要しない。荷受人、荷送人、品名、数重量等の情報については事前に入手する。
> 　貨物の特性から検査が必要と判断された場合は、担当部署（検疫所業務管理室長）と協議すること。
>
> 2　ミネラルウォーター類（輸入時審査）の簡素化
> 　①輸入実績がある製品（注：具体的な商品名が別表に列挙されている）については、追加的な報告を求めず審査を終了する、②輸入実績がない製品については、清涼飲料水の殺菌・除菌の方法などについて確認する、等の簡素な審査で足りる、など簡素化を図る。

【先例通知の教訓と活用】

　食品衛生法は、「販売の用に供し、又は営業上使用する食品、添加物、器具又は容器包装を輸入しようとする者は、厚生労働省令で定めるところにより、その都度厚生労働大臣に届け出なければならない」と規定しており、食料品等の輸入業者等へ届出義務を課している（食品衛生法第27条）。

　上記の法令に対して、「救援物資」の場合は、特定の納品先等が判明しなかったり、都度の届出により救援の迅速性が阻害されたりすることが考えら

れる。そこで、救援物資という特性に鑑み、輸入食品等の届出を、「当分の間」不要とする政府解釈を示す通知により、実務の円滑化を図ったものである。

　また「ミネラルウォーター」である場合には、食品衛生法第27条の輸入届出と、その後の審査は従来通り必要であるとした。審査基準としては「食品、添加物等の規格基準」（昭和34年厚生省告示第370号）によることが原則である。

　しかし、「3月11日、東京電力株式会社福島第一原子力発電所事故に係る内閣総理大臣による原子力緊急事態宣言が発出され、その後、国内各地域において水道法において定める水道水の暫定規制値を超過する事例が相次ぎ、特に乳児用調整粉乳の溶解水等、乳児の飲用水の不足が社会的な問題」となっていたことから、品目に輸入の実績のある場合、ない場合のいずれについても、簡易な審査によって検疫所の通過を認めることとした。

　いずれも、食品等の輸入の場面で、重大な事態に対応する緊急かつ応急の措置として手続きの簡素化が図られた先例として、参考になる。

9　交通規制（教習所）（警察庁）

震災に伴う教習生の転所の取扱いについて（平成23年3月18日警察庁交通局運転免許課理事官事務連絡）

平成23年東北地方太平洋沖地震により被災した指定自動車教習所が発行した卒業証明書又は修了証明書の再交付における留意事項について（平成23年3月24日警察庁交通局運転免許課理事官事務連絡）

【先例通知の概要】

1　自動車教習所教習生の転所

教習生の転所については、原則として転出元教習所が教習原簿に証明文を付することになっている（「指定自動車教習所業務指導の標準」）が、教習所の被災などでそれらが入手できず教習生の履修項目が確認できない場合の例外措置である。

①被災により証明文を発行できない教習所では証明文を不要とする。

②教習生が個人で所持する「教習手帳」で進捗状況を確認することで足りる。

③履修項目を確認できる書面がない場合は、教習生からの聴取や手帳（カレンダー）、日記、携帯電話（スケジュール帳）等を参考にして未履修科目を確認する。

④③の確認を希望しない教習生や、履修状況が判明しないときは、教習生に十分説明したうえで、1段階のはじめから教習をする。仮免許を有するものは、2段階のはじめから教習する。

⑤異なる公安委員会が管轄する教習所の転所については、都道府県間で連携する。

⑥後日教習原簿が確認できた場合には照合などを実施する。

2　自動車教習所の卒業証明書等

教習所が発行する卒業証明書又は修了証明書の再交付に関して、東日本大震災により完全に業務が停止している等の教習所がある場合の取扱

> いについては、「指定自動車教習所業務指導の標準について」の例外を定める。被災を前提として、①検定等合格の事実確認の手法、②卒業証明書の再交付の手法について説明している。

【先例通知の教訓と活用】

　自動車の運転免許を受けるための指定自動車教習所の被災に伴い、教習生が別の教習所へ転所した場合の、履修進捗確認方法や、卒業証明書等（道路交通法第第99条の5第5項）の再交付方法について解説した通知である。

　教習については「指定自動車教習所業務指導の標準について」（平成21年8月21日警察庁丙運発第38号）により運用されているところ、当該運用とは異なる例外的な運用を周知するものである。書面などがない場合でも、教習生への聴取や、担当者への口頭確認などによることができるとしており、柔軟な運用を実施していることが参考になる。

10　交通規制・各種規制（警察庁）

　　平成23年東北地方太平洋沖地震に伴う自動車保管場所の証明事務の取扱いについて（平成23年3月22日警察庁交通局交通規制課理事官事務連絡）
　　平成23年東北地方太平洋沖地震に伴う被災者保有車両の駐車の取扱いについて（平成23年3月25日警察庁交通局交通規制課理事官事務連絡）
　　東日本大震災の被災地の復旧・復興活動に係る制限外積載許可事務の取扱いについて（平成23年4月22日警察庁丁規発第73号）
　　東日本大震災の被災地の復旧・復興活動に係る制限外けん引許可事務の取扱いについて（平成23年5月18日警察庁交通局交通規制課理事官事務連絡）

【先例通知の概要】

1　自動車保管場所証明事務
　避難所などの生活の拠点が定まらない被災者から保管場所証明申請がなされた場合は、従来の住居地等を使用の本拠の位置として取り扱う、現地調査の必要はない、仮設住宅の入居等の生活拠点が認められれば、当該拠点を使用の本拠の位置とする、申請書類や本人確認の原則不要、などを説明している。

2　被災者保有車両の路上駐車
①道路交通法第45条第1項の駐車許可
　被災者から駐車許可の申請を受理した警察署長は、「駐車せざるを得ない特別な事情がある場合」に該当するものとして、道路交通法第44条に規定する駐停車禁止場所や当該駐車が交通の安全に著しい悪影響を与えると認められる場合を除き、駐車許可証を交付する。
②自動車の保管場所の確保等に関する法律施行令第4条第2項第11号の届出（路上駐車の保管場所の届出）

①の許可申請書に朱書きするという簡素な届出の方式を採用する。
3　制限外積載許可申請
①被災地（岩手、宮城、福島、青森、茨城、栃木、千葉、新潟、長野）の復旧・復興活動のため大型建設機械や大型建設資材等（大型貨物）を搬送する車両が増加し、制限外積載申請の増加が予想されることから、都道府県警察署では、目的地が被災地である場合には、優先処理と迅速な許可証交付を実施する。
②制限外積載許可の対象は「貨物が分割できないもの」（道路交通法第57条3項）に限られるが、分解できないかどうかは、実際に被災地で大型貨物を組み立てる場所、施設、熟練者等の確保が困難な場合があることから、通常では分解可能なものであっても、柔軟な判断により「分解できないもの」と認めること。
③許可に際しては安全措置などの条件を付けること。道路未復旧地域もあることから運転者への安全運転指導を行うこと。
4　制限外けん引許可申請
　制限外けん引許可申請事務についても、制限外積載許可申請事務と同様、目的地が被災地である場合には、優先事務処理と許可証の迅速な交付を行うこと。

【先例通知の教訓と活用】

　自動車の保管場所の確保等に関する法律に基づき、自動車を保有するものは原則として保管場所を確保し、自動車保管場所証明手続により、いわゆる車庫証明を受けることが必要になる。被災者においては、居所が長期にわたり定まらない懸念があることから、従前の住所地等を利用して申請できることを明確にしたものである。

　また、被災者は、車庫損壊や被災地外への移動により、路上駐車を余儀なくされるが、路上駐車については、「車両は、道路標識等により駐車が禁止されている道路の部分及び次に掲げるその他の道路の部分においては、駐車してはならない。ただし、公安委員会の定めるところにより警察署長の許可

を受けたときは、この限りでない」とされており、原則禁止のうえ、都道府県の公安委員会の定めるところにより警察署長の許可が必要である（道路交通法第45条第1項）。

　各公安委員会では、概ね「駐車せざるを得ない特別の事情がある場合」という基準を設けて路上駐車を判断していることから、警察庁にてこれらの基準を活用するための指針を示したものである。そのうえで、「火事、出水等の事故その他自己の責めに帰することのできない理由により自動車の保管場所を使用することができないため道路上の場所を当該自動車の保管場所として使用し、又は道路において法第11条第2項各号のいずれかに掲げる行為をすることがやむを得ない場合において、新たに自動車の保管場所を確保するため通常必要と認められる間、当該道路上の場所を管轄する警察署長に届け出て当該行為をするとき」（自動車の保管場所の確保等に関する法律施行令第4条第2項第11号）という届出の手続きが必要である。

　そこで、路上駐車許可の申請書に朱書きをすることで届出があったとする臨時の取扱いを示し、現場の警察署の対応の混乱を回避する簡素な措置を示した。

　被災地の復旧のためには、大型建設機械や大型建設資材等（大型貨物）の早期搬入が不可欠であり、それに付随する制限外積載許可の迅速化も必須となる。道路交通法は「貨物が分割できないものであるため第1項の政令で定める積載重量等の制限又は前項の規定に基づき公安委員会が定める積載重量等を超えることとなる場合において、出発地警察署長が当該車両の構造又は道路若しくは交通の状況により支障がないと認めて積載重量等を限って許可をしたときは、車両の運転者は、第1項又は前項の規定にかかわらず、当該許可に係る積載重量等の範囲内で当該制限を超える積載をして車両を運転することができる」（第57条第3項）と規定しており、制限外積載が許可されるためには、対象となる大型貨物が「分割できないもの」でなければならない。

　そこで、平常時とは異なり、被災地の被災実情や早期復旧活動が必要な事情を考慮して、「分割できないもの」への該当を広く柔軟に判断すべきことを、政府見解として示したものである。

同様に、制限外けん引については、「自動車の運転者は、他の車両を牽引する場合においては、大型自動二輪車、普通自動二輪車又は小型特殊自動車によって牽引するときは一台を超える車両を、その他の自動車によって牽引するときは二台を超える車両を牽引してはならず、また、牽引する自動車の前端から牽引される車両の後端（牽引される車両が二台のときは二台目の車両の後端）までの長さが25メートルを超えることとなるときは、牽引をしてはならない。ただし、公安委員会が当該自動車について、道路を指定し、又は時間を限って牽引の許可をしたときは、この限りでない」（道路交通法第59条第2項）との規定があり、公安委員会の許可が必要である。
　そこで、制限外積載許可と同様に、迅速な処理を行うべきことを通知したものである。

11　食品表示（消費者庁・農林水産省）

(1) 東北地方太平洋沖地震を受けたJAS法の運用について（平成23年3月14日23消安第9810号、農林水産省消費・安全局表示・規格課長）

東北地方太平洋沖地震を受けたJAS法に基づく品質表示基準の経過措置の運用について（平成23年3月24日消食表第132号、消費者庁食品表示課長、農林水産省消費・安全局表示・規格課長）

東北地方太平洋沖地震に伴う容器入り飲料水に係るJAS法の運用について（平成23年3月25日消食表第135号・22消安第10221号、消費者庁食品表示課長、農林水産省消費・安全局表示・規格課長）

東北地方太平洋沖地震に伴う加工食品に係るJAS法の運用について（平成23年3月29日消食表第137号・22消安第10222号、消費者庁食品表示課長、農林水産省消費・安全局表示・規格課長）

東日本大震災に伴うJAS法の運用に係る通知の取扱いについて（平成23年7月15日消食表第311号・23消安第2198号、消費者庁食品表示課長、農林水産省消費・安全局表示・規格課長）

【先例通知の概要】

1　3月11日に発生した東北地方太平洋沖地震により未曾有の被害が生じ、被災地への食料の円滑な供給が最重要課題となっている。「農林物資の規格化及び品質表示の適正化に関する法律」においては、①無償供与など販売以外の授与が行われる飲食料品について、表示義務の対象としていないところであるが、②震災地域で販売される飲食料品についても、震災地域への食料の円滑な供給を最優先するため、当分の間、取締りの対象としないこととする。

　この取扱いは平成23年7月31日をもって廃止するが、平成23年10月31日まで製造又は輸入されるもので、震災地域内で販売される食品で、①当該食品の一括表示欄の記載順違いなど消費者の誤認を招かない軽微な違いであって、②食品に近接したPOPや掲示により本来表

示すべき内容を商品選択の際に消費者が知ることができるようにしているものについては、取締りの対象としないよう依頼している。

2 　別紙（本書では掲載省略）の「農林物資の規格化及び品質表示の適正化に関する法律」に基づく品質表示基準の改正の経過措置については、平成23年3月31日をもって、その移行期間が終了するところであるが、3月11日に発生した東北地方太平洋沖地震により未曽有の被害が生じていることを踏まえ、当該改正に関しては、改正前の旧規定による表示があったとしても、当分の間、取締りを行わなくても差し支えないこととする。

　当該取扱いは、平成23年8月15日をもって廃止するが、やむを得ず同年8月15日時点ですでに表示がなされていた容器包装を用いて、同年10月31日までに製造又は輸入されるものについては、この限りではない。

3 　東北地方太平洋沖地震に伴い、容器入り飲料水（ミネラルウォーター類）の需要の増加が想定されることを踏まえ、①消費者の誤認を招くような表示をしておらず、②表示責任者（製造業者、輸入業者等の名称・住所）、原産国（輸入品の場合）等を、製品に近接したPOPや掲示により商品選択の際に消費者が知ることができるようにしているものについては、当分の間、「農林物資の規格化及び品質表示の適正化に関する法律」の取締りの対象としないこととする。

　当該取り扱いは、平成23年8月15日をもって廃止するが、同年8月15日時点ですでに契約がなされており、かつ同年10月31日までに製造又は輸入されるものについては、この限りではない。

4 　震災地域にも相当量を供給している加工食品であって、今般の地震によりやむを得ない理由で当該製品の原材料を緊急に変更せざるを得ないものについて、震災地域への供給増等により震災地域以外で販売する際の包材の変更が一時的に追いつかない場合があり得る。この場合において、①当該製品の一括表示欄の原材料の記載順違いなど消費者の誤認を招かない軽微な違いであって、②製品に近接したPOPや掲示により、本来表示すべき内容を商品選択の際に消費者が知ること

> ができるようにしているものについては、当分の間「農林物資の規格化及び品質表示の適正化に関する法律」の取締りの対象としないこととする。
>
> 　当該取扱いは、平成23年8月15日をもって廃止するが、やむを得ず同年8月15日時点ですでに表示がなされていた容器包装を用いて、同年10月31日までに製造又は輸入されるものについては、この限りではない。

【先例通知の教訓と活用】

　東日本大震災当時の農林物資の規格化及び品質表示の適正化に関する法律（以下、JAS法という）は、日本農林規格（JAS規格）制度及び品質表示基準制度について定めた法律であり、特に品質表示については、製造販売者等へ農林物資に関する原材料名、原産地、内容量、賞味期限等をはじめとする表示を義務付けるものとなっていた。

　品質表示基準違反がある場合には、①立入検査（又は任意調査）、②是正指示・事業者名公表、③指示に従うよう命令・公表、④命令に従わない場合の罰則（個人の罰金・懲役、法人の罰金）なども規定されている。また、警察による不正競争防止法違反の捜査の端緒ともなり得る。従って、JAS法における品質表示義務違反の遵守は、事業者にとっても極めて重要である。

　しかし、東日本大震災により、表示変更に対応できなかったり、緊急の輸入品の供給などでラベリングが間に合わなかったりなどの事態が予想された。そこで、消費者の誤認がない措置をとることを条件に、所管省庁である消費者庁、農林水産省による取締りは実施しないことを、政府の意思として周知したものである。

　こうした措置は「被災地への食料の円滑な供給が最重要課題」であるという緊急事態に鑑みたものであり、法令違反があるものの、現実に取締りを行わないという事実上の措置ということができる。そのため、7月（例外的に10月まで）における運用廃止についても明確に周知がなされている。

　なお、JAS法は、食品衛生法、健康増進法とともに、品質表示等に関する

部分が「食品表示法」に統合されている（平成25年成立、平成27年4月1日施行）。これに伴いJAS法の主な役割もJAS規格制度だけとなり、正式名称も「日本農林規格等に関する法律」へと変更された。

(2) 東北地方太平洋沖地震を受けた食品衛生法に基づく表示基準の運用について（平成23年3月16日消食表第112号、消費者庁食品表示課長）

東北地方太平洋沖地震を受けた食品衛生法に基づく表示基準の運用について（平成23年3月18日消食表第120号、消費者庁食品表示課長）

東北地方太平洋沖地震を受けた製造所固有記号の表示の運用について（平成23年3月24日消食表第129号、消費者庁食品表示課長）

東北地方太平洋沖地震を受けた食品衛生法に基づく表示基準の経過措置の運用について（平成23年3月24日消食表第131号、消費者庁食品表示課長）

東北地方太平洋沖地震に伴う容器入り飲料水に係る食品衛生法に基づく表示基準の運用について（平成23年3月25日消食表第136号、消費者庁食品表示課長）

東北地方太平洋沖地震を受けた食品衛生法に基づく表示基準の運用について（追加）（平成23年3月29日消食表第138号、消費者庁食品表示課長）

東日本大震災に伴う食品衛生法の運用に係る通知の取扱いについて（平成23年7月15日消食表第312号、消費者庁食品表示課長）

【先例通知の概要】

1 食品衛生法の表示

食品衛生法（昭和22年法律第233号）においては、販売（不特定又は多数の者に対する販売以外の授与を含む。）の用に供する食品について、公衆衛生上必要な情報の正確な伝達の見地から、表示義務を課しているところであり、震災地域で販売・授与される食品についても、公衆衛生

を確保すべきことに違いはない。

　一方で、3月11日に発生した東北地方太平洋沖地震により未曾有の被害が生じ、被災地への食料の円滑な供給が最重要課題となっていることから、食品の販売・授与の態様や現場の衛生状態等を総合的に勘案し、公衆衛生が十分に確保されると判断される場合には、震災地域で販売・授与される食品については、必ずしも義務表示事項のすべてが表示されていなくとも、当分の間、取締りを行わなくても差し支えないこととする。

　当該取扱いは平成23年7月31日をもって廃止するが、震災地域内で販売される食品で、同年10月31日まで製造又は輸入されるもので、①当該食品の例示すべき調味料の名称の違いなど消費者の誤認を招かない軽微な違いであって、②食品に近接したPOPや掲示により本来表示すべき内容を商品選択の際に消費者が知ることができるようにしているものについては、取締りの対象としない。

2　製造所固有記号の表示

①食品製造工場の被災や計画停電に伴う稼働時間の短縮等により工場（製造所）を変更するときに、変更前の工場（製造所）で使用していた記号を同じ製造者の他の工場（製造所）又は他の製造者の工場（製造所）で使用する必要がある場合には、新たな記号を届け出なくても、別添1～3の届出様式（本書では掲載省略）を用いてFAXにより消費者庁食品表示課へ届け出ることにより、変更前の既存の包材を例外的に使用することができることとした。この届出により複数の工場（製造所）で1つの記号を用いる場合には、どの工場（製造所）で製造されたのかが把握できるよう、ロット番号等で確認できる必要があること。

②食品製造工場の被災や計画停電に伴う稼働時間の短縮等により、記号を新たに緊急に届け出る必要がある場合には、別添4～6の届出様式（本書では掲載省略）を用いてFAXにより消費者庁食品表示課へ届け出ることができることとした。

　当該取り扱いは、平成23年8月15日をもって廃止するが、同年8月15

日までに届出がされたものであって、同年10月31日までに製造されるものについては、この限りではない。

3　食品衛生法改正の経過措置

別紙の食品衛生法（昭和23年法律第233号）に基づく表示基準の改正の経過措置については、平成23年3月31日をもって、その移行期間が終了するところであるが、3月11日に発生した東北地方太平洋沖地震により未曾有の被害が生じていることを踏まえ、当該改正に関しては、改正前の旧規定による表示があったとしても、当分の間、取締りを行わなくても差し支えないこととする。

（別紙）食品衛生法施行規則の一部を改正する省令（平成20年厚生労働省令第151号）により、新たに添加物として取り扱われることとなった以下の加工デンプン11品目（本書では掲載省略）について、平成23年3月31日までに製造、加工又は輸入されるものについては、食品原材料として表示することができること。

当該取扱いは、平成23年8月15日をもって廃止するが、同日時点ですでに表示がなされた容器包装を用いて、同年10月31日までに製造又は輸入されるものについてはこの限りではない。

4　ミネラルウォーター

東北地方太平洋沖地震に伴い、容器入り飲料水（ミネラルウォーター類）について、

①消費者の誤認を招くような表示をしておらず、②殺菌又は除菌を行わないものにあってはその旨等を、製品に近接したPOPや掲示により消費者が知ることができるようにしているものについては、義務表示事項が表示されていなくとも、当分の間、食品衛生法の取締りを行わなくても差し支えないこととする。

なお、国内において製造される商品については、別添届出様式（本書では掲載省略）を用いて製造者に関する情報を消費者庁食品表示課へ届け出させるとともに、当該情報を商品に表示させることを要請。また、掲示等には、消費者への適切な情報提供の観点から、硬水・軟水の別（日本ミネラルウォーター協会ホームページ参照）を

併せて表示することが望ましい旨、併せて周知させることを要請。
　当該取扱いは、平成23年8月15日をもって廃止するが、①輸入品にあっては、同年8月15日時点ですでに輸入契約がなされており、かつ同年10月31日までに輸入されるもの、②国産品にあっては、同年8月15日までに製造契約がなされた上で、製造所に関する情報の届出があったものであって、同年10月31日までに製造されるもの、については、この限りではない。

5　食品衛生法（原材料変更等について）

　震災地域にも相当量を供給している食品であって、今般の地震によりやむを得ない理由で当該製品の原材料を緊急に変更せざるを得ないものについて、震災地域の供給増等により震災地域以外で販売・授与する際の包材の変更が一時的に追いつかない場合があり得る。この場合において、当該製品の調味料の配合割合を変更した際などに、①例示すべき調味料の名称の違いなど、消費者の誤認を招かず、かつ、公衆衛生の見地から問題が生じない軽微な違いであって、②製品に近接したPOPや掲示により、本来表示すべき内容を消費者が知ることができるようにしているものについては、義務表示事項が表示されていなくとも、当分の間、食品衛生法の取締りを行わなくても差し支えないこととする。（平成23年8月15日廃止。ただし、同日時点ですでに表示がなされた容器包装を用いて、同年10月31日までに製造又は輸入されるものについてはこの限りではない。）

　なお、上記のほか、委託先の製造者や製造所を変更する場合にあっては、別添届出様式（本書では掲載省略）を用いて消費者庁食品表示課へ届け出ることにより、表示された製造所の所在地及び製造者の氏名と実際の製造所の所在地及び製造者の氏名が異なることとなっても差し支えないこととする（なお書き部分は平成23年8月15日廃止。ただし同日までに届出されたものであって、同年10月31日までに製造されるものについてはこの限りではない。）

【先例通知の教訓と活用】

　東日本大震災発生当時の食品衛生法は、食品衛生上の危害発生防止を目的として、販売する食品の表示基準策定と当該基準の遵守義務を定めていた。添加物、アレルギーをはじめとし、名称、賞味期限、保存方法等の表示基準（食品、添加物、器具又は容器包装の表示の基準）が示されていたところである。

　表示基準違反があれば、事業者等は、これらを販売し、販売の用に供するために陳列し、又は営業上使用してはならない。違反した場合には、直接の罰則規定も存在するなど、事業者にとっても最重要の遵守事項といえる。

　ところが、東日本大震災の発災により、緊急輸入品や製造品の表示が間に合わない事態が予測された。そこで、JAS法と同様、法令違反は明確ではあるが、所管する消費者庁において事実上取締りを行わないこととした。こうした運用は、「未曾有の被害が生じ、被災地への食料の円滑な供給が最重要課題となっていることから、食品の販売・授与の態様や現場の衛生状態等を総合的に勘案し、公衆衛生が十分に確保されると判断される場合」に限られるとしている。そして、同年の7月（例外的に10月）までには運用を廃止し、平常時の対応に戻しているなど、慎重に対応した形跡が伺える。

　なお、食品衛生法の表示関係の規定は、健康増進法とJAS法の表示関係の規定とともに、食品表示法に統合されている（平成25年成立、平成27年4月1日施行）。

第2節　分野別の代表先例

12　消防（消防庁）

平成23年東北地方太平洋沖地震に対応した消防法令の運用について（通知）（平成23年3月28日消防予第92号消防庁予防課長）

【先例通知の概要】

1　消防設備士講習について
　消防設備士免状を有する者が受講しなければならない消防設備士講習の期限を迎えるにあたり、被災者になったこと等により講習の受講が困難である場合であっても、平成24年3月末（東日本大震災から約1年）までは違反点数の計上を行わないことができる。

2　消防設備点検資格者又は防火対象物点検資格者講習の再講習について
　消防設備点検資格者免状又は防火対象物点検資格者免状を有する者が受講しなければならない再講習の期限を迎えるにあたり、被災者になったこと等により再講習の受講が困難であると認められる場合には、受講期限を平成24年3月末まで延長することができる。

3　消防設備士免状の再交付手数料について
　消防設備士免状の再交付手数料については、手数料徴収を行わないことができる。減免に際しては、都道府県の条例に減免等の規定がある場合にはそれによるほか、これがない場合には、地方自治法に基づく地方議会の決議を得て債権放棄を行うことになること。
　なお、防火管理講習修了証及び防火管理講習修了証の再交付については財団法人日本防火協会において、消防設備点検資格者免状、防火対象物点検資格者免状、自衛消防業務講習修了証、防災管理点検資格者免状の再交付については、財団法人日本消防設備安全センターにおいて、それぞれ手数料減免措置を講じている。

4　防火対象物の使用
　地震災害により被害を受け、又は被害を受けた恐れのある防火対象物を使用するにあたっては、消防用設備等の点検時期の到来の有無にかか

わらず、事前点検を実施すること。やむを得ず整備未了での使用を開始する場合には、早急に整備すること。点検結果の報告時期等については地震被害を考慮して弾力的に対応すること。

5　消防用設備等の設置届出書

地震により被害を受けた防火対象物における消防用設備等について、工事などを行う場合の消防用設備等（特殊消防用設備等）設置届出書の設計図書等は簡易なものとし、詳細は後日提出する取扱いとして差し支えない。

【先例通知の教訓と活用】

　各種消防法令に基づく講習期限や届出義務の履行について、東日本大震災の影響を考慮して弾力的に対応することを、消防庁から都道府県・市町村の消防へ通知するものである。特例規定があるものは特例規定を活用し、期限延長などを実施するよう促すなど、消防法令の解釈運用の確認を行っている。

　例えば、消防法第17条の7第2項が準用する同法第13条の2第5項は「危険物取扱者がこの法律又はこの法律に基づく命令の規定に違反しているときは、危険物取扱者免状を交付した都道府県知事は、当該危険物取扱者免状の返納を命ずることができる」（注：危険物取扱者を消防設備士に読みかえる）としている。これについて、政府解釈の運用基準（「消防設備士免状の返納命令に関する運用について（通知）」（平成12年3月24日消防予第67号））によれば、「違反者が違反を行ったことにつき、真にやむをえないと認める事情があるため、措置等を行うことが著しく不当と認められる場合」には、違反点数を計上しないとしているところである。東日本大震災が、こうした緊急条項に該当するとの解釈を政府として示したことに意義がある。

　一方で、「地震災害により被害を受け、又は被害を受けたおそれのある防火対象物を使用するに当たっては、消防用設備等の点検時期の到来の有無にかかわらず、事前に点検を実施し、その作動状況等について確認を行うよう指導されたいこと」など、被災者等の生命身体の安全を優先に考え、現実に即した追加的な確認を行うという指導もしている点は注目される。

13　供託（法務省）

東北地方太平洋沖地震に伴う供託事務の取扱いについて（平成23年3月16日法務省民商第645号）

【先例通知の概要】

> 　仙台法務局、福島地方法務局、盛岡地方法務局管内の被災の影響のある法務局においては、平成23年3月4日から同月11日までの間に受理した供託については、供託金の納入期日を同年4月1日まで延長したものとして取り扱うことができる。
> 　供託書正本記載の納入期日については、供託官において、訂正の上、押印する扱いとする。

【先例通知の教訓と活用】

　民法では「債権者が弁済の受領を拒み、又はこれを受領することができないときは、弁済をすることができる者（以下この目において「弁済者」という。）は、債権者のために弁済の目的物を供託してその債務を免れることができる。弁済者が過失なく債権者を確知することができないときも、同様とする」と規定されている（第494条）。

　すなわち、供託とは、金銭や有価証券を国（供託所）に納入し、供託所を通じて権利者に取得させる制度である。供託規則では、「供託官は、金銭又は有価証券の供託を受理すべきものと認めるときは、供託書正本に、供託を受理する旨、供託番号、一定の納入期日までに供託物を日本銀行に納入すべき旨及びその期日までに供託物を納入しないときは受理の決定は効力を失う旨を記載して記名押印し、これを、財務大臣の定める保管金払込事務等の取扱いに関する規定又は供託有価証券の取扱いに関する規定に従い作成した保管金払込書又は供託有価証券寄託書とともに供託者に交付しなければならない」（供託規則第18条）としており、供託は一定の納入期日までに実施しな

ければならない。しかし、東日本大震災により災害直後の納入が不可能となった弁済者も多数予想され、また供託所も被災していることから、事務手続きの延長を図ったものである。

　供託期日の柔軟な対応を政府で統一したことは、意義のあることである。もっとも、一定事象が発生した場合に、一律に納入期日の延長ができるような規定を供託規則におくことも、十分検討に値するだろう。

14　印鑑（法務省）

東北地方太平洋沖地震に伴う印鑑の証明書の発行停止に係る取扱い等について（通達）（平成23年3月18日法務省民商第691号）

東北地方太平洋沖地震に伴う印鑑の改印等に係る取扱いについて（通達）（平成23年3月30日法務省民商第819号）

【先例通知の概要】

1　印鑑証明書一時発行停止

会社等法人が印鑑カード及び印鑑を紛失したことで、印鑑証明書の交付や印鑑カードの廃止の手続きを受けられない場合には、「印鑑証明書一時発行停止特別措置申出書」により対応する。その際の本人確認は、運転免許証等により行うことができる。また、登記官は、これにより印鑑証明書の発行を1か月間抑止する等の対応をする。

2　印鑑の証明書の発行

会社等法人が印鑑カード等を紛失している場合、緊急に印鑑の証明書の交付を請求する必要があるときは、「印鑑証明書発行特別措置申出書」により対応する。その際の本人確認は、運転免許証等により行うことができる。

3　印鑑の改印・新たな届出

会社等法人が印鑑を紛失している場合、緊急に改印をする必要があるときは、「改印特別措置申出書」により対応する。その際の本人確認は、運転免許証等により行うことができる。

4　印鑑等に関する自治体の事務

管轄登記所で手続きができない場合には、最寄りの登記所において手続きを行うことができる。

【先例通知の教訓と活用】

　会社等法人の印鑑（印鑑証明、廃止、改印、新たな届出）にかかわる事務について混乱を避けるべく、各登記所の取扱いについて政府から発信されたものである。実際には、本人確認手段として免許証等によるとしたことや、特別の申出書書式を示したことに意義があると思われる。これらについては、事前に災害時のマニュアルとして様式を整備しておくことが求められるだろう。

15　入国管理（法務省）

平成23年東北地方太平洋沖地震発生等による研修・技能実習に係る取扱いについて（通知）（平成23年3月28日法務省管在第1165号）
平成23年東北地方太平洋沖地震発生等により途中帰国した研修生・技能実習生に係る取扱いの一部終了について（通知）（平成24年5月16日法務省管在第2507号）

【先例通知の概要】

1　特定非常災害特別措置法の適用を受ける技能実習生について
　技能実習1号の在留資格（1年目）の技能実習生が、技能実習2号（2年目以降）への移行を行う場合は、技能実習に応じた活動期間が1年以下であることと規定している（変更基準省令）が、被災地で避難している場合等、実際に技能実習（講習を含む）の活動を行っていない期間は、当該在留資格に応じた活動期間に含めない取扱いとする。
　また、特定非常災害特別措置法により一律在留期間が延長（平成23年8月31日まで）されているが、被災地で技能実習1号から技能実習2号への変更許可申請の処理に時間を要して在留期限を経過してしまったような場合には、変更基準省令の要件を満たさないことになる。これについては、可能な限り即日処理で対応する。
2　途中帰国した技能実習生及び研修生について
　再入国許可を取得せず出国したものが再入国する場合には、上陸条件に適合しないが、上陸特別許可等により対応する。
　再入国許可を取得して出国したものが再入国する場合には、変更基準省令に規定する技能実習1号に応じた活動の期間等に含めないものとして取り扱う。
　当該取扱いは、平成23年5月31日までとする。

【先例通知の教訓と活用】

　出入国管理及び難民認定法第20条の2第2項の基準を定める省令（変更基準省令）によれば、技能実習1号（1年目）から技能実習2号（2年目以降）へ変更許可できる条件として、技能実習1号が1年以下であることが定められている。特定非常災害の被害者の権利利益の保全等を図るための特別措置に関する法律（特定非常災害特別措置法）により、在留期間については、一律延長がなされたが、一方で、変更基準省令との整合性が課題となった。そこで、政府としては、避難している技能実習生のために、「1年以下」の要件を満たすための取扱い等を示したものである。

　ただし、災害地域において変更許可申請の処理に時間を要していることにより、当初の在留期限を経過するような場合には、在留期限自体は特別措置法により延長されているとしても、変更基準省令は満たさないという状態に陥る。

　そこで、本来は規則等に違反する措置となるが、「可能な限り即日処理で対応」することで、有効に取り扱うという緊急措置についての解釈を示したものである。

16　在留資格（外務省）

　　査証通達（東北地方太平洋沖地震等：再入国許可未取得者に対する取扱い（在留資格：「留学」））（平成23年3月31日付）
　　査証通達（東日本大震災関連措置：再入国許可未取得者に対する取扱いの終了（在留資格「留学」））（平成23年8月24日付）
　　東日本大震災により再入国許可を取得せずに出国した留学生の方へ（特別措置の終了）（平成23年9月1日）

【先例通知の概要】

> 　再入国許可を取得せずに一時帰国（単純出国）した留学生で、引き続き日本で教育を受けることを目的に入国を希望する外国人については、簡易な手続きにより査証を発給して入国することができる。
> 　当該取扱いは平成23年8月31日で終了する。

【先例通知の教訓と活用】

　東日本大震災を受けて、留学の在留資格を持つ外国人留学生が、再入国許可を取得することなく出国（単純出国）したことで、在留資格が失効してしまい、引き続き留学するための再度の入国に支障を来たした。東京電力福島第一原子力発電所事故などによる混乱を考慮すれば、再入国許可を得ず出国したとしてもやむを得ない事態であると考えられる。

　そこで、「今回の地震等に伴う特別措置として」、特別に査証（ビザ）の発給による入国を認めたものである。本来は在留資格を失効しているはずであるが、現実の問題に対応するべく特例的対応をしたものである。

17　訪日外国人（外務省）

査証通達（東日本大震災復興支援策：被災三県を訪問する外国人に対する査証手数料の免除措置）（平成23年11月4日付）
査証通達（沖縄及び東北三県を訪問する中国人個人観光客に対する数次有効の短期滞在査証の発給）（平成24年6月11日付）
査証通達（沖縄・東北三県を訪問する中国人個人観光客に対する数次査証の要件緩和）（平成27年1月6日付）

【先例通知の概要】

> 東日本大震災を受けて、平成23年11月中旬頃より、特に被害が甚大であった岩手県、宮城県、福島県の被災三県に対する復興支援策として、被災三県を訪問する外国人に対する査証料を免除する。
> 東日本大震災を受けて、平成24年7月1日より、被災三県を訪問する中国人個人観光客に対して数次有効の短期滞在査証を発給する。
> 平成27年1月19日受理分からさらに要件を緩和する。

【先例通知の教訓と活用】

「東日本大震災復興支援策」であることが明確な特例措置である。平常時であれば徴収する査証料（ビザ発給手数料）を免除することとしたものである。緊急時の特例という性格が多い災害時の特別対応通知・事務連絡のなかにあって、積極的に「復興支援」だけを目的とした災害後の特例措置として注目される。

数次査証（数次ビザ：有効期間中に何度でも出入国できることを許可する査証）については、平成24年7月1日から、「東北三県を訪問する中国人個人観光客」に認めることとし、さらなる復興支援の加速化を図ったものである。

18　戸籍（法務省）

東日本大震災により死亡した死体未発見者に係る死亡届の取扱いについて（通知）（平成23年6月7日法務省民一第1364号、法務省民事局民事第一課長）

【先例通知の概要】

1　戸籍法第86条第3項の「死亡の事実を証すべき書面」について、東日本大震災で被災された方で、御遺体が発見されていない方についても、次の簡易な書類を用意することで死亡届を市区町村に提出できる。
  (1) 届出人の申述書（本書では掲載省略）
  (2) 死亡したと考えられる方の被災状況を現認した者等の申述書（本書では掲載省略）
  (3) 在勤証明書又は在学証明書等、死亡したと考えられる方が東日本大震災の発生時に被災地域にいたことを強く推測させる客観的資料
  (4) 死亡したと考えられる方の行方が判明していない旨の公的機関からの証明書等
  (5) 僧侶等が葬儀をした旨の証明書等のその他参考となる書面
2　市区町村の戸籍窓口で死亡届を受け付けてもらうためには、少なくとも(1)の書類を御用意いただく必要があるが、(2)から(5)までの書面についても、可能な限り、御用意いただくよう要請する。
3　死亡届が受理される（戸籍に記載される）と、相続が発生し、あらゆる法律関係を整理・清算する必要が生じるので、死亡届を提出するにあたっては、親族等関係者との十分な相談を要請。市区町村の戸籍窓口に死亡届を提出した場合でも、必ず受理されるとは限らず、不受理（戸籍に記載されない）となる場合もあるので、死亡届が不受理となった場合など不明な点は、各市区町村を管轄する法務局の戸籍課への問い合わせを要請する。

【先例通知の教訓と活用】

　東日本大震災において、津波等による行方不明者が多数にのぼったことから、戸籍法の既存の条文についての政府解釈を示したものである。

　戸籍法によれば、死亡届には、診断者又は検案書を添付しなければならないのが原則である（戸籍法第86条第2項）。一方で、やむを得ない事由によって診断書を得ることができない場合には、それ以外の「死亡の事実を証すべき書面」の添付で足りるとされている（同法第86条第3項）。

　しかし、従来の法務省の解釈によれば、この「死亡の事実を証すべき書面」とは、「死亡現認書」等を指すとされていたにすぎなかった（昭和24年3月25日民事甲第654号通達、同年6月9日民事甲第1309号通達）。

　そこで、今回は、この「死亡の事実を証すべき書面」については、被災状況から死亡したものと認められるとして、死亡届の提出を求める家族らが多くなると見込まれたため、「届出人の申述書」を最低限の必要書類として要求することで足りるとする、従来にはない柔軟な解釈を示したものである。

　なお、「届出人の申述書」は、簡単な質問方式で、届出人が記述すべき欄があり、死亡したものと考える理由を申告することになっている。具体的には「問1　本人は、東日本大震災が発生した当時、どこにいたと考えられますか」との欄につづき、「問2　答1のように考えるのは、なぜですか　答2　被災したことを目撃したから／被災したことを目撃した者がいるから／本人は、平日の14時46分頃には、通常、答1の場所におり、震災が起きた3月11日、本人が、休暇、出張等、答1の場所とは異なる場所にいたと考えられる事情はないから／その他の理由」、「問3　本人の生存を、いつ、どのような方法で、最後に確認しましたか」、「問4　東日本大震災前における日常の本人との連絡状況は、どうでしたか」「問5　東日本大震災以来、現在に至るまで、本人から連絡がありましたか」「問6　本人からの連絡がない理由について、どのように考えますか」「問7　親族のうち、本人が死亡したものと納得していない人がいますか」「問8　その他、本件届出に関して、申し述べたい事項」という項目がある。

　死亡届により、死亡が確認されるということは、これにより戸籍上にも死亡が記録され、現実には、相続という極めて大きな法的効果を伴う手続きが

開始されることを意味する。従って、死亡の認定については、慎重に判断する必要がある。一方で、生命保険の死亡保険金の請求や、生存している相続人らの生活再建にとっては、円滑な相続効果の発生を証明することも不可欠になる場合が多い。

　今回の対応は、それらのバランスのなかで絞られた知恵であると思われる。

19　教育（文部科学省）

平成23年（2011年）東北地方太平洋沖地震における被災地域の児童生徒等の就学機会の確保等について（通知）（平成23年3月14日22文科初第1714号）

【先例通知の概要】

> 1　被災した児童生徒等の公立学校への受入れ
>
> 　被災した児童生徒等が域内の公立学校への受入れを希望してきた場合には、可能な限り弾力的に取り扱い、速やかに受け入れること。なお、高等学校等については、入学者選抜における弾力的な対応を行うとともに収容定員を超えた受入れについても特段の配慮をすること。
>
> 2　義務教育段階における教科書の取扱いについて
>
> 　被災した義務教育諸学校の児童生徒が転入学した場合には、通常の転入学の場合と同様に、平成22年度用教科書を無償給与することができること。なお、転入学前の学校で給与された教科書を滅失・棄損している場合には、当該教科書分を併せて無償給与して差し支えないこと。また、この場合には教科用図書給与証明書がなくとも、必要な教科書の無償給与を受けることができるものとすること。
>
> 3　公立幼稚園、高等学校及び特別支援学校等における入学料の取扱い等について
>
> 　公立幼稚園、高等学校及び特別支援学校等において、今回の地震により、生徒又は幼児の学資を負担している者が災害を受け、授業料（保育料）、入学料（入園料）、受講料、寄宿舎使用料等の納付が困難な者（被災に伴う転入学者等を含む。）に対しては、各地方公共団体における入学料等の免除及び減額に関する制度等も踏まえて、配慮すること。
>
> 4　就学援助等について
>
> 　被災により就学援助等を必要とする児童生徒等に対しては、その認定及び学用品、学校給食費等の支給について、通常の手続きによることが

困難と認められる場合においても、可能な限り速やかに弾力的な対応を行うこと。また、被災により奨学金を必要とする高校生等に対して特段の配慮を行うこと。特に卒業年次の高校生等については、日本学生支援機構の奨学金等、大学等への進学に際して利用できる経済的支援についても周知を行うこと。

5　課程の修了の認定等について

　被災した児童生徒が在籍する学校においては、当該児童生徒の各学年の課程の修了又は卒業の認定等にあたっては、弾力的に対処し、その進級、進学等に不利益が生じないよう配慮すること。

6　補充のための授業等について

　被災した児童生徒が在籍する学校においては、当該児童生徒が授業を十分受けることができないことによって、学習に著しい遅れが生じるような場合には、可能な限り、補充のための授業その他必要な措置を講じるなど配慮すること。

7　心のケアを含む健康相談等の充実について

　被災した児童生徒等を受け入れた学校において、臨時健康診断の実施や、心のケアを含む健康相談を行うなどして、児童生徒等の心の健康問題に適切に取り組むよう配慮すること。また、被災地域の学校が再開されたときにも、児童生徒等の心の健康問題に適切に対応するよう配慮すること。

【先例通知の教訓と活用】

　東日本大震災は、東京電力福島第一原子力発電所事故を伴うことで、市町村まるごとの単位での広域避難が発生し、全国すべての都道府県において、福島県からの避難者受け入れが行われた。なかでも最優先すべき子どもの教育機会の確保については、年度末の進級・進学の時期と相まって混乱を極めることが予想された。

　そこで、被災地からの避難者の受入れや教科書などの給付について確認を行ったものである。また、各地の被災地でも進学や進級について配慮をする

ように呼びかけている。

　本通知では、さらに子どもの心のケアにも早期に言及している点が注目される。特に福島からの避難者は、スクリーニングの段階でもすでに相当の差別的な取扱いを受けているという実態があり、子どもの教育現場での受入れにも自治体の躊躇が生まれないよう先手を打つ価値が、本通知にはあったと思われる。

　なお、本通知は、文部科学副大臣名義であり、文教分野の部局を横断する取りまとめ的な通知として位置付けられている。平成23年３月14日と、比較的早期の段階で、各部署の通知とは別途、早期に概略を示した通知が発信されたことは、迅速な対応方法の一つとして参考になると思われる。

　さらに、「平成23年（2011年）東北地方太平洋沖地震により被災した児童生徒に係る教科書無償給与事務について」（平成23年３月17日文部科学省初等中等教育局教科書課無償給与係事務連絡）など、後日事務レベルでの補足通知も発出されている。

第3節　先例通知のアーカイブ化の必要性

　本書の末尾（188頁～）に、災害時に特別に発出された各省庁の通知等、事務連絡等を一覧にして掲載した。本書で列挙したものは、次の①から④の合計約1,140通である。

> ①内閣府政策統括官（防災担当）が取りまとめた「東日本大震災に関連した各府省の規制緩和等の状況」（平成23年4月19日公表・平成24年12月12日更新）に記述されている各通知等を手がかりに、各省庁に情報公開請求を行い取得した通知等
> ②東日本大震災直後期において、弁護士有志のプロジェクトチームが「Hack for Japan」の有志メンバーの協力により作成した通知等の検索サイト「東日本大震災通知・事務連絡集」（プロジェクト代表は筆者）に掲載されている厚生労働省、国土交通省、総務省、文部科学省（文化庁を含む）ほかの通知等
> ③熊本地震に関連して内閣府政策統括官（防災担当）が公表した通知等
> ④西日本豪雨に関連して内閣府政策統括官（防災担当）が公表した通知等

　このほか、各省庁の災害後の対応特設ページなどに適宜公表されている通知等も数多く存在しており、その数は東日本大震災に関連するものだけでも2,000通以上に及ぶとされているが、本書ではそのすべてを列挙するには至っていない。

　近年頻発する大災害への政策法務実務の向上を考えると、全府省庁による災害関連通知を一元的にアーカイブし、検索参照できる情報プラットフォームを構築する必要があると考えられる。

（岡本　正）

参考文献

- 山崎栄一『自然災害と被災者支援』日本評論社、2013年
- 岡本正『災害復興法学』慶應義塾大学出版会、2014年
- 鈴木庸夫『大規模震災と行政活動』日本評論社、2015年
- 佐々木晶二『最新防災・復興法制－東日本大震災を踏まえた災害予防・応急・復旧・復興制度の解説－』第一法規、2017年
- 岡本正『災害復興法学の体系：リーガル・ニーズと復興政策の軌跡』（KDDI総合研究所叢書）勁草書房、2018年
- 岡本正『災害復興法学Ⅱ』慶應義塾大学出版会、2018年
- 中村健人・岡本正『自治体職員のための災害救援法務ハンドブック－備え、初動、応急から復旧、復興まで－』第一法規、2019年
- 榛沢和彦監修『避難所づくりに活かす18の視点』東京法規出版、2018年

第4章
大規模災害時における行政対応のあり方

はじめに

　東日本大震災以降の大規模な災害をみていると、被災者や被災地のニーズに行政が十分に応えきれず、その結果としての間接被害が増大する傾向にある。被害の大きさに行政の対応力が追い付かないこともあるが、想定外の事態に柔軟に対応できないこともあって、被災実態と行政対応の間に大きなミスマッチが生じ、そのミスマッチが関連死などの深刻な被害につながっている。行政は、不測の事態あるいは想定外の事態にいかに対応すべきかが、大規模災害の時代を迎えて改めて問われる状況にある。

　そこで本章では、大規模災害時における行政対応の特質に触れながら、過大なニーズや想定外の事態に適切かつ柔軟に対応するためのシステムのあり方、大規模災害時代における行政のマネージメントやガバナンスのあり方、被害軽減にかかわる法制度やその運用のあり方を検討する。その中で、ミスマッチを解消するための弾力的な仕組みとしての、特例措置や拡張解釈のあり方についても触れることにする。

第1節 行政の責務と「自治体防災」

　大規模災害時の行政対応を具体的に考察する前に、減災や復興で行政が果たすべき役割や責任について述べておきたい。国や自治体は、そこに住む人やそれを構成する人の安全や権利を守るために、存在している。それゆえに、国民や住民が危機に瀕して、生死の境をさまよっている時に、その権限と資源を最大限行使し、国民や住民を守るように努めることは、最も重要な使命である。

　わが国における防災に関する根幹の法律である「災害対策基本法」は、国は、「国土並びに国民の生命、身体及び財産を災害から保護する使命を有することに鑑み、組織及び機能の全てを挙げて防災に関し万全の措置を講ずる責務を有する」と国の責任を明らかにしている。と同時に、都道府県と市町村に対しても、法令と自らが作成した地域防災計画に基づいて、住民の生命や財産を保護する責務を課している。

　災害後の救助の方針と基準を定める「災害救助法」においても、国、都道府県、市町村が、国民や民間団体の協力のもとに、被災者の保護と社会の秩序の保全を図ることを責務として課している。行政には、正しく法令を運用し、力を最大限に発揮して、その責務を果たすことが求められている。

　正しく法令を運用するということでは、国民を保護し被災者を救済するという目的を忘れず、限りなく弾力的かつ拡張的に災害救助法などの法令を運用することが求められる。法令の杓子定規な適用によって、被災者を切り捨て苦境に追い込むことは、厳に戒めなければならない。不法行為を取り締まる場合は、法令の厳格な運用が求められるが、被災者の保護や支援を図る場合は、法令の弾力的な運用が求められることを、肝に銘じてほしい。

　最大限に力を発揮するということでは、阪神・淡路大震災時の、誰が救助したかというデータ[1]に基づくと、自助と共助と公助の関係が「7：2：1」という形になっているが、公助という行政の役割を「1割でよい」と貶めて

はならない。自助も公助もベストを尽くすのが当然で、その努力に限度を設けることは許されない。権限や資源を誰が持っているかという視点でみると、自助よりも公助の果たし得る役割は大きく、果たすべき責任も大きい。行政は「対応できなくて当たり前」でないことを、これまた肝に銘じてほしい。

ところで、この行政の対応では、国と都道府県、さらには市町村の連携や分担のあり方が、問われることになる。市町村に主たる責任を与える災害対策基本法と都道府県に主たる権限を与える災害救助法との間に、責任と権限の分離という「ねじれ」があるものの、市町村と都道府県が密接に連携して被災ニーズに向き合い、それを国が後方から支援するという関係が制度的に成り立っている。

被災者に最も近い市町村が最前線に立って、被災者保護の「第一義責任」をとる。その一方で、本来的に国民保護の責任を有する国が後方から支援をして、国民保護の「最終責任」をとるのである。

この中で、最前線にある基礎自治体の市町村の果たす役割はとても大きい。応急時の避難勧告の発令から、復旧時の避難者の生活のケア、仮設住宅の設置場所の確保など、市町村が先頭に立って支援を図り、解決を図るべき課題は少なくない。

この現場に近い基礎自治体が前線に立つということでは、「消防組織法」は市町村に消防の権限も責任も与えている。「自治体消防」といわれる所以である。消防でも災害保護（178頁参照）でも、最前線の役割は大きく、その役割を果たすための環境整備が、法令整備も含めて欠かせない。市町村に正しく対処するための知見や資源を提供すること、そして何よりも権限と自主性を付与することが求められる。

それでは、減災や復興で「自治が原則」とされるのは何故か。それは、自律性、即応性、即地性、寄り添い性というキーワードで説明することができる。

自律性というのは、減災の基本が身の回りの管理や保守、人と人のつながりにあるからである。防災や減災で、自助や共助が強調されるのも、地域の安全を自律的に確保する責務や地域の復興を自律的に進める責務が、個人に

ありコミュニティにあり基礎自治体にあるからである。自分たちの地域は自分たちで守る、そのための自由や自治が欠かせない。

即応性は、医療などと同様に、救助や復旧では、クイックレスポンスあるいはタイムラインといわれるように、限られた時間内に資源や人力を投入し、必要な防護や救命を図ることを、求めている。それは、川で溺れている子どもを、すぐ傍にいる人が飛び込んで救助することに、通じる。消防の世界で「3分以内に救急車が駆けつける、5分以内に消防車が駆けつける」といったことが要求されるのは、即応性が求められるからである。

即地性というのは、現場のニーズに応えるということであり、そのために現場の資源を活かすということである。地域の実状や実態に即して対応することが欠かせないというのが、即地性である。地域密着性と言い換えてもよい。東日本大震災や熊本地震の対応で、国や県の一面的な対応が被災者のニーズとかけ離れたものになったのは、市町村が主体になり切れず、即地性の発揮が叶わなかったためである。地域をよく知ったものでしかできない対応が、少なからずあるからである。

寄り添い性というのは、苦しんでいる被災者の気持ちを実感できるのは、そのすぐ傍にいる人であり、傍にいるからこそわが事として被災地のニーズに向き合うことができる、ということである。即地性という物理的な距離だけではなく、寄り添い性という心理的な距離を近づける努力がいる。被災地や被災者に寄り添う姿勢が欠かせない。

行政の中で、被災者の声をくみ上げることができるのは、身近に存在する基礎自治体に他ならない。それだけに市町村は、国や都道府県の顔を見る前に、被災者の顔を見るようにしなければならない。

第2節 大規模ゆえの行政対応の負担

　最近の災害にみられる行政対応の混乱と、それによる間接被害の拡散は、災害が大規模化していることに起因している。災害の大規模化がなぜ起きているのか、その大規模化がいかなる困難をもたらしているのかを、明らかにしておきたい。混乱の原因を明らかにすることが、行政対応のあるべき姿への模索につながる。

　大規模災害の時代だといわれる。大規模な地震が相次ぎ、記録的な豪雨災害も後を絶たない。その結果として、被害規模も著しく大きくなり、被災者の苦しみも増え、行政対応のニーズも大きくなっている。熊本地震で、震災関連死が直接死の4倍を超える状況が生まれているのは、その証左である。その災害の大規模化は、自然の狂暴化に加えて社会の脆弱化が進んでいることによってもたらされている。少子高齢化の進展や地域コミュニティの衰退が、被害の拡大や対応の混乱につながっている。

　その社会の脆弱化の一端に、自治体の態勢や能力が量的にも質的にも弱くなっていることがあげられる。人口の減少や経済の衰退もあって、自治体の合理化が余儀なくされ、職員数の削減が進んでいる。また、防災投資を控える傾向にもある。それに加えて、防災業務の外注化や自動化が進んで、防災や減災に関わる経験やノウハウを行政の中に蓄積できない、という問題もある。この自治体の脆弱化をいかに克服するかが、災害大規模化の中で問われている。

　それ加えて、災害の大規模化あるいは社会の多様化に即した形で、災害関連法規や防災体制の整備や進化が図られていないことが、大きな問題である。災害の進化に防災の進化が追い付いていない。災害救助法には、後述するように「特別基準」という、被災実態と法制度の隙間を埋めるための弾力的な仕組みが設けられているのだが、1947年に救助法ができた当時のフレームが基本的に今も変わっておらず、その後の大きな社会の変化に特別基準だ

けでは対応しきれなくなっている。この法制の後進性をいかに克服するかが問われている。

さて、大規模災害の特質にかかわって、行政対応上の2つの大きな問題点を指摘しておきたい。そのひとつは質的な問題点で、過去の経験や教訓が十分に生かされないという問題点である。大規模災害の発生が極めて低頻度であるために、体験が風化して過去の経験知が生かされない、あるいは前例のない未体験の世界に引き込まれる。その結果として、対処法がわからないという状況に陥る。

これに対しては、繰り返し内外の経験知を集めて伝え、風化による弊害を避けることが、何よりも求められる。それに加えて、前例のない事態には前例のない対応がいるということで、前例主義や既存法令に捉われることなく、事態に即した斬新な対応をとることが、求められる。

前例に捉われない対応ということでは、既存の法令の拡大解釈による弾力的な対応や新たに作った法令の遡及適用などが、推奨される。改正された「被災者生活再建支援法」の2007年の石川県能登半島地震や新潟県中越沖地震への遡及適用はその例である。海外でも、台湾の921大地震（集集地震）後の「総統令」による家賃補助の実施や「重建暫行条例」による復興基金の提供の例がある。国民に負担を強いる法令においては遡及適用を避けるのが望ましいが、国民を救済する法令においては遡及適用を図るのが望ましいと、私は考えている。

もうひとつは量的な問題で、大規模災害への対応力が行政にないという問題である。大規模災害は過大な対応ニーズを生むが、自治体にはそれに対応できる準備も能力もなく、お手上げ状態になりかねない。その結果、支援が行き届かない、対応が遅れてしまう、混乱が増幅し拡大する。

これに対しては、アウトリーチとトリアージが求められる。アウトリーチは外部に支援を求めること、トリアージは対応する課題を絞り込むことである。アウトリーチでは、他の自治体や公共機関に支援を仰ぐ、民間団体やボランティアを受け入れる、あるいは行政のOBに戻ってきてもらうなどといった対応をとる必要がある。

ところで、広域応援や公民連携をスムースにするためのシステムが、十分

に整備されていない。確かに、広域連携については、消防の緊急消防援助隊やに災害派遣の医療チーム（DMAT）などのシステムが整備されており、総務省の支援側と支援先の自治体をペアにする職員派遣応援システム（カウンターパート方式）も2018年度から動き始めている。ただ、そうした応援と受援の体制作りはまだまだ部分的で、法制度に明確に位置付けられているわけではない。

　アウトリーチでは、民間の力を引き出すことが鍵になる。物資の確保や搬送、避難所の設置や運営、住宅再建における空き家利用など、足りない資源を民間協力で補う必要がある。避難所の設置は、被災地人口の3割程度が避難所に来るとの前提で考えられていたが、熊本地震では8割もの人が避難所に殺到しており、さらには津波や火災ではほぼ全員が避難してくることが想定され、そもそもの前提が大規模災害では通用しない。避難所を学校のような公共施設に限定している限り、収容対応力はアップしない。民間施設を積極的に避難所にする対応が求められる。

　このアウトリーチでは、連携を進めるためのパートナーシップの確立が不可避である。ボランティアとの協働連携を図るにも、対等の立場で手をつなぐためのプラットホームがいる。そのための「情報を共有する、運営を共同で行う、相互に調整を図る」システムの構築が急がれよう。内閣府防災担当から「防災における行政のNPO・ボランティア等との連携・協働ガイドブック〜三者連携を目指して〜」[2]が出され、官民の連携が図られようとしているが、民間団体等に十分な権限が与えられておらず、まだまだ「かけ声の段階」にとどまっている。

　トリアージでは、持っている資源と戦力で対応できる業務の範囲は限られてくるので、定められた業務をすべて実行しようとするのではなく、優先順位とターゲットを決めて、ニーズに応えていく必要がある。ここでは、対応する業務を簡略化するだけでなく、省略化することがポイントになる。時間がかかる応急危険度判定を住民に委ねる、手間がかかる住家被害認定を空撮の導入などにより簡素化する、などの工夫と配慮がいる。

　後述するように、住宅再建の遅れは被災者の苦しみを増やす最大の元凶となっており、再建のタイムラインを守って迅速化を図ることが欠かせない

が、そのためには、アウトリーチとトリアージを有機的に組み合わせ、行政が現物で支給するという時間も手間もかかる従来の慣行を改めて、被災者の自力再建を家賃補助制度やバウチャー制度などで引き出すことを考えなければ、行政の負担や財源を軽減することはできない。

第3節 行政の災害対応の原理と原則

　行政の対応には事前の対応もあるが、ここでは事後の対応のあり方に絞って、対応の原理や行動の原則を明らかにしておきたい。行政の事後対応のあり方を考えるうえで、念頭に置くべき3つの事項に焦点をあてて、考察する。
　それは、「行政対応の規定要因」、「行政対応の行動規範」、「行政対応の現場システム」の3つである。

1　行政対応の規定要因

　人間や組織の行動は、パーソナリティ（過去の経験）、インフォメーション（入手の情報）、エンバイロメント（対応の環境）の3つに規定され、発現するといわれている。
　パーソナリティは、過去の経験や学習で得たストックの情報で、その人や組織の性質や能力を形作っているもので、記憶として大脳に蓄積されている。インフォメーションは、時々刻々と五感を通して入ってくるフローの情報で、被害や支援などの状況の認識につながる。エンバイロメントは、対応のための資源や手段の状態、対策を講ずべき対象の置かれている状況をいう。財源があるかどうかは、エンバイロメントの重要な要素である。
　さて、ストックの情報は経験知で、過去の災害で得られた教訓なども含まれる。実体験で得た知識だけでなく、学習や伝聞で得た知識もストックの情報である。過去の災害で、どのような行政の対応が行われ、どのような結果がもたらされたかを知っておくことは、パーソナリティを豊かにし、災害後の意思決定や政策選択に役立つ。教訓集などで行政対応の伝承を図ることが求められる所以である。
　フローの情報は現場知で、災害現場で知覚した刺激なども含まれる。それ

に加えて、間接的ではあるが様々な媒体を通じて現地などから送られてくる情報、オンサイトの専門家のアドバイスや国からの通知などもフローの情報である。なお、過去の経験や教訓に学ぶことは欠かせないが、過去の経験が現場の特殊な状況に適合しないこともあり、現場からのフローの情報を優先しながら、そこにストックの情報を重ね合わせるのが望ましい。

　行政の対応で、現場の判断を優先すべきなのは、経験知の共有は可能であるが、現場知の伝達が難しく、現場に通じた者だけが適切な判断が下せるからである。日常時の判断では、過去の経験がものをいうので、経験豊かなトップが指揮するピラミッドのようなシステムが効果的であるが、非常時の判断では、現場の把握がものをいうので、現場の状況をつかんでいるものが指揮をする「フラットなシステム」（分権型の実務体制）が有効である。防災自治の原則も、現場優先の考え方に基づいている。

　その現場に、より的確な判断をなし得るよう過去の経験知を伝えるのが、専門家のアドバイスであり、国などの上位機関からの通知である。通知の有効性と限界性については、後で詳しく述べることにする。

2　行政対応の行動規範

　災害を含む幾多の危機対応の経験から、行政の危機対応の原理が定式化されている。その中でも重要と思われるものをキーワードで示すと、臨機応変、拙速要諦、補填残心、災害保護、鼓舞激励といったものになる。

　臨機応変は、固定的な考え方を排して、状況に応じた柔軟な対応を求めるものである。例えば、「被災地には物がないので、カネではなく物を送るべき」という主張がなされるが、物が被災地に豊富にあるケースでは、物を送るのではなくカネを送る方がよい。「仮設住宅を作ってから、恒久的な公営住宅を作るべき」という常識が存在するが、居住性のよい避難所が長期に確保できるのであれば、仮設住宅を作らず最初から公営住宅を作るという選択が許される。

　拙速要諦は、レスポンスタイムが重要な意味をもつ場合、完璧を狙って時間を浪費するより、セカンドベスト（暫定的な解決）でもよいから達成目標

の時間を守るようにすることをいう。本格的な仮設の建設に時間がかかるなら、トレーラーハウスなどを持ち込んで対応する道を選ぶのが、拙速要諦である。ところで、被災者の苦しみの総和は、日々の苦しみの時間積分で与えられる。それゆえ、避難所や仮設住宅の環境を改善して、日々の苦しみを和らげるとともに、タイムラインを守って避難所や仮設での生活を短くすることが、求められる。

　補填残心は、直前のことだけに目を奪われず、1週間後あるいは1か月後のことを考え、それに必要な資源やマンパワーの確保を先んじて図ることをいう。ボランティアなどの支援者の必要人数をあらかじめ算定し、その確保のための手を早目にうつ。復興計画をいつまでに策定すると決めればその3か月前に委員会を立ち上げることを決め、さらにその1か月前に復興計画委員の人選を始めるよう心がけるのが、補填残心である。

　災害保護は、災害により自力で立ち上がることができなくなった人を、自立できるようになるまで支援し保護することをいう。災害時における行政の保護責任を果たすことに他ならない。ここでは、被災者の身になって対応すること、被災者の苦しみに寄り添うことが求められる。被災者一人ひとりにカルテを作って共有し、関連する行政や専門家などが連携して、自立支援を図ることが求められる。

　鼓舞激励は、被災地や被災者、さらには支援者が復興の希望を持てるように、復興の見通しや支援方策などを具体的に示して励ますことをいう。復興のリーダーが果たすべき重要な要件である。

3　行政対応の現場システム

　この現場システムは、一般に「インシデント・コマンド・システム」と呼ばれる。先に触れた、現場優先あるいはフラットなシステムにかかわる行政対応の原則であるが、災害現場での指揮命令をいかなる環境と体制の下で行うべきかの全体像を示したのが、このインシデント・コマンド・システムである。

　現場での指揮命令を適切に行うためには、実行組織、計画情報組織、後方

支援組織、財務総務組織が必要であり、そのための人材、計画、情報、資源、財源の確保と運用の大切さが示されている。

　情報には、先に述べたストックの情報とフローの情報が位置付けられており、過去の経験を集約し、現状の把握に努めて、対応のための計画を策定することが推奨されている。その策定された計画に基づき、先に考察した補填残心の原則により、必要な資源を調達して、対処するのである。

　ここでも、過去の経験知や先行事例を集めて参考にすること、現場の中に入ってニーズや課題を把握することの大切さが、示されている。

第4節 解決が求められる行政対応の課題

　昨今、大規模な災害が相次ぐ中で、今までの行政対応が抱えていた矛盾が一気に噴き出し、そのあり方を根本から見直す必要に、迫られている。ここでは、行政が直面している災害対応上の問題点や災害法制上の問題点を明らかにしつつ、今まで考察してきた理念と現実とのギャップを示して、問題解決の方向を見出したいと思う。

1　問われている問題

　熊本地震で震災関連死が200名をはるかに超えたことを、私は大きな危機感を持って受け止めている。関連死は「防ぎ得た死」ともいわれる。災害後の社会や行政の対応が適切であれば、防ぎ得たと考えられる事例が少なくない。ある意味で、行政の瑕疵がもたらした犠牲とみることもできる。それだけに、反面教師としてここから教訓を引き出し、行政対応のあり方の見直しにつなげなければならない。

　そこで、どのような問題が生じているかを、被災者の立場から整理しておきたい。

　第一に指摘できることは、被災者が避難生活の過程においても、仮住まい生活の過程においても、健康を害しかねない極めて劣悪な環境に放置されていることである。避難所では、想定を超えて多数の被災者が殺到する結果、心身にストレスをかける雑魚寝状態の過密居住を強いられる状況にある。一人あたり居住面積が1平方メートルを切ることもある。この密度は、国際的な難民キャンプの基準であるスフィア基準の「一人あたり最低3.5m^2」にはるかに及ばない。

　第二に指摘できることは、その不健康で不自由な避難生活や仮住まい生活が長期化しており、時間の積分値としての苦しみの総量が大きくなっている

ことである。災害救助法の告示[3]では、原則として「避難生活1週間、仮設生活は2年」と定めているにもかかわらず、そのタイムラインが守られず、避難生活が数か月、仮設生活が2年以上に及ぶことが常態化しつつある。その結果として、避難生活での関連死、仮設生活での孤立死が増えている。関連死の数をみると、熊本地震では約210人、平成30年7月豪雨（以下、西日本豪雨という。）では約50人にも及んでいる。

第三に指摘できることは、支援のセーフティネットから落ちこぼれる人々が増えていることである。様々な理由で、避難所や仮設住宅、さらには公営住宅に入れない人がいる。その人たちは、庭先避難、軒先避難、在宅避難、車中避難を余儀なくされ、損壊家屋居住やバラック仮設居住を余儀なくされている。在宅被災者あるいは在宅避難者とよばれるこの人たちには、救済の手が極めて不十分にしか届かない。災害救助法では、在宅避難者を含む支援の必要な人すべてに必要な物資を届けることを求めているが、それができていない。

第四に指摘できることは、医療、福祉、教育、コミュニティ、雇用などを含めた生活全般の復興を総合的にはかる取組みになっていないことである。住宅が再建できても雇用が取り戻せない、住宅が再建できてもコミュニティが持続できない、といった問題が深刻化している。住宅復興だけでなく、生活復興や地域復興を視野に入れた取組みが求められる。

2　問題を生み出している要因

上述の問題をもたらす要因を災害救助法に即して考えてみよう。その要因は、「法制度そのものの不十分さ」と「法制度の運用における不適切さ」の大きく2つに分けて考えることができる。

法制度のフレームの不十分さということでは、基礎自治体に十分な権限が与えられていないという問題と、社会の変化や災害の進化に法制が合致していないという問題がある。前者については、災害対策基本法と災害救助法のねじれという形で先に問題点を指摘したが、市町村に現場の裁量について十分な権限が付与されておらず、都道府県の合意や指示を待っていることが多

く、その結果どうしても対応が遅れてしまう。

　ところで、問題は、社会の状況に合致していないということである。避難生活が1週間と設定されているので、1週間であれば多少劣悪な環境でも我慢できるという考え方で、避難所の環境基準が決められている。また被災地の3割程度が避難してくるという前提で、避難所の規模が決められている。これは、比較的小規模な災害を前提に定められたものであり、避難生活が数か月にわたる、あるいは被災者全員が避難所に殺到するような現代の大規模災害にはそぐわない。災害の大規模化という視点から法制度の内容を見直す必要がある。

　現在の制度では、前提とする災害像とのミスマッチに加えて、前提とする社会像とのミスマッチもある。ものがない社会を前提に、支援の現物主義を貫こうとしているが、戦後間もなくの頃とは違って物資は豊かになっており、むしろ被災者自身が物を調達する仕組みが必要になっている。また、極めて貧しい時代を前提に、支援の救貧主義を貫こうとしているが、高度に発達し豊かになった現代では、自立のハードルが高くなっており、実態に即して救済する人の範囲を広く捉える必要がある。

　こうした大きなリスクや社会の変化に対しては、その度ごとに「特別基準」や「通知」で応急的に対応するのではなく、制度そのものを変えて恒久的に対応できるようにしなければならないが、それができていない。特別基準は、想定外の事象や特殊な状況に弾力的に対応するという面では積極的な意義を持っていたが、なんでも特別基準ということでごまかしてきたこともあり、抜本的な法制度の改正を遅らせる一因ともなっている。

　さて、もうひとつの制度の運用面の不適切さについてもみておこう。この運用の不適切さには、行政の現場における理解不足ゆえの運用の誤りと、行政の現場における対応能力不足ゆえの運用の見逃しとがある。

　理解不足というのは、災害対策基本法や災害救助法のイロハが行政職員に徹底されていない、法制度の理念や目的が理解されていない、過去の事例や実績についての知識がないということで、法令や通知を杓子定規に受け止める傾向にあり、「中毒が起きるから炊き出しは禁止」といった誤った対応が生まれてしまう。

いうまでもないことだが、被災者の健康回復に心がけること、被災者の自立を促していくことは、災害救助の原点である。それゆえに、災害救助法では、「炊き出し」が主要な救助の項目として掲げられている。災害ごとに国から出される通知でも、「避難者の健康に留意して食事を提供するように」、「調理空間の整備に努めるように」といった指示が出されている。阪神・淡路大震災では、炊き出しが被災者を元気づける手立てになり、ボランティアと被災者を結びつける場になった。にもかかわらず最近では、その炊き出しや果物の差しれを、食中毒のリスクを理由に禁止する行政が増えている。

　これと同じような対応は、無数にある。「二次災害の恐れがあるから家屋への進入禁止」という画一的な対応も生まれている。そのために子どもの教科書が取り出せない、作業に必要な農機具が取り出せないといった、被災者を苦しめる状況が生まれている。調理師の援助を得て「中毒を出さない様に心がけて、炊き出しをする」のと同様、建築士の援助を得て「二次災害に合わないように心がけて、必要品を取り出す」ことが、本来の支援のあり方である。被災者に寄り添って法令を運用する姿勢を失ってはならない。

　行政の対応能力の限界ゆえの、運用の不作為も少なくない。業務が多い時には、トリアージは避けられないのだが、その優先順位を取り違えて、被災者の生命に係わる救援を後回しにしてしまうケースも多い。余力のない時に余計なことをしたくないという思いもあって、避難所以外の被災者には救援物資を配らない、在宅被災者の個別のニーズ把握は敢えてしない、震災関連死の原因調査を後回しにする、といった対応が当たり前のようになっている。行政の多忙が受動的な消極性を生み、その消極性が被災者支援の不作為につながっている。

第5節 通知の有効性と限界性

　災害は絶えず進化する。その結果として、法制度は被災の実態に対応できずに後追いになる。災害では、前例のないことが起きるのは避けられない。その前例のない特殊事情に向き合うのが、法令の弾力的運用であり、そのための特例基準であり、拡大解釈である。

　前例のない未経験の事態は、社会状況の変化によっても、地域の特殊事情によっても、災害の規模の拡大によっても生じる。その未経験の事態に、過去の対応の事例というストックの情報に加えて、現場の不測の事態というフローの情報を考慮に入れて、特殊解を求めることになる。

　この特殊解を現場の行政が探る際に、過去の知見を通知という形で周知すること、弾力的対応の原理を通知という形でアドバイスすることは重要である。拡大解釈の大枠を通知で示すことも、現場の判断を助ける。先に述べた、現場行政の無理解や不勉強をカバーする役割を通知は果たし得る。とりわけ、過去の対応事例を参考にして指針を示し、現場での柔軟な対応を促すことは、誤解や不作為をなくすうえで欠かせない。

　その一方で、この通知行政にはいろいろと問題がある。その第一は、現場を知らない状況の下で出される通知が、現場のニーズと乖離していると、逆に混乱の拡大につながるという問題である。

　熊本地震の住家被害の認定で、「2次調査の判定で1次調査の判定より不利な結果が出た場合、被災者にとって有利な1次調査の結果を採用してもよい」といった内容の通知が出された。被災者のためにという暖かい指示であったように思うが、多くの被災者が「駄目もと」という気持ちで2次調査を申請したために、調査業務が長期化して、住宅再建の遅れにつながっている。

　第二は、過去の参考になる事例が通知を出す側にもストックされておらず、適切な対応を引き出す形での情報提供が、結果的になし得ないという問

題である。新潟県中越沖地震では、応急危険度判定で赤紙が貼られた家屋に、建築士とボランティアがペアで立ち入り、安全性を確認しながら後片付けや修理をする取組みが行われ、スピーディな整理や修復につながっている。この素晴らしい取組みが伝えられず、何時までも被災家屋の後片付けが進まない事態を許している。

　第三は、通知が出されても、それが現場に伝わらないケースがあり、通知が意味をなさないという問題である。栄養価のある食事を出すようにとか、在宅被災者に物資を届けるようにといった通知が出されているのに、それが現場には届かないケースが少なくない。混乱状態の中で、通知の徹底をいかに図るべきかが問われている。

　第四は、通知が伝わっても誤解されて受け止められるという問題である。西日本豪雨の後でも、「学生がボランティアに行くことが求められている。ただし、危険が伴うので安全対策に留意するように」という通達が文部科学省から出されたが、これを「危険だから、ボランティアの派遣は慎重に」と誤解した大学は少なくなかった。先述の通り、「中毒が起きるので、炊き出しは要注意」との通知を、炊き出し禁止と曲解した行政も少なくなかった。

　第五は、行政が自ら考えるのではなく、「通知待ち」や「通知頼み」の行政の受け身的な姿勢につながるという問題である。現場優先あるいは分権実務の原則から、行政は現場状況に即して自らの判断で意思決定すべきなのに、外からの通知を無批判に受け入れ、現場のニーズに反した対応になるケースもある。

おわりに

　行政対応の原点に立ち戻り、また災害救助の原理に立ち戻り、大規模災害時の行政対応のあり方を見直す必要がある。この行政対応の見直しとともに、時代の状況に合わない災害関連法規の内容の見直しも必要である。

　具体的には、過去の災害における行政対応の事例を総合的に検証し、その教訓の体系化を図って、災害時対応のガイドラインとして取りまとめる必要がある。と同時に、このガイドラインに基づいて、行政職員の研修と育成に力を入れ、行政の災害対応力の向上に努めなければならない。

　この過去の事例を検証し、行政対応の経験知から教訓を引きだすうえでは、本書の第1章から第3章に示された通知の解説から学ぶところが多い。特に、現代の社会状況を反映したもので、普遍性を持つものについては、通知という臨時的な対応ではなく、法制改善という恒久的な対応を図らなければならない。過去の通知の集成と分析が、災害救助法や被災者生活再建支援法などの災害関連法制度の見直しにつながることを、願ってやまない。

（室﨑　益輝）

［注釈］
1)　室﨑益輝「負傷と医療」『1995年兵庫県南部地震における火災に関する調査報告書』日本防災学会、1996年、240頁、図5.6.7生き埋めや閉じ込められた際の救助
2)　内閣府防災担当「防災における行政のNPO・ボランティア等との連携・協働ガイドブック～三者連携を目指して～」2018年
3)　「災害救助法による救助の程度、方法及び期間並びに実費弁償の基準」平成25年内閣府告示第288号

参考文献
- 室﨑益輝「東日本大震災から見えてきた「減災行政」の課題」『年報行政研究』第48号、日本行政学会、2013年、39～57頁
- 室﨑益輝「防災の原点としての自治と連携」室﨑益輝・幸田雅治編著『市町村合併による防災力空洞化』ミネルヴァ書房、2013年、145～171頁
- 室﨑益輝「災害と自治体の危機管理―熊本地震を踏まえて」『地方議会人』47巻3号、全国町村議会議長会・全国市議会議長会、2016年、6～7頁
- 室﨑益輝「自治体は「想定外の災害」にどう向き合うか」『月刊ガバナンス』188号、ぎょうせい、2016年、14～16頁

資　料

資料

■大規模災害時の通知等一覧

※発出省庁ごとに年月日順に一覧表を作成
※太字は本文中で紹介したもの

1 東日本大震災の通知等(「東日本大震災に関連した各府省の規制緩和等の状況」(内閣府)をもとに収集)

通知者 (所管府省庁)	文書名	文書番号
内閣府・総務省	東日本大震災についての特定非常災害及びこれに対し適用すべき措置の指定に関する政令	平成23年3月13日政令第19号 平成23年6月1日(一部改正)
内閣府・総務省	東日本大震災による有価証券報告書等の提出の義務の不履行についての免責に係る期限に関する政令	平成23年6月22日政令第174号
内閣府・総務省	東日本大震災による私的独占の禁止及び公正取引の確保に関する法律第九条第四項の規定による報告書の提出等の義務の不履行についての免責に係る期限に関する政令	平成23年6月24日政令第183号
内閣府・総務省	東日本大震災による特定非営利活動促進法第二十八条第一項の規定による事業報告書等の作成等の義務の不履行についての免責に係る期限に関する政令	平成23年6月29日政令第192号
内閣府・総務省	東日本大震災による公益社団法人及び公益財団法人の認定等に関する法律第二十一条第一項の規定による書類の作成等の義務の不履行についての免責に係る期限に関する政令	平成23年6月29日政令第193号
内閣府・総務省	東日本大震災による医療法第八条の規定等による届出の義務の不履行についての免責に係る期限に関する政令	平成23年6月29日政令第194号
内閣府・総務省	東日本大震災の被害者の特許法第17条の3の規定による願書に添付した要約書の補正等についての権利利益に係る満了日の延長に関する政令	平成23年8月26日政令第265号
内閣府・総務省	東日本大震災の被害者の犯罪被害財産等による被害回復給付金の支給に関する法律第九条第一項の規定による被害回復給付金の支給の申請等についての権利利益に係る満了日の延長に関する政令	平成23年8月30日政令第273号
内閣府・総務省	東日本大震災の被害者の児童福祉法第二十四条の三第四項に規定する施設給付決定等についての権利利益に係る満了日の延長に関する政令	平成23年8月30日政令第274号 (平成24年2月24日政令第39号及び平成24年8月24日政令第217号により一部改正)
内閣府・総務省	東日本大震災の被害者の薬事法第八十三条第一項の規定により読み替えて適用される同法第二十四条第一項の許可等についての権利利益に係る満了日の延長に関する政令	平成23年8月30日政令第275号

内閣府・総務省	東日本大震災の被害者の建設業法第三条第一項の許可等についての権利利益に係る満了日の延長に関する政令	平成23年8月30日政令第276号
内閣府・消防庁	災害対策基本法の一部を改正する法律について	平成26年11月21日府政防第1230号、消防災第275号、国道政第62号
東日本大震災復興対策本部事務局・農林水産省・国土交通省	津波被災地における民間復興活動の円滑な誘導・促進のための土地利用調整のガイドラインについて（技術的助言）	平成23年7月22日閣復本第28号、農振1220号、（新）国都計第15号
公正取引委員会	被災地への救援物資配送に関する業界での調整について	平成23年3月18日　公正取引委員会事務総局
公正取引委員会	東日本大震災に関連するＱ＆Ａ	平成23年3月30日公表（随時更新）
公正取引委員会	業界団体等における夏期節電対策に係る独占禁止法上の考え方	平成23年4月11日公表
公正取引委員会	独占禁止法に関する相談事例集（平成23年度）	平成24年7月4日公表
警察庁	平成二十三年東北地方太平洋沖地震による災害についての特定非常災害及びこれに対し適用すべき措置の指定に関する政令等の施行に伴う運転免許行政上の留意事項等について	平成23年3月18日事務連絡
警察庁	震災に伴う教習生の転所の取扱いについて	平成23年3月18日事務連絡
警察庁	平成23年東北地方太平洋沖地震による災害についての特定非常災害及びこれに対し適用すべき措置の指定に関する政令等の施行に伴う運転免許行政上の留意事項等について	平成23年3月18日事務連絡
警察庁	平成23年東北地方太平洋沖地震に伴う自動車保管場所の証明事務の取扱いについて	平成23年3月22日事務連絡
警察庁	平成二十三年東北地方太平洋沖地震により被災した指定自動車教習所が発行した卒業証明書又は修了証明書の再交付における留意事項について	平成23年3月24日事務連絡
警察庁	平成23年東北地方太平洋沖地震に伴う被災者保有車両の駐車の取扱いについて	平成23年3月25日事務連絡
警察庁	東日本大震災の被災地の復旧・復興活動に係る制限外積載許可事務の取扱いについて	平成23年4月22日警察庁丁規発第73号
警察庁	東日本大震災の被災地の復旧・復興活動に係る制限外けん引許可事務の取扱いについて	平成23年5月18日事務連絡
警察庁・金融庁・総務省・法務省・財務省・厚生労働省・農林水産省・経済産業省・国土交通省	犯罪による収益の移転防止に関する法律施行規則の一部を改正する命令	平成23年3月25日内閣府、総務省、法務省、財務省、厚生労働省、農林水産省、経済産業省、国土交通省令第1号

資　料

消防庁	平成23年東北地方太平洋沖地震に対応した消防法令の運用について（通知）	平成23年3月28日消防予第92号
金融庁	平成23年東北地方太平洋沖地震による災害に関する中小・地域金融機関向けの総合的な監督指針の特例措置について	平成23年3月31日監督指針
金融庁	平成23年東北地方太平洋沖地震による災害に関する漁協系統信用事業における総合的な監督指針の特例措置について	平成23年3月31日監督指針
金融庁	平成23年東北地方太平洋沖地震による災害に関する系統金融機関向けの総合的な監督指針の特例措置について	平成23年3月31日監督指針
金融庁	平成23年東北地方太平洋沖地震による災害に関する主要行等向けの総合的な監督指針の特例措置について	平成23年3月31日監督指針
金融庁	平成23年東北地方太平洋沖地震による災害に関する保険会社向けの総合的な監督指針の特例措置について	平成23年3月31日監督指針
金融庁	平成23年東北地方太平洋沖地震による災害についての金融検査マニュアルの特例措置及び運用の明確化について	平成23年3月31日金検第147号
金融庁	貸金業法施行規則の一部を改正する内閣府令	平成23年内閣府令第21号、第57号 平成23年10月28日（一部改正）
金融庁・厚生労働省・農林水産省	中小企業者等に対する金融の円滑化を図るための臨時措置に関する内閣府令等の一部を改正する内閣府令	平成23年5月31日（公布・施行）
金融庁・農林水産省	農水産業協同組合に係る中小企業者等に対する金融の円滑化を図るための臨時措置に関する命令等の一部を改正する命令	平成23年内閣府・農林水産省令第3号
消費者庁	東北地方太平洋沖地震を受けた食品衛生法に基づく表示基準の運用について	平成23年3月16日消食表第112号
消費者庁	東北地方太平洋沖地震を受けた食品衛生法に基づく表示基準の運用について	平成23年3月18日消食表第120号
消費者庁	東北地方太平洋沖地震を受けた製造所固有記号の表示の運用について	平成23年3月24日消食表第129号
消費者庁	東北地方太平洋沖地震を受けた食品衛生法に基づく表示基準の経過措置の運用について	平成23年3月24日消食表第131号
消費者庁	東北地方太平洋沖地震に伴う容器入り飲料水に係る食品衛生法に基づく表示基準の運用について	平成23年3月25日消食表第136号
消費者庁	東北地方太平洋沖地震を受けた食品衛生法に基づく表示基準の運用について（追加）	平成23年3月29日消食表第138号
消費者庁	東日本大震災に伴う食品衛生法の運用に係る通知の取扱いについて	平成23年7月15日消食表第312号

消費者庁・農林水産省	東北地方太平洋沖地震を受けた JAS 法の運用について	平成23年 3 月14日23消安第9810号
消費者庁・農林水産省	東北地方太平洋沖地震を受けた JAS 法に基づく品質表示基準の経過措置の運用について	平成23年 3 月24日消食表第132号
消費者庁・農林水産省	東北地方太平洋沖地震に伴う容器入り飲料水に係る JAS 法の運用について	平成23年 3 月25日消食表第135号・22消安第10221号
消費者庁・農林水産省	東北地方太平洋沖地震に伴う加工食品に係る JAS 法の運用について	平成23年 3 月29日消食表第137号・22消安第10222号
消費者庁・農林水産省	東日本大震災に伴う JAS 法の運用に係る通知の取扱いについて	平成23年 7 月15日消食表第311号・23消安第2198号
総務省	東北地方太平洋沖地震等に関する住民基本台帳事務の取扱いについて（通知）	平成23年 3 月13日総行住第35号
総務省	携帯音声通信事業者による契約者等の本人確認等及び携帯音声通信役務の不正な利用の防止に関する法律施行規則	平成23年 3 月25日総務省令第18号
総務省	平成23年東北地方太平洋沖地震に対応した消防法令の運用について（通知）	平成23年 3 月28日消防予第92号
総務省	工事担任者規則第 8 条の規定に基づき総務大臣が別に告示して指定する者	平成23年 5 月11日総務省告示第178号
総務省	旧郵便貯金法施行規則の一部を改正する省令	平成23年 7 月22日総務省令第98号
総務省	旧簡易生命保険法施行規則の一部を改正する省令	平成23年 7 月22日総務省令第99号
総務省	危険物の規制に関する規則等の一部を改正する省令の一部を改正する省令	平成23年 9 月15日総務省令第129号
法務省	東北地方太平洋沖地震に伴う供託事務の取扱いについて	平成23年 3 月16日法務省民商第645号
法務省	東北地方太平洋沖地震に伴う印鑑の証明書の発行停止に係る取扱い等について（通達）	平成23年 3 月18日法務省民商第691号
法務省	東北地方太平洋沖地震によって供託の事務処理に影響が生じた供託所の事務処理について	平成23年 3 月18日事務連絡
法務省	平成23年東北地方太平洋沖地震の被害者に対する在留資格に係る許可及び仮滞在許可の除外事由の適用について（通知）	平成23年 3 月25日法務省管総第1810号
法務省	平成23年東北地方太平洋沖地震発生等による研修・技能実習に係る取扱いについて（通知）	平成23年 3 月28日法務省管在第1165号
法務省	東北地方太平洋沖地震に伴う印鑑の改印等に係る取扱いについて（通達）	平成23年 3 月30日法務省民商第819号
法務省	平成23年東北地方太平洋沖地震発生等により途中帰国した研修生・技能実習生に係る取扱いの一部終了について（通知）	平成24年 5 月16日法務省管在第2507号
外務省	査証通達（東北地方太平洋沖地震等：再入国許可未取得者に対する取扱い（在留資格「留学」）	平成23年 3 月31日

資　料

外務省	東日本大震災の被災者に係る一般旅券の発給の特例に関する法律	平成23年6月8日法律第64号
外務省	東日本大震災の被災者に係る一般旅券の発給の特例に関する法律施行令	平成23年6月8日政令第165号
外務省	査証通達（東日本大震災関連措置：再入国許可未取得者に対する取扱いの終了（在留資格「留学」）	平成23年8月24日
外務省	東日本大震災により再入国許可を取得せずに出国した留学生の方へ（特別措置の終了）	平成23年9月1日
外務省	査証通達（東日本大震災復興支援策：被災三県を訪問する外国人に対する査証手数料の免除措置）	平成23年11月4日
外務省	査証通達（沖縄及び東北三県を訪問する中国人個人観光客に対する数次有効の短期滞在査証の発給）	平成24年6月11日
外務省	査証通達（沖縄・東北三県を訪問する中国人個人観光客に対する数次査証の要件緩和）	平成27年1月6日
財務省	平成23年（2011年）東北地方太平洋沖地震等による被害に対する救援物資等の通関手続について	平成23年3月11日事務連絡
財務省	平成23年（2011年）東北地方太平洋沖地震等による被害に対する救援物資等を積載した船舶等の入出港手続等について	平成23年3月11日事務連絡
財務省	平成23年（2011年）東北地方太平洋沖地震にかかる災害に対する金融上の措置について	平成23年3月11日内閣府特命担当大臣（金融）・日本銀行総裁
財務省	東北地方太平洋沖地震等による被害に対する救援物資等の通関手続について	平成23年3月12日事務連絡
財務省	東北地方太平洋沖地震の災害対策のための国有財産の使用について	平成23年3月12日各省各庁国有財産総括部局長宛事務連絡
財務省	東北地方太平洋沖地震等の被災者の方が個人向け国債の中途換金を請求する場合の手続の特例について	平成23年3月15日報道発表
財務省	東北地方太平洋沖地震及び長野県北部の地震による罹災者に対する記名国債関係事務の取扱いについて	平成23年3月15日事務連絡
財務省	東北地方太平洋沖地震及び長野県北部の地震による罹災者に対する記名国債関係事務の取扱いについて（追加）	平成23年3月22日事務連絡
財務省	外国為替に関する省令の一部を改正する省令	平成23年3月25日財務省令第6号
財務省	東北地方太平洋沖地震により被災した酒類製造場等に係る酒類製造免許等の取扱いの特例について（指示）	平成23年3月25日国税庁長官通達

財務省	東日本大震災の被災者に対する第四回特別給付金国庫債券等の買上償還について（延長）	平成24年3月29日財務省理財局長通達
財務省	東日本大震災等により保税地域に蔵置中の外国貨物が亡失した場合の手続等について	平成23年4月7日事務連絡
財務省	東日本大震災等に伴う被災地域における製造たばこの小売販売業の許可等の取扱いについて	平成23年4月25日財務省理財局長通達
財務省	東日本大震災の被災者に対する第四回特別給付金国庫債券等の買上償還について	平成23年5月12日財務省理財局長通達
財務省	東日本大震災等により他所蔵置場所において貨物の取扱いを行う場合の手続について	平成23年5月17日事務連絡
財務省	東日本大震災からの復興に係る税関の支援策の実施について	平成23年5月30日事務連絡
財務省	東日本大震災及び長野県北部の地震による罹災者に対する記名国債関係事務の取扱いについて	平成23年9月5日事務連絡
文部科学省	平成23年（2011年）東北地方太平洋沖地震における被災地域の児童生徒等の就学機会の確保等について（通知）	平成23年3月14日22文科初第1714号
文部科学省	東北地方太平洋沖地震により被災した児童生徒に係る教科書給与事務について	平成23年3月17日事務連絡
文部科学省	東北地方太平洋沖地震に伴う復旧工事に係る埋蔵文化財に関する文化財保護法の規定の適用について（通知）	平成23年3月25日22庁財第1213号
文部科学省	東北地方太平洋沖地震に伴う災害復旧事業に係る文化財保護法第125条及び第168条の規定の適用について（通知）	平成23年3月25日22庁財第1214号
文部科学省	東北地方太平洋沖地震の発生に伴う平成23年度学事日程等の取扱いについて	平成23年3月25日事務連絡
文部科学省	東日本大震災の復旧・復興事業に伴う埋蔵文化財の取扱いについて（通知）	平成24年4月17日24庁財第62号
文部科学省	東日本大震災の発生に伴う私立学校法及び私立学校振興助成法における期限の定めのある規定の取扱いについて（通知）	平成23年4月18日23文科高第71号
文部科学省	平成23年度高等学校卒業程度認定試験の施行期日等を定める件の一部を改正する件	平成23年4月25日文部科学省告示第74号
文部科学省	東日本大震災の復旧・復興事業に伴う埋蔵文化財の取扱いについて	平成23年4月28日23庁財第61号
文部科学省	東日本大震災に伴う教育職員免許法及び教育公務員特例法の一部を改正する法律附則第二条第二項に規定する文部科学省令で定める期間の特例に関する省令	平成23年7月26日文部科学省令第26号
文部科学省・厚生労働省	東日本大震災の発生に伴う医療関係職種の受験資格及び学校養成所の運営等に係る取扱いについて	平成23年4月5日事務連絡

資　料

文部科学省・厚生労働省	東日本大震災の発生に伴う社会福祉士、介護福祉士及び精神保健福祉士養成施設等の運営等に係る取扱いについて	平成23年4月8日事務連絡
厚生労働省	平成23年東北地方太平洋沖地震による被災者に係る被保険者証等の提示について	平成23年3月11日事務連絡
厚生労働省	東北地方太平洋沖地震により被災した要援護者への対応及びこれに伴う特例措置等について	平成23年3月11日社援総発0311第1号等
厚生労働省	東北地方太平洋沖地震による被災者の公費負担医療の取扱いについて	平成23年3月11日事務連絡
厚生労働省	社会福祉施設における緊急的対応について（依頼）	平成23年3月11日事務連絡
厚生労働省	東北地方太平洋沖地震による被災者に係る被保険者証等の提示について	平成23年3月12日事務連絡
厚生労働省	平成23年東北地方太平洋沖地震における処方箋医薬品の取扱いについて（医療機関及び薬局への周知依頼）	平成23年3月12日事務連絡
厚生労働省	東北地方太平洋沖地震に係る社会保険料の納期限の延長等について	平成23年3月13日年発0313第1号
厚生労働省	「平成23年（2011年）東北地方太平洋沖地震」の発生を受けた墓地、埋葬等に関する法律に基づく埋火葬許可の特例措置について	平成23年3月14日健衛発0314第1号
厚生労働省	東北地方太平洋沖地震に係る労働保険料等の納期限の延長等について	平成23年3月14日基発0314第1号
厚生労働省	平成23年東北地方太平洋沖地震における工業用ガスボンベを医療用ガスボンベとして使用することについて（医療機関及び製造販売業者等への周知依頼）	平成23年3月14日事務連絡
厚生労働省	平成23年東北地方太平洋沖地震における処方箋医薬品（医療用麻薬及び向精神薬）の取扱いについて（医療機関及び薬局への周知依頼）	平成23年3月14日事務連絡
厚生労働省	東北地方太平洋沖地震に関する救援物資の取扱いについて	平成23年3月15日食安検発0315第1号
厚生労働省	東北地方太平洋沖地震に係る障害者雇用納付金の納付期限の延長等について	平成23年3月15日職発0315第1号
厚生労働省	平成23年東北地方太平洋沖地震における処方箋医薬品（医療用麻薬及び向精神薬）の取扱いについて（その2）（医療機関及び薬局への周知依頼）	平成23年3月15日事務連絡
厚生労働省	平成23年東北地方太平洋沖地震における医療用麻薬の県境移動の取扱いについて（卸売業者、医療機関及び薬局への周知依頼）	平成23年3月15日事務連絡
厚生労働省	平成23年度東北地方太平洋沖地震及び長野県北部の地震の被災に伴う保険診療関係等の取扱いについて	平成23年3月15日事務連絡

資　料

厚生労働省	放射能汚染された食品の取り扱いについて	平成23年3月17日食安発0317第3号
厚生労働省	東北地方太平洋沖地震の発生に伴う医師等の医療関係職種の免許申請等に係る取扱いについて	平成23年3月17日医政発0317第20号
厚生労働省	東北地方太平洋沖地震及び長野県北部の地震による被災者に係る利用料等の取扱いについて	平成23年3月17日事務連絡
厚生労働省	東北地方太平洋沖地震の発生に伴う医師等の医療関係職種の免許申請等に係る取扱いに基づく各種手続きについて	平成23年3月17日事務連絡
厚生労働省	東北地方太平洋沖地震及び長野県北部の地震における転入者に係る被保険者資格の認定等について	平成23年3月17日事務連絡
厚生労働省	東北地方太平洋沖地震における病院又は診療所の間での医薬品及び医療機器の融通について	平成23年3月18日事務連絡
厚生労働省	東北地方太平洋沖地震による被害者の公費負担医療の取扱いについて（その2）	平成23年3月18日事務連絡
厚生労働省	東北地方太平洋沖地震に伴う介護サービス事業所の人員基準等の取扱いについて	平成23年3月18日事務連絡
厚生労働省	平成23年東北地方太平洋沖地震における工業用液化酸素ガス超低温容器を医療用液化酸素ガス超低温容器として使用することについて（医療機関及び製造販売業者等への周知依頼）	平成23年3月19日事務連絡
厚生労働省	平成23年東北地方太平洋沖地震、長野県北部の地震及び静岡県東部の地震の被災に伴う医療法等の取扱いについて	平成23年3月21日医総発0321第1号
厚生労働省	東北地方太平洋沖地震及び長野県北部の地震による被災者に係る利用料等の取扱いについて	平成23年3月22日事務連絡
厚生労働省	東北地方太平洋沖地震及び長野県北部の地震による被災者に係る利用料等の取扱いについて	平成23年3月23日事務連絡
厚生労働省	「青森県、岩手県、宮城県、福島県、茨城県における社会保険料及び労働保険料等に関する納期限等を延長する件」の制定等について	平成23年3月24日基発0324第1号他
厚生労働省	「青森県、岩手県、宮城県、福島県、茨城県における社会保険料及び労働保険料等に関する納期限等を延長する件」の制定等について	平成23年3月24日職発0324第8号
厚生労働省	東北地方太平洋沖地震の発生に伴う管理栄養士免許申請等に係る取扱いについて	平成23年3月24日健発0324第11号
厚生労働省	青森県、岩手県、宮城県、福島県、茨城県における社会保険料及び労働保険料等に関する納期限等を延長	平成23年3月24日厚生労働省告示第66号
厚生労働省	災害に係る厚生年金保険料等の納付の猶予について	平成23年3月24日年発0324第4号
厚生労働省	平成23年東北地方太平洋沖地震の被災に伴う薬事法等の取扱いについて	平成23年3月24日薬食総発0324第1号、薬食機発0324第1号

資　料

発出元	件名	発出日・番号
厚生労働省	東北地方太平洋沖地震及び長野県北部の地震による被災者に係る利用料等の取扱いについて	平成23年3月24日事務連絡
厚生労働省	東北地方太平洋沖地震及び長野県北部の地震により被災した障害者等に対する支給決定等について	平成23年3月24日事務連絡
厚生労働省	**東北地方太平洋沖地震に伴う厚生年金基金及び国民年金基金の掛金等の納付期限の延長等に係る事務処理に関する指導等について**	平成23年3月29日年企発0329第2号
厚生労働省	東北地方太平洋沖地震等に関する労災診療費等の請求の取扱いについて	平成23年3月30日基発0330第13号
厚生労働省	**東北地方太平洋沖地震における地方公共団体間又は薬局間の医薬品等の融通について**	平成23年3月30日事務連絡
厚生労働省	平成23年東北地方太平洋沖地震に際し災害救助法が適用された市町村の区域における国民年金、厚生年金保険及び船員保険の年金受給権者又は受給者が届出等を提出すべき日を延長する件	平成23年3月31日厚生労働省告示第95号
厚生労働省	日本薬局方の全部を改正する件の一部を改正する件	平成23年3月31日厚生労働省告示第96号
厚生労働省	ミネラルウォーター類の輸入時審査について	平成23年3月31日食安輸発0331第1号
厚生労働省	**避難所において職業紹介事業者又は労働者派遣事業者が出張相談に応じる場合の取扱いについて**	平成23年4月1日職発0401第26号
厚生労働省	東北地方太平洋沖地震及び長野県北部の地震に関連する診療報酬の取扱いについて	平成23年4月1日事務連絡
厚生労働省	東北地方太平洋沖地震及び長野県北部の地震による被災者に係る被保険者証等の取扱い等について	平成23年4月2日事務連絡
厚生労働省	東日本大震災による被災者の住宅手当緊急特別措置事業における求職活動要件の緩和について	平成23年4月4日事務連絡
厚生労働省	魚介類中の放射性ヨウ素に関する暫定規制値の取扱いについて	平成23年4月5日食安発0405第1号
厚生労働省	東北地方太平洋沖地震に係る現況届の事務処理に関する指導等について	平成23年4月6日年企発0406第1号
厚生労働省	東北地方太平洋沖地震及び長野県北部の地震に関連する診療報酬の取扱いについて（その2）	平成23年4月8日事務連絡
厚生労働省	東日本大震災の復旧工事において使用する呼吸用保護具の取扱いに関する特例について	平成23年4月11日基発0411第2号
厚生労働省	「平成23年（2011年）東日本大震災」の発生を受けた墓地、埋葬等に関する法律に基づく焼骨の埋蔵等に係る特例措置について	平成23年4月14日健衛発0414第1号
厚生労働省	東日本大震災に伴い発生した福島第一原子力発電所の事故に係る国民年金保険料の申請免除等の取扱いについて	平成23年4月20日年管管発0420第2号
厚生労働省	東北地方太平洋沖地震及び長野県北部の地震に関連する診療報酬の取扱いについて（その3）	平成23年4月20日事務連絡

資　料

厚生労働省	東日本大震災に対処するための基準該当訪問看護の事業の人員、設備及び運営に関する基準の施行について	平成23年4月22日老発0422第1号
厚生労働省	東北地方太平洋沖地震及び長野県北部の地震による被災者に係る利用料等の取扱いについて	平成23年4月22日事務連絡
厚生労働省	**平成23年（2011年）東日本大震災の発生により被災した理容師及び美容師による避難所又は仮設住宅における訪問理容・訪問美容について**	**平成23年4月22日健衛発0422第1号** ※平成25年3月12日健衛発0312第1号、平成27年4月20日健衛発0420第1号でも同様の通知発出
厚生労働省	東日本大震災に伴い発生した福島第一原子力発電所の事故に係る国民年金保険料の申請免除等の対象市町村の追加について	平成23年4月25日年管管発0425第2号
厚生労働省	災害等により予防接種を受けられない者に対する特例措置について	平成23年4月25日事務連絡
厚生労働省	応急仮設住宅のグループホーム等に係る共同生活住居への活用について	平成23年4月27日事務連絡
厚生労働省	東日本大震災に対し社会福祉法人が寄付金（義援金）を支出することについての特例について	平成23年4月28日事務連絡
厚生労働省	東日本大震災により被災した障害者等に係る利用者負担の取扱いについて	平成23年4月28日事務連絡
厚生労働省	東日本大震災に対処するための特別の財政援助及び助成に関する法律の厚生労働省関係規定の施行等に関する告示	平成23年5月2日厚生労働省告示第154号
厚生労働省	東北地方太平洋沖地震及び長野県北部の地震による被災者に係る被保険者証等の提示について	平成23年5月2日事務連絡
厚生労働省	東日本大震災に対処するための特別の財政援助及び助成に関する法律	平成23年5月2日法律第40号（第81条、第84条）
厚生労働省	東日本大震災に対処するための特別の財政援助及び助成に関する法律	平成23年5月2日法律第40号（第49条、第59条）
厚生労働省	東日本大震災に対処するための特別の財政援助及び助成に関する法律	平成23年5月2日法律第40号（第50～56、61～65、67～71、73～77条）
厚生労働省	東日本大震災に対処するための特別の財政援助及び助成に関する法律	平成23年5月2日法律第40号（第57条、第66条）
厚生労働省	東日本大震災に対処するための特別の財政援助及び助成に関する法律	平成23年5月2日法律第40号（第90条～第92条）
厚生労働省	東日本大震災に対処するための特別の財政援助及び助成に関する法律	平成23年5月2日法律第40号（第86条、第88条）
厚生労働省	東日本大震災に対処するための特別の財政援助及び助成に関する法律	平成23年5月2日法律第40号（第94条）
厚生労働省	東日本大震災に対処するための特別の財政援助及び助成に関する法律	平成23年5月2日法律第40号（第95条）

資　料

厚生労働省	東日本大震災に対処するための特別の財政援助及び助成に関する法律の厚生労働省関係規定の施行等に関する政令	平成23年5月2日政令第131号（第11条第1項）
厚生労働省	東日本大震災に対処するための特別の財政援助及び助成に関する法律	平成23年5月2日法律第40号（第95条第3項）
厚生労働省	東日本大震災に対処するための特別の財政援助及び助成に関する法律	平成23年5月2日法律第40号（第60、79、80、83、93、97、99、100、101条）
厚生労働省	東日本大震災に対処するための特別の財政援助及び助成に関する法律	平成23年5月2日法律第40号（第96条、第98条）
厚生労働省	東日本大震災に対処するための特別の財政援助及び助成に関する法律	平成23年5月2日法律第40号（第102条）
厚生労働省	東日本大震災に対処するための特別の財政援助及び助成に関する法律	平成23年5月2日法律第40号（第103条）
厚生労働省	東日本大震災による被災者に係る利用料等の取扱いについて	平成23年5月16日事務連絡
厚生労働省	東日本大震災による被災者に係る被保険者証の提示等及び地方自治体における第5期介護保険事業（支援）計画及び老人福祉計画の弾力的な策定について	平成23年5月16日事務連絡
厚生労働省	東日本大震災により被災した介護保険の被保険者に対する利用料の免除等の運用について	平成23年5月16日老介発0516第1号
厚生労働省	東日本大震災による被災者に係る利用料等の取扱いについて	平成23年5月16日事務連絡
厚生労働省	予防接種法施行令の一部を改正する政令	平成23年5月20日政令第144号
厚生労働省	予防接種法施行令の一部を改正する政令及び予防接種実施規則の一部を改正する省令の施行について	平成23年5月20日健発0520第2号
厚生労働省	東日本大震災に対処するための要介護認定有効期間及び要支援認定有効期間の特例に関する省令の施行について	平成23年5月27日老発0527第3号
厚生労働省	東日本大震災に伴う医療法等の取扱いについて	平成23年5月30日医政総発0530第2号
厚生労働省	東日本大震災により被災した障害者等に係る利用者負担の取扱い等について	平成23年5月30日事務連絡
厚生労働省	平成23年夏期における節電対策のための労働基準法第32条の4の変形労働時間制に関する労使協定の変更及び解約について	平成23年5月31日基発0531第5号
厚生労働省	青森県及び茨城県における社会保険料及び労働保険料等に関する納期限等を指定する件	平成23年6月10日厚生労働省告示第180号
厚生労働省	東日本大震災に伴う厚生年金基金及び国民年金基金の掛金等の納付期限等の指定について	平成23年6月20日年企発0620第1号

厚生労働省	東日本大震災に伴い発生した東京電力福島第一原子力発電所の事故に係る国民年金保険料の申請免除等の取扱いの変更について	平成23年6月24日年管管発0624第6号
厚生労働省	「東日本大震災により被災した介護保険の被保険者に対する利用料の免除等の運用について」の一部改正について	平成23年6月27日老介発0627第1号
厚生労働省	東日本大震災の発生等に伴う特定疾患治療研究事業の平成23年度における受給者証の更新手続の取扱いについて	平成23年7月29日健疾発0729第1号
厚生労働省	東日本大震災に伴う国民年金法第九十条第一項等の規定に基づき厚生労働大臣が指定する期間の特例	平成23年8月1日厚生労働省告示第267号
厚生労働省	東日本大震災に伴う国民年金法第九十条第一項等の規定に基づき厚生労働大臣が指定する期間の特例を定める件について	平成23年8月1日年発0801第3号
厚生労働省	東日本大震災に伴う国民年金法第九十条第一項等の規定に基づき厚生労働大臣が指定する期間の特例を定める件について	平成23年8月1日年発0801第4号
厚生労働省	岩手県、宮城県及び福島県の一部の地域における社会保険料及び労働保険料等に関する納期限等を指定する件	平成23年8月19日厚生労働省告示第292号
厚生労働省	**東日本大震災に伴う厚生年金基金及び国民年金基金の掛金等の納付期限等の指定について**	**平成23年8月24日年企発0824第1号**
厚生労働省	東日本大震災に関連する診療報酬の取扱いについて	平成23年9月6日保医発0906第6号
厚生労働省	東日本大震災に伴い発生した東京電力福島第一原子力発電所の事故に係る国民年金保険料の申請免除等の緊急時避難準備区域の解除後の取扱いについて	平成23年9月30日年管管発0930第15号
厚生労働省	岩手県及び宮城県の一部の地域における社会保険料及び労働保険料等の納期限等を指定する件	平成23年10月26日厚生労働省告示第416号
厚生労働省	**東日本大震災に伴う厚生年金基金及び国民年金基金の掛金等の納付期限等の指定について**	**平成23年10月26日年企発1026第1号**
厚生労働省	東日本大震災の復旧工事において使用する呼吸用保護具の取扱いに関する特例の廃止について	平成23年11月24日基発1124第2号
厚生労働省	東日本大震災の復旧工事において使用する呼吸用保護具の取扱いに関する特例の廃止について	平成23年11月24日基発1124第3号
厚生労働省	宮城県の一部の地域における社会保険料及び労働保険料等の納期限等を指定する件	平成24年2月17日厚生労働省告示第54号
厚生労働省	**東日本大震災に伴う厚生年金基金及び国民年金基金の掛金等の納付期限等の指定について**	**平成24年2月17日年企発0217第1号**
厚生労働省	東日本大震災に対処するための基準該当訪問看護の事業の人員、設備及び運営に関する基準の一部を改正する省令の施行について	平成24年2月29日老発0229第3号

資　料

厚生労働省	乳及び乳製品の成分規格等に関する省令の一部を改正する省令	平成24年3月15日厚生労働省令第31号
厚生労働省	乳及び乳製品の成分規格等に関する省令別表の二の（一）の（1）の規定に基づき厚生労働大臣が定める放射性物質を定める件	平成24年3月15日厚生労働省告示第129号
厚生労働省	食品、添加物等の規格基準の一部を改正する件	平成24年3月15日厚生労働省告示第130号
厚生労働省	東北地方太平洋沖地震及び長野県北部の地震の被災に伴う保険診療等の取扱いの期間について	平成24年3月23日事務連絡
厚生労働省	東日本大震災に伴う国民年金法第九十条第一項等の規定に基づき厚生労働大臣が指定する期間の特例の一部を改正する件	平成24年3月28日厚生労働省告示第177号
厚生労働省	東日本大震災に伴う国民年金法第九十条第一項等の規定に基づき厚生労働大臣が指定する期間の特例の一部を改正する件について	平成24年3月28日年管発0328第2号
厚生労働省	東日本大震災に伴う国民年金法第九十条第一項等の規定に基づき厚生労働大臣が指定する期間の特例の一部を改正する件について	平成24年3月28日年管発0328第3号
厚生労働省	東日本大震災に対処するための要介護認定有効期間及び要支援認定有効期間の特例に関する省令の一部を改正する省令の施行について	平成24年3月29日老発0329第11号
厚生労働省	東日本大震災に伴い発生した東京電力福島第一原子力発電所の事故に係る国民年金保険料の申請免除等の取扱いについて	平成24年6月15日年管管発0615第4号
厚生労働省	東日本大震災に対処するための基準該当訪問看護の事業の人員、設備及び運営に関する基準の一部を改正する省令の施行について	平成24年9月28日老発0928第6号
厚生労働省	東北地方太平洋沖地震及び長野県北部の地震の被災に伴う保険診療等の取扱いの期間等について	平成24年9月28日事務連絡
厚生労働省	厚生年金保険料等の納付の猶予について	平成24年10月12日年管発1012第9号
厚生労働省	東北地方太平洋沖地震及び長野県北部の地震の被災に伴う保険診療の取扱いの期間等について	平成25年3月29日事務連絡
厚生労働省	東日本大震災に伴い発生した東京電力福島第一原子力発電所の事故に係る国民年金保険料の申請免除等の取扱いについて	平成25年5月29日年管管発0529第2号
厚生労働省	東日本大震災に伴う保険診療の特例措置の期間延長等について	平成25年9月27日事務連絡
厚生労働省	東日本大震災に伴う保険診療の特例措置の期間延長等について	平成26年3月14日事務連絡
厚生労働省	東日本大震災に伴い発生した東京電力福島第一原子力発電所の事故に係る国民年金保険料の申請免除等の取扱いについて	平成26年3月18日年管管発0318第3号

厚生労働省	東日本大震災に伴う保険診療の特例措置の期間延長等について	平成26年9月24日事務連絡
厚生労働省	東日本大震災に伴い発生した東京電力福島第一原子力発電所の事故に係る国民年金保険料の申請免除等の取扱いについて	平成27年3月23日年管管発0323第2号
厚生労働省	厚生年金保険料等の滞納整理事務について	平成27年3月25日年管発0325第7号
厚生労働省	東日本大震災に伴う保険診療の特例措置の期間延長等について	平成27年3月27日事務連絡
農林水産省	東北地方太平洋沖地震を受けたJAS法の運用について	平成23年3月14日22消安第9810号
農林水産省	「漁業経営セーフティーネット構築事業の運用について」の一部改正について	平成23年3月14日22水漁第2192号
農林水産省	東北地方太平洋沖地震により獣医師免許申請手続に必要な書類が入手できない方への対応について	平成23年3月15日事務連絡
農林水産省	東北地方太平洋沖地震に伴う災害時の応急措置・復旧に係る農業振興地域制度及び農地転用許可制度の取扱いの周知について	平成23年3月23日22農振第2137号
農林水産省	平成23年東北地方太平洋沖地震に伴う漁業収入安定対策事業の特例について	平成23年3月29日22水漁第2325号
農林水産省	平成23年東北地方太平洋沖地震による災害についての系統金融検査マニュアルの特例措置及び運用の明確化について	平成23年3月31日22組検第694号
農林水産省	「系統金融機関向けの総合的な監督指針」の一部改正について	平成23年3月31日金監第802号・22経営第7353号
農林水産省	「漁協系統信用事業における総合的な監督指針」の一部改正について	平成23年3月31日金監第802号・22水漁第2469号
農林水産省	東北地方太平洋沖地震等の被害に伴う農業共済の対応について	平成23年3月31日22経営第7389号
農林水産省	農林水産業施設災害復旧事業費国庫補助の暫定措置に関する法律施行規則の一部を改正する省令	平成23年4月1日農林水産省令第16号
農林水産省	「共済事業向けの総合的な監督指針」の一部改正について	平成23年4月1日23経営第17号
農林水産省	「漁協等の共済事業向けの総合的な監督指針」の一部改正について	平成23年4月1日23水漁第28号
農林水産省	「漁業経営セーフティーネット構築事業の運用について」の一部改正について	平成24年4月1日23水漁第2191号
農林水産省	東日本大震災に対処するための収穫共済及び畑作物共済の共済掛金の支払の期限の特例に関する省令	平成23年4月11日農林水産省令第25号
農林水産省	海外からの災害救助犬の速やかな通関	平成23年4月11日事務連絡

資　料

農林水産省	東日本大震災の影響に伴う畜産業振興事業の実施に係る要請について	平成23年4月13日23生畜第66号
農林水産省	肉用子牛生産安定等特別措置法施行令附則第4項の規定に基づき農林水産大臣が定める地域及び月齢を定める件	平成23年4月19日農林水産省告示第812号
農林水産省	「肉用子牛生産者補給金制度の運用について」の一部改正について	平成23年4月19日23生畜第69号
農林水産省	東日本大震災等に伴う農地・水保全管理支払交付金に係る取扱いについて	平成23年4月19日23農振第183号
農林水産省	東日本大震災等に伴う農地・水保全管理支払交付金に係る取扱いについて	平成23年4月19日23農振第185号
農林水産省	東日本大震災等に伴う中山間地域等直接支払交付金及び中山間地域等直接支払推進交付金に係る取扱いについて	平成23年4月19日23農振第169号
農林水産省	東日本大震災等に伴う中山間地域等直接支払交付金交付農用地の自然災害に係る取扱いについて	平成23年4月19日23農振第187号
農林水産省	東日本大震災等に伴う農業者戸別所得補償制度の申請期限等の延長について	平成23年4月22日23生産第553号、23経営第187号
農林水産省	東日本大震災等に伴う営農活動支援交付金に係る取扱いについて	平成23年4月28日23生産第702号
農林水産省	東日本大震災等に伴う営農活動支援交付金に係る取扱いについて	平成23年4月28日23生産第703号、23農振第343号
農林水産省	東日本大震災等に伴う環境保全型農業直接支援対策の申請期限等の延長等について	平成23年4月28日23生産第800号
農林水産省	平成23年普及指導員資格試験（公告）	平成23年5月6日
農林水産省	「東京電力株式会社福島第一原子力発電所における事故に伴う警戒区域等の設定等に係る中山間地域等直接支払交付金の取扱いについて」の一部改正について	平成24年6月8日24農振第683号
農林水産省	農業の担い手に対する経営安定のための交付金の交付に関する法律施行規則の一部を改正する省令	平成23年6月24日農林水産省令第39号
農林水産省	東京電力株式会社福島第一原子力発電所における事故に伴う警戒区域等の設定等に係る中山間地域等直接支払交付金の取扱いについて	平成23年6月24日23農振第955号
農林水産省	環境保全型農業直接支援対策の申請期限等の延長について	平成23年6月24日23生産第2369号
農林水産省	東日本大震災に伴うJAS法の運用に係る通知の取扱いについて	平成23年7月15日消食表第311号・23消安第2198号
農林水産省	東日本大震災に伴う農山漁村活性化プロジェクト支援交付金の交付対象事業における実施期間の取扱いについて	平成23年11月22日事務連絡

農林水産省	東日本大震災による被災農用地等の代替農用地の取得等に係る税制上の特例措置の適用に関する証明事務の取扱いについて	平成23年12月14日23経営第2548号農林水産省経営局長通知
経済産業省	「内燃力発電設備の工事計画に係る工事開始制限期間の短縮」について	平成23年3月12日事務連絡
経済産業省	東北地方太平洋沖地震に伴う輸出入手続の特例措置について	平成23年3月16日事務連絡
経済産業省	揮発油等の品質の確保等に関する法律施行規則の一部を改正する省令	平成23年3月22日経済産業省令第6号
経済産業省	揮発油等の品質の確保等に関する法律施行規則第十四条の五ただし書の規定に基づく区域及び期間	平成23年3月22日経済産業省告示第45号
経済産業省	東北地方太平洋沖地震被災地域における液化石油ガスを充てんする容器の表示の方法の特例について（内規）	平成23年3月25日平成23・03・23原院第2号
経済産業省	火力発電設備に係る電気事業法施行規則第94条の2第3項第2号の運用について（東北地方太平洋沖地震による被災下における定期事業者検査時期変更承認）	平成23年3月29日事務連絡
経済産業省	平成23年東日本大震災により影響を受けた手続期間の延長等について（第3報）	平成23年4月11日事務連絡
経済産業省	東日本大震災に伴う特定工場の復旧工事等に係る工場立地法上の取扱いについて	平成23年4月18日事務連絡
経済産業省	火力発電設備に係る電気事業法施行規則第65条第1項第1号及び第2号（括弧書き）の運用について	平成23年5月11日事務連絡
経済産業省	今夏の電力需給対策に供する既設及び新設の非常用予備発電装置に係る電気事業法上の取扱い及び保安管理の徹底について（通知）	平成23年5月13日事務連絡
経済産業省	東日本大震災により被災したアルコール許可事業者に係る許可等の取扱いの特例について	平成23年5月23日事務連絡
経済産業省	今夏の電力需給対策に供する既設及び新設の非常用予備発電装置に係る電気事業法上の取扱い及び保安管理の徹底について（補足）	平成23年5月24日事務連絡
経済産業省	東日本大震災の影響を踏まえた省エネ法（工場等関係）の対応について	平成23年5月30日事務連絡
経済産業省	東日本大震災の影響を踏まえた省エネ法（荷主関係）の対応について	平成23年6月1日事務連絡
経済産業省	東北地方太平洋沖地震を受けての化学物質の審査及び製造等の規制に関する法律の届出等に関する平成24年度の対応について	平成24年1月11日事務連絡
経済産業省	ピークカット用電源として非常用予備発電装置を使用する場合の電気事業法上の取扱い及び保安管理の徹底について（通知）	平成24年1月11日事務連絡

資 料

経済産業省・農林水産省	平成23年度「さんま」の追加輸入割当てについて	平成23年5月9日輸入発表第5号
経済産業省・農林水産省	平成23年度「ボイル後塩蔵こんぶ」の追加輸入割当てについて	平成23年6月20日輸入発表第6号
経済産業省・農林水産省	平成24年度「ボイル後塩蔵こんぶ」の追加輸入割当てについて	平成24年5月25日輸入発表第5号
経済産業省・国土交通省・環境省	東北地方太平洋沖地震により被災した自動車の処理について	平成23年3月28日事務連絡
経済産業省・国土交通省・環境省	平成23年東北地方太平洋沖地震の災害復旧における基準適合表示等が付されていない特定特殊自動車の使用に係る当面の扱いについて	平成23年3月31日事務連絡
経済産業省・国土交通省・環境省	東日本大震災の災害復旧における基準適合表示等が付されていない特定特殊自動車の使用に係る扱いについて	平成23年5月31日事務連絡
経済産業省・環境省	**被災した家電リサイクル法対象品目の処理について（追加）**	平成23年3月23日事務連絡
経済産業省・環境省	**被災したパソコンの処理について**	平成23年3月30日事務連絡
経済産業省・環境省	東北地方太平洋沖地震の被害を受けた事業者におけるPRTR制度に基づく届出について	平成23年3月事務連絡
経済産業省・環境省	東北地方太平洋沖地震の被害を受けた事業者におけるPRTR制度に基づく届出について【第2報】	平成23年5月事務連絡
経済産業省・環境省	東日本大震災の影響により今夏の電力の供給が過小となるおそれのある工場に設置される移動用自家発電設備に係る特定工場における公害防止組織の整備に関する法律の適用について	平成23年6月10日平成23・06・06産局第1号、環水大総発第110609001号
国土交通省	「平成23年東北地方太平洋沖地震」により取水施設等が被害を受けた場合等の水利使用許可制度の運用について	平成23年3月11日事務連絡
国土交通省	「平成23年東北地方太平洋沖地震」によりライフラインとなる占用物件が被害を受けた場合の河川敷地占用許可等制度の運用について	平成23年3月11日事務連絡
国土交通省	平成23年（2011年）東北地方太平洋沖地震に伴うライフラインとなる占用物件の災害復旧の取扱いについて	平成23年3月11日国道利第10号
国土交通省	船舶の入出港について	平成23年3月12日事務連絡
国土交通省	東北地方太平洋沖地震に係る船員法関係事務の取扱いについて	平成23年3月14日事務連絡
国土交通省	平成23年（2011年）東北地方太平洋沖地震災害対策に係る船舶職員及び小型船舶操縦者法関連業務の取扱いについて	平成23年3月14日事務連絡、平成24年3月29日事務連絡
国土交通省	東北地方太平洋沖地震に伴う船舶検査等の取扱いについて	平成23年3月14日事務連絡

資　料

国土交通省	平成23年（2011年）東北地方太平洋沖地震災害対策に係る船舶職員及び小型船舶操縦者法関連業務の取扱いについて	平成23年3月14日事務連絡
国土交通省	福島原発沖における船舶の航行について	平成23年3月15日海事局通知
国土交通省	平成23年東北地方太平洋沖地震に係る船員の在籍出向の特例について	平成23年3月16日国海人第176号
国土交通省	東北地方太平洋沖地震に伴う船舶登録測度の取扱いについて	平成23年3月17日事務連絡
国土交通省	東北地方太平洋沖地震に伴う救援活動に従事する航空機に関する航空法上の手続きの弾力的な運用について	平成23年3月18日国空機第1152号、国空乗第625号
国土交通省	東北地方太平洋沖地震の発生に伴う国際貨物チャーター便の運用について	平成23年3月18日国空国第3354号・国空事第872号
国土交通省	東北地方太平洋沖地震に伴う漂流物に関する注意喚起について	平成23年3月18日事務連絡
国土交通省	平成23年（2011年）東北地方太平洋沖地震災害対策に係る船舶職員及び小型船舶操縦者法第20条特例許可の取扱いについて	平成23年3月19日国海技第174号
国土交通省	被災港における危険物荷役の特例について	平成23年3月20日事務連絡
国土交通省	平成23年（2011年）東北地方太平洋沖地震に係る占用の廃止及び占用料の取扱いについて	平成23年3月22日国道利第11号
国土交通省	東北地方太平洋沖地震に伴う抹消登録申請時の特例的取扱について	平成23年3月25日国自情第234号
国土交通省	東北地方太平洋沖地震に伴う「がれき等」の運送について	平成23年3月25日事務連絡
国土交通省	「東北地方太平洋沖地震」に係る特殊車両通行許可事務の取扱いについて	平成23年3月29日事務連絡
国土交通省	被災地域における新規登録等の申請について	平成23年3月30日国自情第235号
国土交通省	災害により破損した建築物の応急の修繕に係る建築基準法の取扱いについて	平成23年4月5日国住指第27号
国土交通省	東日本大震災の影響に伴うトラック輸送対策について	平成23年4月5日国自貨第12号
国土交通省	被災地から遠方の場所に応急仮設住宅等を建築するための開発行為等について	平成23年4月5日国都開第1号
国土交通省	非常災害のため必要な応急措置として行う行為に係る景観法の取扱いについて	平成23年4月7日国都景歴第8号
国土交通省	東北地方太平洋沖地震災害に係る船員手帳、雇入契約及び船員の未払い賃金の立替払い等の申請手続きについて	平成23年4月11日
国土交通省	平成23年東北地方太平洋沖地震による災害復旧事業の査定の簡素化について（通知）	平成23年4月11日事務連絡

資　料

国土交通省	被災地域における新規登録等の申請について	平成23年4月18日国自情第18号	
国土交通省	東日本大震災に伴う小型二輪自動車及び検査対象外軽自動車の新規検査等の申請（届出）に係る特例的取扱について	平成23年4月18日国自情第17号	
国土交通省	被災地域における新規登録等の申請について	平成23年4月18日国自情第18号	
国土交通省	東日本大震災の被災者が市街化調整区域にて開発行為を行う場合の都市計画法第34条第14号の規定に係る開発許可制度の運用について（技術的助言）	平成23年4月19日国都開第2号	
国土交通省	東日本大震災により甚大な被害を受けた市街地における建築制限の特例に関する法律	平成23年4月29日法律第34号	
国土交通省	東北運輸局宮城運輸支局長公示第6号	平成23年5月10日公示第6号	
国土交通省	災害復旧・復興に係る都市公園の占用許可の取扱いについて	平成23年5月25日事務連絡	
国土交通省	道路運送車両の保安基準第2章及び第3章の規定の適用関係の整理のため必要な事項を定める告示の一部を改正する告示	平成23年7月6日国土交通省告示第725号	
国土交通省	**災害時に救援活動を行う航空機に係る許可手続等に関する処理要領**	**平成23年10月20日国空航第305号**	
国土交通省	「福島原発沖における船舶の航行について（平成23年3月15日付海事局通知）」等の廃止について	平成23年11月17日国海安第109号、国海技第110号	
国土交通省	東日本大震災に伴う「がれき等」の運送について	平成24年3月9日事務連絡	
国土交通省	東北地方太平洋沖地震に係る船員法関係事務の取扱いについて	平成24年3月27日事務連絡	
国土交通省	「平成23年（2011年）東北地方太平洋沖地震災害対策に係る船舶職員及び小型船舶操縦者法関連業務の取扱いについて（平成23年3月14日事務連絡）」の廃止について	平成24年3月29日事務連絡	
国土交通省	帰還困難区域に係る自動車の抹消登録手続について	平成24年4月13日国自情第6号	
国土交通省	帰還困難区域に係る小型二輪自動車及び検査対象外軽自動車の自動車検査証等の返納届出について	平成24年4月13日国自情第7号	
国土交通省	被災地域における新規登録等の申請について	平成24年4月18日国自情第18号	
国土交通省・環境省	道路運送車両の保安基準第三十一条の二に規定する窒素酸化物排出自動車等及び窒素酸化物排出基準等を定める告示の一部を改正する件	平成23年4月26日国土交通省告示第425号	

国土交通省・環境省	東日本大震災に対処するための窒素酸化物排出基準等を適用しない期間の特例に関する省令	平成23年5月12日環境省令第9号	
国土交通省・環境省	道路運送車両の保安基準第三十一条の二に規定する窒素酸化物排出自動車等及び窒素酸化物排出基準等を定める告示の一部を改正する件	平成23年9月27日国土交通省告示第971号	
国土交通省・環境省	東日本大震災に対処するための窒素酸化物排出基準等を適用しない期間の特例に関する省令の一部を改正する省令	平成23年9月29日環境省令第19号	
環境省	東北地方太平洋沖地震被災地における「公害健康被害の補償等に関する法律」「水俣病被害者の救済及び水俣病問題の解決に関する特別措置法」「石綿による健康被害の救済に関する法律」等に係る公費負担医療等の取扱いについて（依頼）	平成23年3月14日事務連絡	
環境省	環境省所管法令等における主な災害時の特例規定の例	（措置等の日付：平成23年3月18日）	
環境省	東北地方太平洋沖地震における損壊家屋等の撤去等に関する指針について	平成23年3月25日通知	
環境省	廃棄物の処理及び清掃に関する法律施行規則の一部を改正する省令	平成23年3月31日環境省令第6号	
環境省	環境影響評価法第52条第2項により適用除外の対象となる発電設備設置等の事業の実施について	平成23年4月4日事務連絡	
環境省	海洋汚染等及び海上災害の防止に関する法律第10条第2項第6号の規定に基づき環境大臣が指定する廃棄物並びに排出海域及び排出方法に関し環境大臣が定める基準	平成23年4月7日環境省告示第44号	
環境省	東日本大震災により特に必要となった一般廃棄物の処理を行う場合に係る廃棄物の処理及び清掃に関する法律施行規則第12条の7の16に規定する環境省令で定める一般廃棄物の特例に関する省令	平成23年5月9日環境省令第8号	
環境省	平成23年夏期の電力需給対策としての非常用施設及び常用施設の取扱いについて	平成23年5月20日環水大第110520001号	
環境省	海洋汚染等及び海上災害の防止に関する法律第10条第2項第6号の規定に基づき環境大臣が指定する廃棄物並びに排出海域及び排出方法に関し環境大臣が定める基準	平成23年6月17日環境省告示第48号	
環境省	廃棄物の処理及び清掃に関する法律施行令の一部を改正する政令	平成23年7月8日政令第215号	
環境省	廃棄物の処理及び清掃に関する法律施行規則の一部を改正する省令	平成23年7月8日環境省令第15号	

資　料

環境省	平成23年3月11日に発生した東北地方太平洋沖地震に伴う原子力発電所の事故による災害に対処するための廃棄物の処理及び清掃に関する法律施行規則等の一部を改正する省令附則第二条に規定する定期検査の期間に関する経過措置の特例に関する省令	平成24年3月29日環境省令第6号
防衛省	東北地方太平洋沖地震の被災地域等の防衛省職員採用試験受験希望者で受験に関し特段の支障がある場合の特例について（通知）	平成23年3月30日事務連絡
人事院	東日本大震災の被災地域等の受験希望者に対する平成23年度国家公務員採用Ｉ種試験の受験手続に関する特例の公告	平成23年4月6日

2　東日本大震災のその他の通知等（厚生労働省、国土交通省、総務省、文部科学省（文化庁を含む）ほか）

通知者 （所管府省庁）	文書名	文書番号
厚生労働省	生活福祉資金貸付（福祉資金［緊急小口資金］）の特例について	平成23年3月11日社援発0311第3号
厚生労働省	「平成23年（2011年）東北地方太平洋沖地震」の発生に伴う高齢者、障害者等の要援護者への緊急対応について（依頼）	平成23年3月11日健衛発0311第1号
厚生労働省	東北地方太平洋沖地震に伴う労災保険給付の請求に係る事務処理について	平成23年3月11日基労補発0311第9号
厚生労働省	東北地方太平洋沖地震により被災した要援護者への対応及びこれに伴う特例措置等について	平成23年3月11日雇児総発0311第1号、社援総発0311第1号、障企発0311第1号、老総発0311第1号
厚生労働省	東北地方太平洋沖地震による被災者に係る被保険者証等の提示について	平成23年3月11日事務連絡
厚生労働省	東北地方太平洋沖地震による被災者の公費負担医療の取扱いについて	平成23年3月11日事務連絡
厚生労働省	3月11日に東北地方を中心として発生した地震並びに津波により被災した要介護者等への対応について	平成23年3月11日事務連絡
厚生労働省	平成23年東北地方太平洋沖地震により被災した国民健康保険者に係る国民健康保険料及び一部負担金の取扱いについて	平成23年3月11日事務連絡
厚生労働省	平成23年東北地方太平洋沖地震の発生による保険者に係る前期高齢者納付金、後期高齢者支援金、病床転換支援金、老人保健拠出金、退職者給付拠出金及び介護給付費・地域支援事業支援納付金の納付猶予にかかる取扱いについて	平成23年3月11日事務連絡
厚生労働省	災害により被災した被保険者等に係る一部負担金及び健康保険料の取扱い等について	平成23年3月11日事務連絡

資　料

厚生労働省	災害により被災した被保険者等に係る後期高齢者医療制度の一部負担金及び保険料の取り扱いについて	平成23年3月11日事務連絡
厚生労働省	3月11日に発生した「東北地方太平洋沖地震」により被災した要援護障害者等への対応について	平成23年3月11日事務連絡
厚生労働省	3月11日に発生した「東北地方太平洋沖地震」により被災した視聴覚障害者等への避難所等における情報・コミュニケーション支援について	平成23年3月11日事務連絡
厚生労働省	平成23年東北地方太平洋沖地震による被災者等の感染症等発生予防対策の徹底について	平成23年3月11日事務連絡
厚生労働省	東北地方太平洋沖地震による被災者のいわゆる「エコノミークラス症候群」の予防について	平成23年3月11日事務連絡
厚生労働省	高齢者、障害者等の要援護者の緊急対応について	平成23年3月11日事務連絡
厚生労働省	災害時の人工透析の提供体制及び難病患者等への医療の確保体制について	平成23年3月11日通知
厚生労働省	社会福祉施設における緊急的対応について（依頼）	平成23年3月11日通知
厚生労働省	**「平成23年（2011年）東北地方太平洋沖地震」の発生を受けた遺体保存、遺体搬送、火葬体制の確保等について**	**平成23年3月12日健衛発0312第1号**
厚生労働省	平成23年（2011年）東北地方太平洋沖地震により被害を受けた中小企業者等に対する災害融資に関する特別措置について（通知）	平成23年3月12日健発0312第1号
厚生労働省	「平成23年（2011年）東北地方太平洋沖地震」の発生を受けた遺体保存に必要な物資の確保について	平成23年3月12日健衛発0312第2号
厚生労働省	避難所の生活環境の整備及び応急仮設住宅の設置等による避難所の早期解消について（留意事項）	平成23年3月12日事務連絡
厚生労働省	**東北地方太平洋沖地震の被災者に係る被保険者証の提示等について**	**平成23年3月12日事務連絡**
厚生労働省	緊急通行車両確認標章の発給等について	平成23年3月12日事務連絡
厚生労働省	**平成23年東北地方太平洋沖地震における処方箋医薬品の取扱いについて（医療機関及び薬局への周知依頼）**	**平成23年3月12日事務連絡　[再掲]**
厚生労働省	東北地方太平洋沖地震に係る社会保険料の納期限の延長等について	平成23年3月13日年発0313第2号
厚生労働省	計画停電実施による水道施設への影響	平成23年3月13日健水発0313第1号
厚生労働省	緊急通行車両確認標章の発給等について	平成23年3月13日事務連絡
厚生労働省	東京電力株式会社による輪番停電に係る人工呼吸器等使用の在宅療養患者に対する注意喚起について（依頼）	平成23年3月13日事務連絡

資　料

厚生労働省	東京電力株式会社による輪番停電に係る人工呼吸器等使用の在宅療養患者に対する注意喚起等についての保健所への周知について	平成23年3月13日事務連絡
厚生労働省	東京電力株式会社による輪番停電に係る医療機関の対応について	平成23年3月13日事務連絡
厚生労働省	東京電力株式会社による輪番停電に係る在宅医療機器使用患者の対応について	平成23年3月13日事務連絡
厚生労働省	東京電力株式会社による輪番停電に係る社会福祉施設及び介護保険施設等の対応について	平成23年3月13日事務連絡
厚生労働省	東北地方太平洋沖地震に伴う計画停電に係る注意喚起（薬局への周知依頼）	平成23年3月13日事務連絡
厚生労働省	計画停電実施に伴う採血事業等への影響について（依頼）	平成23年3月13日事務連絡
厚生労働省	「平成23年（2011年）東北地方太平洋沖地震」の発生を受けた墓地、埋葬等に関する法律に基づく埋火葬許可の特例措置について	平成23年3月14日健衛発0314第1号
厚生労働省	東北地方太平洋沖地震に係る労働保険料等の納期限の延長等について	平成23年3月14日基発第0314第1号
厚生労働省	東北地方太平洋沖地震に伴う労災診療の取扱いについて	平成23年3月14日基労補発0314第1号
厚生労働省	計画停電による食品等の温度管理について	平成23年3月14日食安発0314第1号
厚生労働省	東京電力株式会社による輪番停電に係る人工呼吸器等使用の在宅療養患者に対する注意喚起について（依頼2）	平成23年3月14日事務連絡
厚生労働省	東京電力株式会社による輪番停電に係る人工呼吸器等使用の在宅療養患者に対する注意喚起について（依頼3）	平成23年3月14日事務連絡
厚生労働省	東京電力株式会社による輪番停電に係る関係機関等に対するワクチンの品質管理に関する情報提供について（依頼）（社団法人日本医薬品卸業連合会宛）	平成23年3月14日事務連絡
厚生労働省	東京電力株式会社による輪番停電に係る関係機関等に対するワクチンの品質管理に関する情報提供について（依頼）（社団法人細菌製剤協会宛）	平成23年3月14日事務連絡
厚生労働省	東北地方太平洋沖地震に伴う計画停電に係る注意喚起（薬局への周知依頼）	平成23年3月14日事務連絡
厚生労働省	東北電力株式会社による計画停電に係る人工呼吸器等使用の在宅療養患者に対する注意喚起等についての保健所への周知について	平成23年3月14日事務連絡
厚生労働省	東北電力株式会社による計画停電に係る医療機関の対応について	平成23年3月14日事務連絡
厚生労働省	東北電力株式会社による計画停電に係る在宅医療機器使用患者の対応について	平成23年3月14日事務連絡

厚生労働省	東北電力株式会社による輪番停電に係る社会福祉施設及び介護保険施設等の対応について	平成23年3月14日事務連絡
厚生労働省	東北電力株式会社による輪番停電に係る関係機関等に対するワクチンの品質管理に関する情報提供について（依頼）（社団法人日本医薬品卸業連合会宛）	平成23年3月14日事務連絡
厚生労働省	東北電力株式会社による輪番停電に係る関係機関等に対するワクチンの品質管理に関する情報提供について（依頼）（社団法人細菌製剤協会宛）	平成23年3月14日事務連絡
厚生労働省	計画停電実施に伴う採血事業等への影響について（日本赤十字社血液事業本部宛）	平成23年3月14日事務連絡
厚生労働省	「東北地方太平洋沖地震」被災地における妊産婦、乳幼児への対応及び被災者に係る健康診査事業等の対応について	平成23年3月14日事務連絡
厚生労働省	外国の医師免許を有する者の医療行為の取扱いについて	平成23年3月14日事務連絡
厚生労働省	平成23年東北地方太平洋沖地震における処方箋医薬品（医療用麻薬及び向精神薬）の取扱いについて（医療機関及び薬局への周知依頼）	平成23年3月14日事務連絡
厚生労働省	平成23年東北地方太平洋沖地震における工業用ガスボンベを医療用ガスボンベとして使用することについて（医療機関及び製造販売業者等への周知依頼）	平成23年3月14日事務連絡
厚生労働省	東北地方太平洋沖地震に係る医薬品等緊急輸入時の通関について（依頼）	平成23年3月14日事務連絡
厚生労働省	緊急援助部隊が携行する医薬品等の通関の際の取扱について（依頼）	平成23年3月14日事務連絡
厚生労働省	平成23年（2011年）東北地方太平洋沖地震にかかる緊急特別取扱いについて	平成23年3月14日事務連絡
厚生労働省	東北地方大洋沖地震に係る障害者雇用納付金の納付期限の延長等について	平成23年3月15日職発0315第1号
厚生労働省	東北地方大洋沖地震に係る障害者雇用納付金の納付期限の延長等について	平成23年3月15日職発0315第2号
厚生労働省	児童福祉関係職員の派遣等について	平成23年3月15日雇児発0315第1号
厚生労働省	東北地方太平洋沖地震に関する救援物資の取扱いについて	平成23年3月15日食安検発0315第1号
厚生労働省	平成23年東北地方太平洋沖地震により被害を受けた社会福祉施設等への災害復旧のための貸付について	平成23年3月15日事務連絡
厚生労働省	平成23年度東北地方太平洋沖地震及び長野県北部の地震の被災に伴う保険診療関係等の取扱いについて	平成23年3月15日事務連絡

資　料

厚生労働省	東北地方太平洋沖地震及び長野県北部の地震で被災した被保険者等の一部負担金等の取扱いについて	平成23年3月15日事務連絡
厚生労働省	平成23年東北地方太平洋沖地震における処方箋医療品（医療用麻薬及び向精神薬）の取扱いについて（その2）（医療機関及び薬局への周知依頼）	平成23年3月15日事務連絡
厚生労働省	平成23年東北地方太平洋沖地震における医療用麻薬の県境移動の取扱いについて（卸売業者、医療機関及び薬局への周知依頼）	平成23年3月15日事務連絡
厚生労働省	人工呼吸器を利用する在宅医療患者の緊急相談窓口の設置について	平成23年3月15日事務連絡
厚生労働省	医療機関における計画停電に伴うエレベーター利用に関する注意喚起等について	平成23年3月15日事務連絡
厚生労働省	東北電力株式会社による計画停電に係る人工呼吸器等使用の在宅療養患者に対する注意喚起について（依頼）	平成23年3月15日事務連絡
厚生労働省	東北電力株式会社による計画停電に係る人工呼吸器等使用の在宅療養患者に対する注意喚起について（依頼2）	平成23年3月15日事務連絡
厚生労働省	人工呼吸器を利用する在宅医療患者の緊急相談窓口の設置について	平成23年3月15日事務連絡
厚生労働省	「被災地での健康を守るために」の周知について	平成23年3月15日事務連絡
厚生労働省	被ばく対策の情報について	平成23年3月15日事務連絡
厚生労働省	東北地方太平洋沖地震による被災者に対する児童扶養手当等の取扱いについて	平成23年3月16日雇児福発0316第1号
厚生労働省	東北地方太平洋沖地震による被災者に対する子ども手当の認定等について	平成23年3月16日雇児育発0316第1号
厚生労働省	重症心身障害児（者）通園事業における「東北地方太平洋沖地震」の障害児（者）被災者に対する支援について	平成23年3月16日障障発0316第2号
厚生労働省	東北地方太平洋沖地震に係る厚生年金基金及び国民年金基金の事務処理に関する指導等について	平成23年3月16日年企発0316第1号
厚生労働省	平成23年（2011年）東北地方太平洋沖地震による被災者に食料等を供給する食品産業関連企業に対する金融の円滑化について（依頼）	平成23年3月16日22総合第1731号、22経営第6911号、財政第109号、健発0316第4号、平成23・03・16中庁第2号
厚生労働省	産業保健推進センター等における健康相談について	平成23年3月16日基安労発0316第2号
厚生労働省	地震により被災した発達障害児・者等への避難所等における支援について	平成23年3月16日事務連絡

資　料

厚生労働省	人工呼吸器を利用する在宅医療患者の緊急相談窓口の設置について（東北地区及び新潟県）	平成23年3月16日事務連絡
厚生労働省	東京電力株式会社による計画停電に係るカスタマーセンターの設置について	平成23年3月16日事務連絡
厚生労働省	東北電力株式会社による計画停電に係るコールセンターの設置について	平成23年3月16日事務連絡
厚生労働省	東北地方太平洋沖地震に伴う予防接種の取扱いについて	平成23年3月16日事務連絡
厚生労働省	災害時におけるMR装置の安全管理について（周知依頼）	平成23年3月16日事務連絡
厚生労働省	被災地においてボランティアを行う意思のある医師等の取りまとめについて	平成23年3月16日事務連絡
厚生労働省	被災地における透析患者の受入体制の確保等について（協力依頼）	平成23年3月16日事務連絡
厚生労働省	被災地への医師等の医療従事者の派遣について（依頼）	平成23年3月16日事務連絡
厚生労働省	平成23年度東北地方太平洋沖地震の災害による基金訓練の取扱いについて	平成23年3月17日能発0317第1号
厚生労働省	東北地方太平洋沖地震への対応について（公共職業能力開発施設の提供）	平成23年3月17日能発0317第3号
厚生労働省	東北地方太平洋沖地震への対応について（職業能力開発関係）	平成23年3月17日能発0317第1号
厚生労働省	東北地方太平洋沖地震への対応について（職業能力開発関係）	平成23年3月17日能発0317第2号
厚生労働省	東北地方太平洋沖地震への対応について（職業能力開発関係）	平成23年3月17日能発0317第4号
厚生労働省	東北地方太平洋沖地震等の発生に伴う雇用調整助成金の特例について	平成23年3月17日職発0317第2号
厚生労働省	東北地方太平洋沖地震等の発生に伴う雇用調整助成金の特例の実施に係る留意事項について	平成23年3月17日職開発0317第2号
厚生労働省	東北地方太平洋沖地震による被災者の支援給付の取扱いについて（通知）	平成23年3月17日社援企発0317第1号
厚生労働省	東北地方太平洋沖地震による被災者の生活保護の取扱いについて	平成23年3月17日社援保発0317第1号
厚生労働省	「東北地方太平洋沖地震」被災地における妊婦等の受け入れ体制等について	平成23年3月17日雇児母発0317第1号、第2号
厚生労働省	平成23年東北地方太平洋沖地震による災害の被害者の権利利益の保全等を図るための特別措置について（通知）	平成23年3月17日医政0317号第22号
厚生労働省	特定非常災害の被害者の権利利益の保全等を図るための特別措置に関する法律第3条第2項の規定に基づき、同条第1項の措置の対象となる特定権利利益、当該措置の対象者及び延長後の満了日を指定する件等について	平成23年3月17日健発0317号第1号

213

資　料

厚生労働省	特定非常災害の被害者の権利利益の保全等を図るための特別措置に関する法律第3条第2項の規定に基づき同条第1項の措置の対象となる特定権利利益、当該措置の対象者及び延長後の満了日を指定する件等について	平成23年 3月17日健発0317号第3号
厚生労働省	特定非常災害の被害者の権利利益の保全等を図るための特別措置に関する法律第3条第2項の規定に基づき同条第1項の特定権利利益に係る期間の延長に関し当該延長後の満了日を平成23年8月31日とする措置を指定する件等について	平成23年 3月17日薬食発0317号第6号
厚生労働省	特定非常災害の被害者の権利利益の保全等を図るための特別措置に関する法律第3条第2項の規定に基づき、同条第1項の措置の対象となる特定権利利益、当該措置の対象者及び延長後の満了日を指定する件等について（援護行政関係）	平成23年 3月17日社援発0317第1号
厚生労働省	放射能汚染された食品の取り扱いについて	平成23年 3月17日食安発0317第3号　［再掲］
厚生労働省	災害時における各種助成金の支給申請等の期限に係る取扱いの周知用リーフレットの送付について	平成23年3月17日事務連絡
厚生労働省	平成23年東北地方太平洋沖地震及び長野県北部の地震の被災に伴う医薬品の長期処方の自粛及び分割調剤の考慮について	平成23年3月17日事務連絡
厚生労働省	東北地方太平洋沖地震及び長野県北部の地震における転入者に係る被保険者資格の認定等について	平成23年3月17日事務連絡
厚生労働省	東北地方太平洋沖地震及び長野県北部の地震による被災者に係る利用料等の取扱いについて	平成23年3月17日事務連絡
厚生労働省	平成23年東北地方太平洋沖地震の被災に対するがん診療連携拠点病院等における対応について（依頼）	平成23年3月17日事務連絡
厚生労働省	**救命救急士の特定行為の取扱いについて**	**平成23年3月17日事務連絡**
厚生労働省	東北地方太平洋沖地震にかかる派遣保健師等の増員について（照会）	平成23年3月17日事務連絡
厚生労働省	海外企業から在日の日本支社等に送付されるヨウ素製剤（ヨウ化カリウム）の輸入手続きについて（依頼）	平成23年3月17日事務連絡
厚生労働省	死体検案書の作成に関する留意事項について	平成23年3月17日事務連絡
厚生労働省	予測不能な大規模停電の発生を想定した対応の要請について	平成23年3月17日事務連絡
厚生労働省	「東北地方太平洋沖地震に係る社会保険料の納期限の延長等について」（平成23年3月13日付け年発0313第1号）の一部改正について	平成23年3月18日年発0318第4号

厚生労働省	東北地方太平洋沖地震で発生した地震による被害を受けた国民年金第1号被保険者に対する保険料免除制度及び口座振替停止手続の周知について	平成23年3月18日年管管発0318第3号
厚生労働省	平成23年度東北地方太平洋沖地震による災害復旧工事における労働災害防止対策の徹底について	平成23年3月18日基安安発0318第1号、基安化発0318第8号
厚生労働省	特定非常災害の被害者の権利利益の保全等を図るための特別措置に関する法律第3条第2項の規定に基づき、同条第1項の措置の対象となる特定権利利益、当該措置の対象者及び延長後の満了日を指定する件等について	平成23年3月18日障発0318第1号
厚生労働省	生活福祉資金貸付（福祉資金〔緊急小口資金〕）の特例に係る留意事項について	平成23年3月18日社援地発0318第1号
厚生労働省	「緊急時における食品の放射能測定マニュアル」に基づく検査における留意事項について	平成23年3月18日事務連絡
厚生労働省	予測不能な大規模停電の発生による水道施設への影響	平成23年3月18日事務連絡
厚生労働省	予測不能な大規模停電の発生を想定した対応の要請について	平成23年3月18日事務連絡
厚生労働省	東北地方太平洋沖地震に伴い審査支払業務に著しい支障が生じている国民健康保険団体連合会における特例について	平成23年3月18日事務連絡
厚生労働省	東北地方太平洋沖地震及び長野県北部の地震で被災した被保険者等の一部負担金等の取扱いについて（その2）	平成23年3月18日事務連絡
厚生労働省	東北地方太平洋沖地震及び長野県北部の地震における転入世帯に係る被保険者資格の認定等について	平成23年3月18日事務連絡
厚生労働省	保健所等における健康相談への協力について（依頼）	平成23年3月18日事務連絡
厚生労働省	安定ヨウ素剤の配布・投与に当たって	平成23年3月18日事務連絡
厚生労働省	平成23年東北地方太平洋沖地震の被災に対するがん診療連携拠点病院等における対応について（追加その1）	平成23年3月18日事務連絡
厚生労働省	放射線の影響に関する健康相談について（依頼）	平成23年3月18日事務連絡
厚生労働省	東北地方太平洋沖地震で被災した妊産婦及び乳幼児に対する保健指導について	平成23年3月18日事務連絡
厚生労働省	**東北地方太平洋沖地震における病院又は診療所の間での医薬品及び医療機器の融通について**	平成23年3月18日事務連絡
厚生労働省	東北地方太平洋沖地震による被害者の公費負担医療の取扱いについて（その2）	平成23年3月18日事務連絡
厚生労働省	東北地方太平洋沖地震に伴う介護サービス事業所の人員基準等の取扱いについて	平成23年3月18日事務連絡

資　料

厚生労働省	東北地方太平洋沖地震に係る医薬品等支援物資について（依頼）	平成23年3月18日事務連絡
厚生労働省	東北地方太平洋沖地震の発生に伴う生命維持に常時電源が必要な重度障害者等の入院に係る支援について	平成23年3月18日事務連絡
厚生労働省	東北地方太平洋沖地震の発生を受けた行政備蓄抗インフルエンザウイルス薬（タミフル・リレンザ）の使用について	平成23年3月18日事務連絡
厚生労働省	東北地方太平洋沖地震被災者に係る妊婦健康診査の取り扱いについて	平成23年3月18日事務連絡
厚生労働省	被災地への看護師等の医療従事者の派遣について（依頼）	平成23年3月18日事務連絡
厚生労働省	原子力発電所の被災に伴う文部科学省の調査について（情報提供）	平成23年3月18日事務連絡
厚生労働省	東北地方太平洋沖地震に関する介護扶助関係事務の取扱いについて	平成23年3月18日事務連絡
厚生労働省	「東北地方太平洋沖地震」の発生に伴う介護職員等の派遣要望について	平成23年3月18日事務連絡
厚生労働省	「東北地方太平洋沖地震」の発生に伴う要援護者の受入要望について	平成23年3月18日事務連絡
厚生労働省	福島県内からの患者の受入れについて（依頼）	平成23年3月18日事務連絡
厚生労働省	平成23年（2011年）東北地方太平洋沖地震による被害に伴う雇用促進住宅の取扱いの一部改正について	平成23年3月19日職発0319第1号
厚生労働省	平成23年（2011年）東北地方太平洋沖地震に係る災害救助法の弾力運用について	平成23年3月19日社援総発0319第1号
厚生労働省	平成23年（2011年）東北地方太平洋沖地震に係る災害救助法の弾力運用について（その2）（平成23年3月19日社援総発0319第1号通知関連）	平成23年3月19日社援総発0319第2号
厚生労働省	福島原子力発電所の事故による避難者に関する旅館業者への周知について	平成23年3月19日健衛発0319第1号
厚生労働省	福島原子力発電所の事故による避難者に関する旅館業者への周知について	平成23年3月19日健衛発0319第2号
厚生労働省	福島第一・第二原子力発電所の事故に伴う水道の対応について	平成23年3月19日健水発0319第1号
厚生労働省	医薬品を運搬する緊急車両への給油制限の撤廃について	平成23年3月19日事務連絡
厚生労働省	平成23年東北地方太平洋沖地震における工業用液化酸素ガス超低温容器を医療用液化酸素ガス超低温容器として使用することについて（医療機関及び製造販売業者等への周知依頼）	平成23年3月19日事務連絡
厚生労働省	避難所等への患者の搬送について（依頼）	平成23年3月19日事務連絡
厚生労働省	食品健康影響評価について	平成23年3月20日厚生労働省発食安0320第1号

厚生労働省	被災地への行政機関に従事する公衆衛生医師等の派遣について（依頼）	平成23年3月20日事務連絡
厚生労働省	視聴覚障害者等への避難所等における情報・コミュニケーション支援について	平成23年3月20日事務連絡
厚生労働省	**平成23年東北地方太平洋沖地震、長野県北部の地震及び静岡県東部の地震の被災に伴う医療法等の取扱いについて**	**平成23年3月21日医総発0321第1号**
厚生労働省	乳児による水道水の摂取に係る対応について	平成23年3月21日健水発0321第1号
厚生労働省	原子力発電所の被災に伴う水道水中の放射性物質のモニタリング調査結果提供について（依頼）	平成23年3月21日事務連絡
厚生労働省	東北地方太平洋沖地震に係る主要経済団体等への大臣要請を踏まえた対応について	平成23年3月22日職派若発0322第1号
厚生労働省	東北地方太平洋沖地震等に伴う要援護者等への適切な支援及びケアマネジメント等の取扱いについて	平成23年3月22日事務連絡
厚生労働省	東北地方太平洋沖地震及び長野県北部の地震による被災者に係る利用料等の取扱いについて	平成23年3月22日事務連絡
厚生労働省	東北地方太平洋沖地震で被災した妊産婦、乳幼児の住居の確保及び出産前後の支援について	平成23年3月22日事務連絡
厚生労働省	東北地方太平洋沖地震に伴う災害発生により避難所等で生活する者への栄養・食生活の支援について	平成23年3月22日事務連絡
厚生労働省	福島第一原子力発電所付近の海水に含まれる放射性物質の濃度上昇への対応について（依頼）	平成23年3月22日事務連絡
厚生労働省	農畜産物等の放射性物質検査について（依頼）	平成23年3月23日食安発0323第1号
厚生労働省	平成23年東北地方太平洋沖地震に伴う未払賃金の立替払事業の運営について	平成23年3月23日基発0323第3号
厚生労働省	平成23年東北地方太平洋沖地震に伴う未払賃金の立替払事業の運営について	平成23年3月23日基発0323第4号
厚生労働省	「東北地方太平洋沖地震」の発生に伴う介護保険施設等に対する「要援護者の受入れ」及び「介護職員等の派遣」について	平成23年3月23日事務連絡
厚生労働省	地震により被災した発達障害児・者等への避難所等における支援について（その2）	平成23年3月23日事務連絡
厚生労働省	情報通信機器を用いた診療（遠隔診療）等に係る取扱いについて	平成23年3月23日事務連絡
厚生労働省	放射線の影響に関する健康相談について（情報提供）	平成23年3月23日事務連絡
厚生労働省	東北地方太平洋沖地震に係る特定不妊治療費助成事業の申請期限の取り扱いについて	平成23年3月23日事務連絡

資 料

厚生労働省	東北地方太平洋沖地震及び長野県北部の地震による被災者に係る一部負担金等の取扱いについて（その3）	平成23年3月23日事務連絡
厚生労働省	東北地方太平洋沖地震及び長野県北部の地震による被災者に係る一部負担金等の取扱いについて（その4）	平成23年3月23日事務連絡
厚生労働省	東北地方太平洋沖地震及び長野県北部の地震による被災者に係る利用料等の取扱いについて	平成23年3月23日事務連絡
厚生労働省	東京電力株式会社等による計画停電に係る公費負担医療の取扱いについて	平成23年3月23日事務連絡
厚生労働省	食品の摂取制限及び出荷制限について（福島県及び茨城県）	平成23年3月23日通知
厚生労働省	**平成23年東北地方太平洋沖地震の被災に伴う薬事法等の取扱いについて**	**平成23年3月24日薬食総発0324第1号、薬食機発0324第1号**
厚生労働省	東北地方太平洋沖地震に伴う社会保険料等の納期限の延長について	平成23年3月24日年発0324第2号
厚生労働省	災害に係る厚生年金保険料等の納付の猶予について	平成23年3月24日年発0324第4号
厚生労働省	「青森県、岩手県、宮城県、福島県、茨城県における社会保険料及び労働保険料等に関する納期限等を延長する件」の制定等について	平成23年3月24日基発0324第1号、職発0324第9号
厚生労働省	「青森県、岩手県、宮城県、福島県、茨城県における社会保険料及び労働保険料等に関する納期限等を延長する件」の制定等について	平成23年3月24日基発0324第1号、職発0324第9号
厚生労働省	県域を越えた避難者の旅館・ホテル等への受入について	平成23年3月24日社援総0324第1号
厚生労働省	「青森県、岩手県、宮城県、福島県、茨城県における社会保険料及び労働保険料等に関する納期限等を延長する件」の制定等について	平成23年3月24日職発0324第8号
厚生労働省	「青森県、岩手県、宮城県、福島県、茨城県における社会保険料及び労働保険料等に関する納期限等を延長する件」の制定等について	平成23年3月24日基労徴発0324第2号
厚生労働省	「青森県、岩手県、宮城県、福島県、茨城県における社会保険料及び労働保険料等に関する納期限等を延長する件」の制定等について	平成23年3月24日基労徴発0324第3号
厚生労働省	平成23年東北地方太平洋沖地震に係る中小企業退職金共済制度及び勤労者財産形成持家制度の特例措置について	平成23年3月24日基発0324第5号
厚生労働省	平成23年東北地方太平洋沖地震に係る中小企業退職金共済制度及び勤労者財産形成持家制度の特例措置について	平成23年3月24日基発0324第6号
厚生労働省	平成23年東北地方太平洋沖地震に係る離職者に対する職業転換給付金制度の適用等について	平成23年3月24日職発0324第17号、能発0324第3号

厚生労働省	東北地方太平洋沖地震に係る業務上外の判断等について	平成23年3月24日基労管発0324第1号、基労補発0324第2号
厚生労働省	青森県、岩手県、宮城県、福島県、茨城県における社会保険料及び労働保険料等に関する納期限等を延長	平成23年3月24日厚生労働省告示第66号　[再掲]
厚生労働省	東北地方太平洋沖地震及び長野県北部の地震による被災者に係る利用料等の取扱いについて	平成23年3月24日事務連絡
厚生労働省	東北地方太平洋沖地震及び長野県北部の地震の被災に伴う出産育児一時金等に係る医療機関等の取扱い及び直接支払制度の積極的活用について	平成23年3月24日事務連絡
厚生労働省	東北地方太平洋沖地震の影響により製造・出荷等に支障が生じた場合の医薬品、医療機器の供給確保に関する取扱いについて	平成23年3月24日事務連絡
厚生労働省	東北地方太平洋沖地震の発生に伴う転学等希望者の受入れについて	平成23年3月24日事務連絡
厚生労働省	被災地の医療機関からの転院希望患者に係る受入医療機関について	平成23年3月24日事務連絡
厚生労働省	平成23年（2011年）東北地方太平洋沖地震に係る貸付金の返済据置期間中の利子の支払い方法について	平成23年3月24日事務連絡
厚生労働省	東北地方太平洋沖地震及び長野県北部の地震により被災した障害者等に対する支給決定等について	平成23年3月24日事務連絡
厚生労働省	東北地方太平洋沖地震等に伴う障害者（児）への相談支援の実施等について	平成23年3月24日事務連絡
厚生労働省	「東北地方太平洋沖地震と労災保険Q&A」の送付について	平成23年3月24日事務連絡
厚生労働省	平成23年東北地方太平洋沖地震に伴う労働条件、安全衛生、労働保険、労災補償等に関する緊急相談窓口の開設について	平成23年3月25日基発0325第10号
厚生労働省	平成23年東北地方太平洋沖地震に伴う労働条件、安全衛生、労働保険、労災補償等に関する緊急相談窓口の開設に当たって留意すべき事項について	平成23年3月25日基監発0325第1号、基勤発0325第2号、基安計発0325第1号、基労管発0325第1号
厚生労働省	東北地方太平洋沖地震に係る職業紹介について（その2）～避難先の実態把握と出張相談～	平成23年3月25日職首発0325第2号、職保発0325第1号
厚生労働省	東北地方太平洋沖地震被災者に係る職業紹介について（その1）	平成23年3月25日職首発0325第1号
厚生労働省	平成23年（2011年）東北地方太平洋沖地震に係る災害救助法の弾力運用について（その3）（平成23年3月19日社援総発0319第1号通知関連）	平成23年3月25日社援総発0325第1号

資　料

厚生労働省	生活福祉資金貸付（福祉資金〔緊急小口資金〕）の特例に係る留意事項について	平成23年3月25日社援地発0325第1号
厚生労働省	貴県産農産物の放射性物質検査について	平成23年3月25日食安発0325第2号
厚生労働省	「東北地方太平洋沖地震」の発生に伴う要援護者の受入並びに社会福祉施設等に対する介護職員等の派遣について（その2）	平成23年3月25日事務連絡
厚生労働省	要援護障害者等の避難所等への搬送について（依頼）	平成23年3月25日事務連絡
厚生労働省	避難所の生活環境の整備について	平成23年3月25日事務連絡
厚生労働省	震災により親を亡くした子どもへの対応について	平成23年3月25日事務連絡
厚生労働省	平成23年東北地方太平洋沖地震および長野県北部の地震による罹災者に対する記名国債証券関係事務の特別取扱について（お知らせ）	平成23年3月25日事務連絡
厚生労働省	平成23年（2011年）東北地方太平洋沖地震にかかる消費生活協同組合に関する緊急特別取扱い（その2）について	平成23年3月25日事務連絡
厚生労働省	東北地方太平洋沖地震及び長野県北部の地震における転入世帯に係る被保険者資格の認定等について（その2）	平成23年3月25日事務連絡
厚生労働省	東北地方太平洋沖地震及び長野県北部の地震により被災した事業者に係る介護職員処遇改善交付金の取扱いについて	平成23年3月25日事務連絡
厚生労働省	東北地方太平洋沖地震及び長野県北部の地震に伴う高齢受給者証等の取扱いについて	平成23年3月25日事務連絡
厚生労働省	被災地の医療機関からの転院希望患者に係る受入調整担当窓口の設置について	平成23年3月25日事務連絡
厚生労働省	被災地への歯科医師等の歯科医療従事者の派遣について（依頼）	平成23年3月25日事務連絡
厚生労働省	東京電力株式会社による計画停電に係る人工呼吸器等使用の在宅療養患者に対する注意喚起について（依頼4）	平成23年3月25日事務連絡
厚生労働省	放射性物質の拡散による降雨後の表流水取水の抑制・停止等の対応について	平成23年3月26日事務連絡
厚生労働省	福島県内への保健師等の派遣について（依頼）	平成23年3月27日事務連絡
厚生労働省	平成23年（2011年）東北地方太平洋沖地震に係る災害融資に関する特別措置の被害証明手続き等について	平成23年3月28日健衛発0328第1号
厚生労働省	平成23年東北地方太平洋沖地震による災害復旧工事における労働災害防止対策の徹底について（その2）	平成23年3月28日基安安発0328第2号、基安労発0328第1号、基安化発0328第2号

厚生労働省	平成23年東北地方太平洋沖地震による災害復旧工事における労働災害防止対策の徹底について（その2）	平成23年3月28日基安安発0328第1号、基安労発0328第2号、基安化発0328第1号
厚生労働省	福島原子力発電所の影響を踏まえた「激甚災害法の雇用保険の特例措置」の取り扱いについて	平成23年3月28日職保発0328第1号
厚生労働省	被災地において服薬中断が疑われる精神障害者への対応について	平成23年3月28日事務連絡
厚生労働省	高齢者の要援護者の避難所等における適切な支援について	平成23年3月28日事務連絡
厚生労働省	平成23年（2011年）東北地方太平洋沖地震による被害に伴う雇用促進住宅の取扱の一部改正について	平成23年3月29日職発0329第8号
厚生労働省	平成23年（2011年）東北地方太平洋沖地震に係る災害救助法の弾力運用について（その4）	平成23年3月29日社援総発0329第1号
厚生労働省	東北地方太平洋沖地震による被災者の支援給付の取扱いについて（その2）	平成23年3月29日社援企発0329第1号
厚生労働省	平成23年東北地方太平洋沖地震による災害に対する「特定非常災害の被害者の権利利益の保全等を図るための特別措置に関する法律」の企業年金制度等への適用について	平成23年3月29日年企発0329第1号
厚生労働省	東北地方太平洋沖地震に伴う厚生年金基金及び国民年金基金の掛金等の納付期限の延長等に係る事務処理に関する指導等について	平成23年3月29日年企発0329第2号
厚生労働省	暫定規制値の取扱いについて	平成23年3月29日事務連絡
厚生労働省	地震により被災した発達障害児・者等への避難所等における支援について（その3）	平成23年3月29日事務連絡
厚生労働省	東北地方太平洋沖地震による避難生活に伴う心身の機能の低下の予防について	平成23年3月29日事務連絡
厚生労働省	高齢者の避難所等における虐待の防止について	平成23年3月29日事務連絡
厚生労働省	東北地方太平洋沖地震に係る職業紹介について（その3）～被災者用求人の確保等～	平成23年3月30日職首発0330第6号、職農発0330第17号
厚生労働省	東北地方太平洋沖地震等に関する労災診療費等の請求の取扱いについて	平成23年3月30日基発0330第13号
厚生労働省	東北地方太平洋沖地震等の発生に伴う雇用調整助成金の取扱いの弾力化について	平成23年3月30日職開発0330第1号
厚生労働省	**東北地方太平洋沖地震における地方公共団体間又は薬局間の医薬品等の融通について**	**平成23年3月30日事務連絡**
厚生労働省	東北地方太平洋沖地震に伴う津波による毒物又は劇物の流出事故等に係る対応について	平成23年3月30日事務連絡
厚生労働省	被災地への理学療法士等の医療従事者の派遣について（依頼）	平成23年3月30日事務連絡

資料

厚生労働省	平成23年度東北太平洋沖地震に伴う療養の給付費等の書面による請求について	平成23年3月30日事務連絡
厚生労働省	被災された補聴器使用者に対する支援について（情報提供）	平成23年3月30日事務連絡
厚生労働省	視聴覚障害者等への避難所等における情報・コミュニケーション支援に関する手話通訳者等の派遣について	平成23年3月30日事務連絡
厚生労働省	平成23年度東北太平洋沖地震に伴う療養の給付費等の書面による請求について	平成23年3月30日事務連絡
厚生労働省	被災された補聴器使用者に対する支援について（情報提供）	平成23年3月30日事務連絡
厚生労働省	平成23年東北地方太平洋沖地震に伴う未払賃金の立替払事業の周知について	平成23年3月30日事務連絡
厚生労働省	平成23年東北地方太平洋沖地震に伴う未払賃金の立替払事業の運営に当たって留意すべき事項について	平成23年3月30日事務連絡
厚生労働省	「平成23年東北地方太平洋沖地震に伴う労働基準法等に関するQ&A（第2版）」について	平成23年3月31日事務連絡
厚生労働省	「平成23年東北地方太平洋沖地震に伴う労働基準法等に関するQ&A（第2版）」等の周知について	平成23年3月31日事務連絡
厚生労働省	東北地方太平洋沖地震への独立法人雇用・能力開発機構における対応について	平成23年3月31日能発0331第6号
厚生労働省	東京電力福島第一原子力発電所災害に係る避難指示区域内の御遺体の取扱について	平成23年3月31日健衛発0331第2号
厚生労働省	**ミネラルウォーター類の輸入時審査について**	**平成23年3月31日食安輸発0331第1号**
厚生労働省	平成23年東北地方太平洋沖地震による被災者についての各種保険料・個人住民税等の公的年金からの特別徴収を中止する事務処理について	平成23年3月31日事務連絡
厚生労働省	東北地方太平洋沖地震及び長野県北部の地震による被災者に係る保険料の取扱いについて	平成23年3月31日事務連絡
厚生労働省	文書保存に係る取扱いについて（医療分野）	平成23年3月31日事務連絡
厚生労働省	東北地方太平洋沖地震の影響により製造・出荷等に支障が生じた場合の医薬部外品の供給確保について	平成23年3月31日事務連絡
厚生労働省	「平成23年（2011年）東北地方太平洋沖地震」の発生に伴う在留外国人の御遺体の埋火葬について	平成23年3月31日事務連絡
厚生労働省	（お願い）水道水中の放射性物質の検出結果の報告について	平成23年3月31日事務連絡
厚生労働省	東北地方太平洋沖地震に関する介護支援給付関係事務の取扱いについて	平成23年3月31日事務連絡

厚生労働省	避難所において職業紹介事業者又は労働者派遣事業者が出張相談に応じる場合の取扱いについて	平成23年4月1日職発0401第26号
厚生労働省	東北地方太平洋沖地震により被災した子ども達への支援について	平成23年4月1日23初児生第2号、雇児総発0401第4号
厚生労働省	平成23年東日本大震災により被害を受けた社会福祉施設への災害復旧のための貸付について	平成23年4月1日事務連絡
厚生労働省	東北地方太平洋沖地震及び長野県北部の地震に関連する診療報酬の取扱いについて	平成23年4月1日事務連絡
厚生労働省	経腸栄養剤の適正使用に関するお願いについて	平成23年4月1日事務連絡
厚生労働省	東北地方太平洋沖地震及び長野県北部の地震に関する診療報酬等の請求の取扱いについて（その2）	平成23年4月1日事務連絡
厚生労働省	被災された高齢者の避難所等における介護サービスの確保について	平成23年4月1日事務連絡
厚生労働省	被災地から避難した要介護高齢者等への必要な処遇の確保について（依頼）	平成23年4月1日事務連絡
厚生労働省	避難所の要援護者に対する福祉用具の提供について	平成23年4月1日事務連絡
厚生労働省	東北地方太平洋沖地震及び長野県北部の地震の被災者に係る被保険者証等の取扱い等について	平成23年4月2日事務連絡
厚生労働省	水道水中の放射性物質に関する指標等の取扱い等について	平成23年4月4日健水発0404第3号
厚生労働省	東日本大震災に係る災害救助法の弾力運用について（その5）	平成23年4月4日社援総発0404第1号
厚生労働省	東日本大震災への独立行政法人雇用・能力開発機構における対応について	平成23年4月4日能発0404第1号
厚生労働省	東日本大震災による被災者の住宅手当緊急特別措置事業における求職活動要件の緩和について	平成23年4月4日事務連絡
厚生労働省	福島第一原子力発電所付近の海水に含まれる放射性物質の濃度上昇への対応について（依頼）	平成23年4月4日事務連絡
厚生労働省	農畜水産物等の放射性物質検査について	平成23年4月4日事務連絡
厚生労働省	東日本大震災で被災した離職者に対する機動的な職業訓練の拡充・実施等について	平成23年4月5日職発0405第13号、能発0405第6号
厚生労働省	東日本大震災に伴う「緊急雇用創出事業実施要領」の一部改正について	平成23年4月5日職発0405第14号
厚生労働省	東日本大震災等に伴う実習型雇用支援事業に係る求人・求職の取扱いについて	平成23年4月5日職派企発0405第1号
厚生労働省	東日本大震災等の発生に伴う雇用調整助成金の特例の拡充について	平成23年4月5日職発0405第16号
厚生労働省	東日本大震災等に係る離職者に対する職業転換給付金制度の適用等について	平成23年4月5日職発0405第12号、能発0405第7号

資　料

厚生労働省	東日本大震災被災者に係る職業紹介について（その4）	平成23年4月5日職首発0405第1号	
厚生労働省	継続的な薬剤師の派遣とお薬手帳の配布（依頼）	平成23年4月5日薬食発0405第6号	
厚生労働省	「東日本大震災に伴う未払賃金の立替払についてのQ&A」の送付について	平成23年4月5日事務連絡	
厚生労働省	死体検案書の作成に関する留意事項について（その2）	平成23年4月5日事務連絡	
厚生労働省	東日本大震災に関する介護報酬等の請求等の取扱いについて	平成23年4月5日事務連絡	
厚生労働省	東北地方太平洋沖地震に係る現況届の事務処理に関する指導等について	平成23年4月6日年企発0406第1号	
厚生労働省	東日本大震災及び長野県北部の地震に伴うレボチロキシンNa錠50μg「サンド」（緊急輸入用）の医療保険上の取扱いについて	平成23年4月6日保医発0406第1号	
厚生労働省	災害救助法における埋葬について（通知）	平成23年4月6日健衛発0406第1号、社援総発0406第1号	
厚生労働省	平成23年東日本大震災に伴う雇用均等特別相談窓口の開設について	平成23年4月6日雇児発0406第4号	
厚生労働省	東日本大震災に伴う地域若者サポートステーションにおける相談支援の実施及び相互の連携について（依頼）	平成23年4月6日能形発0416第1号	
厚生労働省	水産物の放射性物質検査の実施に係る留意点について	平成23年4月6日事務連絡	
厚生労働省	農畜水産物等の放射性物質検査に係る留意点について	平成23年4月6日事務連絡	
厚生労働省	東北地方太平洋沖地震及び長野県北部の地震による被災に伴う柔道整復師の施術に係る療養費の請求について	平成23年4月6日事務連絡	
厚生労働省	東日本大震災による被災に伴う出産育児一時金等の医療機関等への直接支払制度による請求の取扱いについて	平成23年4月6日事務連絡	
厚生労働省	東日本大震災に伴い一時的に避難等をしている利用者に対する継続した障害福祉サービス等の提供について	平成23年4月6日事務連絡	
厚生労働省	東日本大震災に関する介護給付費等及び障害児施設給付費の請求の取扱いについて	平成23年4月6日事務連絡	
厚生労働省	東日本大震災に係る妊婦健康診査の取扱いについて	平成23年4月7日事務連絡	
厚生労働省	東日本大震災及び長野県北部の地震による被災者に係る保険料の取扱い等について（情報提供）	平成23年4月7日事務連絡	

資　料

厚生労働省	東日本大震災に伴う解雇、雇止め等に対する対応について	平成23年4月8日地発0408第2号、基発0408第2号、職発0408第4号、雇児発0408第1号
厚生労働省	東日本大震災による影響を受けた派遣労働者への配慮に関する労働者派遣事業適正運営協力員を通しての周知啓発について	平成23年4月8日職発0408第3号
厚生労働省	派遣労働者、派遣元事業主及び派遣先に対するハローワークの特別相談窓口の周知について	平成23年4月8日職発0408第5号
厚生労働省	「東北地方太平洋沖地震及び長野県北部の地震に関する診療報酬等の請求の取扱いについて（その2）」における概算請求の対象について	平成23年4月8日事務連絡
厚生労働省	「東日本大震災に伴う介護報酬上の取り扱いについて（第2版）」の送付について	平成23年4月8日事務連絡
厚生労働省	東北地方太平洋沖地震及び長野県北部の地震に関連する診療報酬の取扱いについて（その2）	平成23年4月8日事務連絡
厚生労働省	肝炎治療特別促進事業の助成期間に係る取扱い等について	平成23年4月8日事務連絡
厚生労働省	停電に係る在宅医療患者への対応について	平成23年4月8日事務連絡
厚生労働省	停電に伴う在宅医療機器使用患者の対応について	平成23年4月8日事務連絡
厚生労働省	東日本大震災の余震等による停電に係る人工呼吸器等使用の在宅療養患者に対する注意喚起について（依頼）	平成23年4月8日事務連絡
厚生労働省	東日本大震災の余震等による停電に係る人工呼吸器等使用の在宅療養患者に対する注意喚起等についての保健所への周知について	平成23年4月9日事務連絡
厚生労働省	福島県産原木しいたけの取扱いについて	平成23年4月10日事務連絡
厚生労働省	平成23年（2011年）東北地方太平洋沖地震による被害に伴う雇用促進住宅の取扱いの一部改正について	平成23年4月11日職発0411第4号
厚生労働省	水道水中の放射性物質モニタリングに関するQ&Aについて	平成23年4月11日事務連絡
厚生労働省	東日本大震災の影響による経腸栄養剤（医薬品）の供給不足に伴う医療扶助特別基準の設定について	平成23年4月11日事務連絡
厚生労働省	東日本大震災及び長野県北部の地震による被災者に係る保険料の取扱い等について（情報提供）	平成23年4月12日事務連絡
厚生労働省	東北地方太平洋沖地震及び長野県北部の地震に関する診療報酬等の按分方法等について	平成23年4月12日事務連絡
厚生労働省	東日本大震災により労働安全衛生法に基づく免許を滅失等した被災者への免許を取得していることを証する書面の発行等について	平成23年4月13日基発0413第6号

資　料

厚生労働省	東日本大震災により労働安全衛生法に基づく免許を滅失等した被災者への免許を取得していることを証する書面の発行等について3	平成23年4月13日基発0413第7号
厚生労働省	東日本大震災に伴う雇用調整助成金の支給申請手続きの特例について	平成23年4月13日職発0413第3号
厚生労働省	原木しいたけの放射性物質検査の実施について（依頼）	平成23年4月13日事務連絡
厚生労働省	福島県及び茨城県で水揚げされるコウナゴの取扱いについて	平成23年4月13日事務連絡
厚生労働省	貴県産原木しいたけの放射性物質検査に係る留意点について	平成23年4月13日事務連絡
厚生労働省	経腸栄養剤の適正使用に関するお願いについて（その2）	平成23年4月13日事務連絡
厚生労働省	東日本大震災にかかる保健師、医師、管理栄養士等の派遣の増員と期間延長について（協力依頼）	平成23年4月13日事務連絡
厚生労働省	東日本大震災により被災した被保険者等に係る特定健康診査等の受診機会の確保について	平成23年4月13日事務連絡
厚生労働省	東日本大震災の発生に伴う社会福祉法人の運営に関するQ＆Aについて	平成23年4月13日事務連絡
厚生労働省	福祉用具関係団体による「障害者等福祉用具支援本部」の発足について（情報提供）	平成23年4月13日事務連絡
厚生労働省	東日本大震災により労働安全衛生法に基づく免許を滅失等した被災者への免許を取得していることを証する書面の発行等について	平成23年4月13日基発0413第5号
厚生労働省	「平成23年（2011年）東日本大震災」の発生を受けた墓地、埋葬等に関する法律に基づく焼骨の埋蔵等に係る特例措置について	平成23年4月14日健衛発0414第1号
厚生労働省	災害により父又は母の生死が明らかでない場合等の児童扶養手当の取扱いについて	平成23年4月14日雇児福発0414第1号
厚生労働省	夏期に向けた徹底した節電対策の実施について	平成23年4月14日事務連絡
厚生労働省	東日本大震災に伴い障害者（児）及び高齢者が預金通帳を紛失した場合等における預金の払戻しについて	平成23年4月14日事務連絡
厚生労働省	「東日本大震災」による社会福祉施設等に対する介護職員等の派遣に係る費用の取扱いについて	平成23年4月15日事務連絡
厚生労働省	地域医療再生計画（案）等にかかる提出期限の変更等について	平成23年4月15日医政発0415号第1号
厚生労働省	東日本大震災に係る応急仮設住宅について	平成23年4月15日社援総発0415第1号
厚生労働省	各種保険料・個人住民税等の公的年金からの特別徴収を一括中止する市町村について	平成23年4月15日事務連絡

資料

厚生労働省	東北地方太平洋沖地震及び長野県北部の地震による被災者に係る医療機関での受診・窓口負担について（周知）	平成23年4月15日事務連絡	
厚生労働省	東日本大震災による被災に伴う出産育児一時金等の医療機関等への直接支払制度による概算請求の取扱いについて	平成23年4月15日事務連絡	
厚生労働省	東日本大震災に関する出産育児一時金等の按分方法等について	平成23年4月15日事務連絡	
厚生労働省	「福島第一・第二原子力発電所の事故に伴う水道の対応について」及び「乳児による水道水の摂取に係る対応について」の訂正について	平成23年4月18日健水発0418第1号	
厚生労働省	死体検案等の実施に関する留意事項について	平成23年4月18日事務連絡	
厚生労働省	東日本大震災に伴う未払賃金の立替払事業の申請促進について	平成23年4月18日事務連絡	
厚生労働省	東日本大震災に伴う派遣労働に関する労働相談Q&A	平成23年4月18日事務連絡	
厚生労働省	厚生労働大臣から人材ビジネスの事業者団体に対して行われた要請を踏まえた対応について	平成23年4月19日職首発0419第1号、職派需発0419第1号	
厚生労働省	夏期に向けた節電対策のアイデア募集について	平成23年4月19日事務連絡	
厚生労働省	計画的避難区域等からの家畜の移動等について	平成23年4月19日事務連絡	
厚生労働省	東日本大震災に伴い発生した福島第一原子力発電所の事故に係る国民年金保険料の申請免除等の取扱いについて	平成23年4月20日年管管発0420第1号・2号・4号	
厚生労働省	「緊急時における食品の放射能測定マニュアル」に基づく検査における留意事項について	平成23年4月20日事務連絡	
厚生労働省	東北地方太平洋沖地震及び長野県北部の地震に関連する診療報酬の取扱いについて（その3）	平成23年4月20日事務連絡	
厚生労働省	東日本大震災による被災に伴う出産育児一時金等の概算請求に関する按分方法について	平成23年4月20日事務連絡	
厚生労働省	東日本大震災に関する介護給付費等及び障害児施設給付費の按分方法について	平成23年4月21日事務連絡	
厚生労働省	避難所における食事提供の計画・評価のために当面の目標とする栄養の参照量について	平成23年4月21日事務連絡	
厚生労働省	平成23（2011）年東日本大震災の発生により被災した理容師及び美容師による避難所又は仮設住宅における訪問利用・訪問美容について	平成23年4月22日健衛発0422第1号	
厚生労働省	東日本大震災に対処するための基準該当訪問看護の事業の人員、設備及び運営に関する基準の施行について	平成23年4月22日老発0422第1号	
厚生労働省	休業中の事業所でのボランティアについての雇用保険の特例給付における取扱について	平成23年4月22日職保発0422第2号	

資　料

厚生労働省	福島原子力発電所の影響を踏まえた「雇用調整助成金」及び「激甚災害法の雇用保険の特例措置」の取扱いについて	平成23年4月22日職開発0422第1号、職保発0422第1号
厚生労働省	東日本大震災に係るがれき処理に伴う労働災害防止対策の徹底について	平成23年4月22日基安発0422第1号
厚生労働省	重点分野雇用創出事業の活用による被災地等における保健医療提供体制の確保について	平成23年4月22日事務連絡
厚生労働省	平成23年東北地方太平洋沖地震及び長野県北部の地震に伴う療養の給付費等の書面による請求について（その２）	平成23年4月22日事務連絡
厚生労働省	東北地方太平洋沖地震及び長野県北部の地震で被災した被保険者の一部負担金等の取扱いについて（その４）	平成23年4月22日事務連絡
厚生労働省	東北地方太平洋沖地震及び長野県北部の地震で被災した被保険者の一部負担金等の取扱いについて（その５）	平成23年4月22日事務連絡
厚生労働省	東北地方太平洋沖地震及び長野県北部の地震による被災者に係る一部負担金等の取扱いについて（その５）	平成23年4月22日事務連絡
厚生労働省	東北地方太平洋沖地震及び長野県北部の地震による被災者に係る利用料等の取扱いについて	平成23年4月22日事務連絡
厚生労働省	東北地方太平洋沖地震及び長野県北部の地震に関する診療報酬等の請求の取扱いについて（4月診療等分）	平成23年4月22日事務連絡
厚生労働省	東日本大震災に関する介護報酬等の請求等の取扱いについて（4月サービス提供分）	平成23年4月22日事務連絡
厚生労働省	東日本大震災に伴う未払賃金の立替払事業の運営に当たって留意すべき事項について	平成23年4月22日事務連絡
厚生労働省	福島県内からの患者の受入れについて（再依頼）	平成23年4月24日事務連絡
厚生労働省	災害時により予防接種を受けられない者に対する特例措置について	平成23年4月25日事務連絡
厚生労働省	東日本大震災に係る社会福祉施設等災害復旧費国庫補助の協議について	平成23年4月26日雇児発0426第2号、社援発0426第5号、老発0426第1号
厚生労働省	福島県内の児童福祉施設等に係る園舎・園庭等の利用判断について	平成23年4月26日雇児発0426第1号、障発0426第1号
厚生労働省	東日本大震災による被災に伴う出産育児一時金等の医療機関等への直接支払制度による請求の取扱いについて（5月10日受付分以降について）	平成23年4月26日事務連絡
厚生労働省	東日本大震災に関する介護給付費等及び障害児施設給付費等の請求等の取扱いについて（4月サービス提供分）	平成23年4月26日事務連絡
厚生労働省	東日本大震災に関する出産育児一時金等の按分方法等（5月10日受付分以降について）	平成23年4月26日事務連絡

資　料

厚生労働省	東日本大震災に係る災害救助法の弾力運用について（その6）	平成23年4月27日社援総0427第1号
厚生労働省	東日本大震災への独立行政法人雇用・能力開発機構における対応（職員宿舎跡地の提供）について	平成23年4月27日能発0427第1号
厚生労働省	応急仮設住宅のグループホーム等に係る共同生活住居への活用について	平成23年4月27日事務連絡
厚生労働省	応急仮設住宅地域における高齢者等のサポート拠点等の設置について	平成23年4月27日事務連絡
厚生労働省	本人確認書類を滅失等している東日本大震災の被災者に対する被保険者証の再交付の取扱いについて	平成23年4月27日事務連絡
厚生労働省	「東日本大震災に伴う労働基準法等に関するQ&A（第3版）」等について	平成23年4月27日事務連絡
厚生労働省	「東日本大震災に伴う労働基準法等に関するQ&A（第3版）」等の事業主団体等への周知について	平成23年4月27日事務連絡
厚生労働省	「東日本大震災に伴う労働基準法等に関するQ&A（第3版）」等の周知について	平成23年4月27日事務連絡
厚生労働省	緊急作業に従事した労働者のその後の緊急作業以外の放射線業務による被ばく線量に係る指導について	平成23年4月28日基発0428第1号
厚生労働省	関係都県における食品・水道水中の放射性物質に関する検査計画の策定・実施状況について	平成23年4月28日健水発0428第1号、食安監発0428第1号
厚生労働省	被災地の医療復興のための地域医療再生臨時特例交付金の早期執行について	平成23年4月28日医政発0428第16号
厚生労働省	「東日本大震災に伴う介護報酬上の取り扱いについて（第3版）」の送付について	平成23年4月28日事務連絡
厚生労働省	東日本大震災に対し社会福祉法人が寄付金（義援金）を支出することについての特例について	平成23年4月28日事務連絡
厚生労働省	重点分野雇用創出事業の活用による被災地等における福祉サービスの提供の確保について	平成23年4月28日事務連絡
厚生労働省	東日本大震災により被災した障害者等に係る利用者負担の取扱いについて	平成23年4月28日事務連絡
厚生労働省	東日本大震災に係る災害救助法第35条に規定する被災県への求償の取扱について	平成23年4月29日事務連絡
厚生労働省	東日本大震災に係る応急仮設住宅としての民間賃貸住宅の借り上げの取扱について	平成23年4月30日社援発0430第1号
厚生労働省	災害関連死に対する災害弔慰金等の対応（情報提供）	平成23年4月30日事務連絡
厚生労働省	東日本大震災に対処するための特別の財政援助及び助成に関する法律における厚生年金保険等の特例措置について	平成23年5月2日保発0502第6号、年発0502第3号、雇児発0502第3号

資 料

厚生労働省	東日本大震災に対処するための特別の財政援助及び助成に関する法律について（援護関係部分）	平成23年5月2日社援援発0502第1号
厚生労働省	東日本大震災に対処するための特別の財政援助及び助成に関する法律等における医療保険関係の特例措置について	平成23年5月2日保発0502第3号
厚生労働省	東日本大震災による被災者の支援給付の取扱いについて（その3）	平成23年5月2日社援企発0502第1号
厚生労働省	東日本大震災による被災者の生活保護の取扱いについて（その3）	平成23年5月2日社援保発0502第2号
厚生労働省	東日本大震災に対処するための特別の財政援助及び助成に関する法律等の施行に伴う災害援護資金貸付の特例措置について（施行通知）	平成23年5月2日社援発0502第1号
厚生労働省	生活福祉資金貸付（福祉資金［福祉費］）の特例について	平成23年5月2日社援発0502第3号
厚生労働省	東日本大震災に係る災害弔慰金等の支給について	平成23年5月2日社援総発0502第1号
厚生労働省	東日本大震災に対処するための特別の財政援助及び助成に関する法律等の施行について（労働基準局関係）	平成23年5月2日基発0502第2号
厚生労働省	東日本大震災に対処するための特別の財政援助及び助成に関する法律等の施行について（雇用保険の基本手当の給付日数の特例関係）	平成23年5月2日職発0502第6号
厚生労働省	福島原子力発電所の影響による事業所の移転に係る雇用調整助成金の取扱いについて	平成23年5月2日職開発0502第4号
厚生労働省	雇用保険法施行令等の一部改正について	平成23年5月2日能発0502第3号
厚生労働省	雇用安定事業の実施等について	平成23年5月2日職発0502第3号
厚生労働省	東北地方太平洋沖地震及び長野県北部の地震による被災者に係る一部負担金等の取扱いについて（その6）（6月診療等分及び7月以降の診療等分の取扱い）	平成23年5月2日事務連絡
厚生労働省	東北地方太平洋沖地震及び長野県北部の地震による被災者に係る被保険者証等の提示について	平成23年5月2日事務連絡
厚生労働省	平成23年度第一次補正予算における社会福祉施設等の復旧支援について	平成23年5月2日事務連絡
厚生労働省	平成23年度災害弔慰金等負担金の交付申請について	平成23年5月2日事務連絡
厚生労働省	東日本大震災に係る災害救助法の弾力運用について（その7）	平成23年5月6日社援総発0506第1号
厚生労働省	東日本大震災に対処するための特別の財政援助及び助成に関する法律における老齢厚生年金及び老齢基礎年金の裁定の特例措置について	平成23年5月6日年管管発0506第3号
厚生労働省	東日本大震災により被災した障害のある子どもに対する状況把握及び支援等について	平成23年5月6日事務連絡

厚生労働省	東日本大震災に対処するための特別の財政援助及び助成に関する法律における厚生年金保険等の標準報酬月額の改定等の特例措置について	平成23年5月9日保保発0509第1号、年管管発0509第1号
厚生労働省	東日本大震災に対処するための特別の財政援助及び助成に関する法律における厚生年金保険等の標準報酬月額の改定等の特例措置について	平成23年5月9日年管管発0509第2号
厚生労働省	東日本大震災に対処するための特別の財政援助及び助成に関する法律における厚生年金保険等の標準報酬月額の改定等の特例措置について	平成23年5月9日保保発0509第3号
厚生労働省	「特定非常災害の被害者の権利利益の保全等を図るための特別措置に関する法律第三条第二項の規定に基づき同条第一項の特定権利利益に係る期間の延長に関し当該延長後の満了日を平成二十三年八月三十一日とする措置を指定する件の一部を改正する件」の制定について	平成23年5月9日職発0509第3号
厚生労働省	東日本大震災に対処するための特別の財政援助及び助成に関する法律における労働保険等の免除の特例について	平成23年5月9日基労徴発0509第1号
厚生労働省	福島原発事故避難住民に対する除染や健康チェック等のための医師、診療放射線技師等の派遣の有無について（照会）	平成23年5月9日事務連絡
厚生労働省	計画的避難区域等から出荷された家畜に由来する食肉等の放射性物質の検査について（依頼）	平成23年5月9日事務連絡
厚生労働省	東日本大震災の復旧工事における船舶の解体等作業に係る労働災害防止対策の徹底について	平成23年5月10日基安発0510第2号
厚生労働省	東日本大震災の影響による通常総会及び総代会の取扱いについて	平成23年5月10日健衛発0510第1号
厚生労働省	東日本大震災に対処するための特別の財政援助及び助成に関する法律の施行に伴う厚生年金基金の標準給与の月額の改定及び掛金等の免除の特例の事務処理等について	平成23年5月11日年企発0511第1号
厚生労働省	福島県内の災害廃棄物等を取り扱う業務に係る措置について	平成23年5月11日基安発0511第1号
厚生労働省	東日本大震災の被災者に係る児童扶養手当支給事務について	平成23年5月11日事務連絡
厚生労働省	東日本大震災被災市町村等における子ども手当支給事務について	平成23年5月11日事務連絡
厚生労働省	お茶（生茶葉）の放射性物質検査の実施について（依頼）	平成23年5月11日事務連絡
厚生労働省	実地調査等を踏まえた児童福祉施設等の園舎・園庭等における空間線量低減策について	平成23年5月12日事務連絡
厚生労働省	東北地方太平洋沖地震及び長野県北部の地震による被災者が受けた柔道整復師の施術に係る療養費の取扱いについて（その2）	平成23年5月12日事務連絡

資料

資　料

厚生労働省	東日本大震災に関する要介護認定事務の取扱いについて	平成23年5月12日事務連絡
厚生労働省	東日本大震災の被災者に対する第四回特別給付金国庫債券等の買上償還の実施について（通知）	平成23年5月13日社援援発0513第1号
厚生労働省	夏期の節電に取り組む労使の皆様を対象とするパンフレットの作成について	平成23年5月13日基発0513第2号
厚生労働省	東日本大震災に伴う出産育児一時金等の医療機関等への直接支払制度における被保険者証等の提示について	平成23年5月13日事務連絡
厚生労働省	夏期の節電に取り組む労使の皆様を対象とするパンフレットの周知について	平成23年5月13日事務連絡
厚生労働省	夏期の節電に向けた労使の取組への対応について	平成23年5月13日基発0513第1号
厚生労働省	東日本大震災により被災した介護保険の被保険者に対する利用料の免除等の運用について	平成23年5月16日老介発0516第1号
厚生労働省	東日本大震災による被災者に係る利用料等の取扱いについて	平成23年5月16日事務連絡
厚生労働省	**東日本大震災による被災者に係る被保険者証の提示等及び地方自治体における第5期介護保険事業（支援）計画及び老人福祉計画の弾力的な策定について**	**平成23年5月16日事務連絡**
厚生労働省	食品中の放射性物質検査の実施について（依頼）	平成23年5月16日事務連絡
厚生労働省	「福島県内の下水処理副次産物の当面の取扱いに関する考え方」等について	平成23年5月17日基安発0517第1号
厚生労働省	福島第一原子力発電所から20キロメートル圏内における作業に係る措置について	平成23年5月17日基安発0517第3号
厚生労働省	夏期の電力需給対策に伴う企業の就業時間等の変更に対応した延長保育事業、休日保育事業及び家庭的保育事業の実施について	平成23年5月18日雇児保発0518第1号
厚生労働省	東日本大震災に係る応急仮設住宅等について	平成23年5月18日社援総発0518第1号
厚生労働省	夏期の電力需給対策に伴う企業の就業時間等の変更に対応した延長保育事業、休日保育事業及び家庭的保育事業の実施にあたっての具体的方策について	平成23年5月18日事務連絡
厚生労働省	東日本大震災による被災者に係る医療保険の一部負担金等（窓口負担）の免除に関するQ＆Aについて	平成23年5月18日事務連絡
厚生労働省	社会福祉施設等における夏期の電力需給対策について	平成23年5月19日雇児発0519第1号、社援発0519号、老発0519第1号
厚生労働省	夏期の電力需給対策に伴う企業の就業時間等の変更に対応した放課後児童クラブの実施について	平成23年5月19日雇児育発0519第1号

厚生労働省	社会福祉施設等における夏期の電力需給対策について	平成23年5月19日雇児発0519第1号、社援発0519第1号、老発0519第1号
厚生労働省	平成23年3月及び4月サービス提供分に係る介護職員処遇改善交付金の支払等の取扱いについて	平成23年5月19日事務連絡
厚生労働省	夏期の電力需給対策に係る特定建築物の維持管理について	平成23年5月20日健発0520第1号
厚生労働省	夏期の電力需給対策を受けた事務所の室内温度等の取扱いについて	平成23年5月20日基発0520第6号
厚生労働省	「東日本大震災に対処するための特別の財政援助及び助成に関する法律における労働保険料等の免除の特例について」の一部改正について	平成23年5月20日基労徴発0520第1号
厚生労働省	東日本大震災の被災者等に対する要介護認定等の取扱いについて	平成23年5月20日事務連絡
厚生労働省	株式会社日本政策金融公庫（生活衛生資金貸付）の融資について	平成23年5月23日健発0523第2号
厚生労働省	**東日本大震災に係る旅館、ホテル等を利用した避難所の一時的な利用について**	**平成23年5月23日社援総発0523第1号**
厚生労働省	夏期に向けた節電対策アイディアの募集結果と節電行動計画の策定等について	平成23年5月23日事務連絡
厚生労働省	東北地方太平洋沖地震及び長野県北部の地震による被災者に係る一部負担金等の取扱いについて（その7）（6月診療等分及び7月以降の診療等分の取扱い）	平成23年5月23日事務連絡
厚生労働省	夏期に向けた節電対策アイディアの募集結果と節電行動計画の策定等について	平成23年5月23日事務連絡
厚生労働省	**東日本大震災に係る応急仮設住宅について（その2）**	**平成23年5月24日社援総発0524第2号**
厚生労働省	土葬された御遺体の改葬に伴う災害救助法の取扱いについて（通知）	平成23年5月24日健衛発0524第1号、社援総発0524第1号
厚生労働省	夏期の電力需給対策について	平成23年5月24日職派需発0524第1号
厚生労働省	計画的避難区域において事業所が例外的に事業を継続する場合に係る措置について	平成23年5月24日基安発0524第1号
厚生労働省	雇用調整助成金及び中小企業緊急雇用安定助成金の教育訓練に係る取扱いについて	平成23年5月24日職開発0524第1号
厚生労働省	東日本大震災により被災した国民健康保険直営診療施設に係る国民健康保険調整交付金（へき地直営診療所運営費）の取扱いについて	平成23年5月24日事務連絡
厚生労働省	東日本大震災に係る勤労者財産形成持家融資制度の特例措置の拡充について	平成23年5月25日基発0525第4号
厚生労働省	東日本大震災に係る災害援護資金貸付の取扱いについて	平成23年5月25日社援総発0525第1号

資　料

厚生労働省	「福島第一原子力発電所事故に係る警戒区域等における休業に関するQ&A」について	平成23年5月25日事務連絡
厚生労働省	東日本大震災に係る被災者等の就労支援及び雇用創出に際する雇用の質の確保について	平成23年5月26日基発0526第3号、職発0526第2号
厚生労働省	東日本大震災の被災者に関する遺族（補償）年金等の定期報告の取扱いについて	平成23年5月26日基労管発0526第1号、基労補発0526第4号、基労保発0526第2号
厚生労働省	東北地方太平洋沖地震及び長野県北部の地震に関する診療報酬等の按分方法等について（5月診療等分）	平成23年5月26日事務連絡
厚生労働省	東北地方太平洋沖地震及び長野県北部の地震に関する診療報酬等の請求の取扱いについて（5月診療等分）	平成23年5月26日事務連絡
厚生労働省	避難所における熱中症予防対策について	平成23年5月26日事務連絡
厚生労働省	労働者が東日本大震災に伴い被災した場合の給付基礎日額の算定の特例について	平成23年5月27日基発0527第10号
厚生労働省	東日本大震災による災害復旧工事における労働災害防止対策の徹底について（その3）～低層住宅の屋根改修工事等関連～	平成23年5月27日基安安発0527第2号、基安労発0527第2号、基安化発0527第2号
厚生労働省	国立ハンセン病療養所への受入について（情報提供）	平成23年5月27日医政国発0527第1号
厚生労働省	東日本大震災に対処するための要介護認定有効期間及び要支援認定有効期間の特例に関する省令の施行について	平成23年5月27日老発0527第3号
厚生労働省	東日本大震災に関する介護給付費等及び障害児施設給付費等の請求等の取扱いについて（5月サービス提供分）	平成23年5月27日事務連絡
厚生労働省	**東日本大震災に係る災害救助法の弾力運用について（その8）**	**平成23年5月30日社援総発0530第1号**
厚生労働省	**東日本大震災に伴う医療法等の取扱いについて（通知）**	**平成23年5月30日医政総発0530第2号**
厚生労働省	東日本大震災に関する介護報酬等の請求等の取扱いについて（5月サービス提供分）	平成23年5月30日事務連絡
厚生労働省	東日本大震災により被災した障害者等に係る利用者負担の取扱い等について	平成23年5月30日事務連絡
厚生労働省	「節電に向けた労働時間の見直し等に関するQ&A」について	平成23年5月30日事務連絡
厚生労働省	夏期の節電の取組の進め方について	平成23年5月31日職派需発0531第1号
厚生労働省	平成23年の職場における熱中症予防対策の重点的な実施について	平成23年5月31日基安発0531第1号、第2号

厚生労働省	東日本大震災に係る後期高齢者医療災害臨時特例補助金の交付申請及び後期高齢者医療の特別調整交付金の交付について	平成23年5月31日保高発0531第1号
厚生労働省	平成23年夏期における節電対策のための労働基準法第32条の4の変形労働時間制に関する労使協定の変更及び解約について	平成23年5月31日基発0531第5号
厚生労働省	社会福祉施設等における夏期の節電の取組の進め方について	平成23年5月31日事務連絡
厚生労働省	東北地方太平洋沖地震及び長野県北部の地震による被災者が受けた柔道整復師の施術に係る療養費の取扱いについて（その3）	平成23年5月31日事務連絡
厚生労働省	東日本大震災により被災した者に係る健康増進事業の実施に関する取扱いについて	平成23年5月31日事務連絡
厚生労働省	東日本大震災にかかる保健師、医師、管理栄養士等の派遣の期間延長について（協力依頼）	平成23年6月1日事務連絡
厚生労働省	福島原発事故避難住民に対する除染や健康チェック等のための医師、診療放射線技師等の派遣の有無について（照会）	平成23年6月1日事務連絡
厚生労働省	東日本大震災により被災した被保険者に係る国民健康保険料（税）の減免に対する財政支援の基準等について	平成23年6月1日事務連絡
厚生労働省	東日本大震災により被災した被保険者に係る後期高齢者医療の保険料の減免及び賦課について	平成23年6月1日事務連絡
厚生労働省	東日本大震災による被災者が受けたあん摩・マッサージ・指圧師の施術及びはり師、きゅう師の施術並びに治療用装具に係る療養費の取扱いについて	平成23年6月1日事務連絡
厚生労働省	茶の放射性物質検査の実施について（依頼）	平成23年6月2日事務連絡
厚生労働省	医療施設における夏期の節電の取組の進め方について	平成23年6月3日医政発0603第4号
厚生労働省	「避難所生活を過ごされる方々の健康管理に関するガイドライン」について	平成23年6月3日事務連絡
厚生労働省	東日本大震災に対処するための要介護認定有効期間及び要支援認定有効期間の特例に関する疑義解釈について	平成23年6月3日事務連絡
厚生労働省	福島県内における子どもが児童福祉施設等において受ける線量低減に向けた当面の対応について	平成23年6月6日事務連絡
厚生労働省	東日本大震災による災害により行方不明となった者に係る遺族厚生年金等の請求があった場合の取扱いについて	平成23年6月7日年管発0607第5号
厚生労働省	東日本大震災による災害により行方不明となった者に係る遺族厚生年金等の請求があった場合の取扱いについて	平成23年6月7日年管管発0607第6号

資料

厚生労働省	東日本大震災に対処するための特別の財政援助及び助成に関する法律における戦傷病者戦没者遺族等援護法の死亡推定に関する規定について	平成23年6月7日社援援発0607第1号
厚生労働省	商工会議所と連携した震災被災者対象求人の確保について	平成23年6月7日職首発0607第1号
厚生労働省	東日本大震災に対処するための特別の財政援助及び助成に関する法律の施行に伴う企業年金関係の死亡に係る給付の支給に関する規定の適用の特例について	平成23年6月9日年企発0609第1号
厚生労働省	東日本大震災による災害により行方不明となった者に係る遺族（補償）給付支給請求書等の提出があった場合等の取扱いについて（行方不明者であることの調査手法関係）	平成23年6月9日基労発0609第1号
厚生労働省	「青森県及び茨城県における社会保険料及び労働保険料等に関する納期限等を指定する件」の制定について	平成23年6月10日職発0610第1号
厚生労働省	東日本大震災による災害により行方不明となった者に係る遺族厚生年金等の請求があった場合の取扱いについて（行方不明者であることの確認方法関係）	平成23年6月10日年管管発0610第3号
厚生労働省	東日本大震災による災害により行方不明となった者に係る遺族厚生年金等の請求があった場合の取扱いについて（行方不明者であることの確認方法関係）	平成23年6月10日年管管発0610第4号
厚生労働省	一部の市町村に住所を有する介護保険の被保険者に係る免除証明書等の取扱い等について	平成23年6月10日事務連絡
厚生労働省	東日本大震災の被災地におけるボランティア活動に係るボランティア休暇制度の整備及び活用の促進等に関する要請書	平成23年6月10日
厚生労働省	一部の市町村に住所を有する市町村国保及び後期高齢者医療の被保険者に係る一部負担金等免除証明書の取扱いについて	平成23年6月14日事務連絡
厚生労働省	東北地方太平洋沖地震及び長野県北部の地震による被災者に係る一部負担金等の取扱いについて（その8）（6月診療等分及び7月以降の診療等分の取扱い）	平成23年6月14日事務連絡
厚生労働省	避難所における食事提供に係る適切な栄養管理の実施について	平成23年6月14日事務連絡
厚生労働省	東北地方太平洋沖地震及び長野県北部の地震に関する診療報酬等の請求の取扱いについて（6月診療等分）1	平成23年6月14日事務連絡
厚生労働省	東北地方太平洋沖地震及び長野県北部の地震に関する診療報酬等の請求の取扱いについて（6月診療等分）2	平成23年6月14日事務連絡
厚生労働省	医療施設における節電行動計画の作成について	平成23年6月15日医政発0615第3号

厚生労働省	東日本大震災の発生に伴う雇用調整助成金等の特例について	平成23年6月15日職発0615第1号
厚生労働省	東日本大震災による行方不明者に係る死亡届の取扱いについて	平成23年6月15日事務連絡
厚生労働省	放射性物質が検出された浄水発生土の当面の取扱いに関する考え方について	平成23年6月16日健発0616第8号
厚生労働省	戦傷病者戦没者遺族等援護法の遺族年金等の請求に当たり提出を求める死亡確定に係る確認書類について	平成23年6月16日社援援発0616第1号
厚生労働省	東日本大震災に係る保育所運営費国庫負担金の取扱いについて	平成23年6月17日雇児発0617第6号
厚生労働省	災害弔慰金等の支給に係る審査会等の設置について	平成23年6月17日社援総発0617第1号
厚生労働省	東日本大震災により被災した被保険者等に対する一部負担金等の免除措置の申請に関する取扱いについて（その2）1	平成23年6月17日事務連絡
厚生労働省	東日本大震災により被災した被保険者等に対する一部負担金等の免除措置の申請に関する取扱いについて（その2）2	平成23年6月17日事務連絡
厚生労働省	東日本大震災により被災した被保険者等に対する一部負担金等の免除措置の申請に関する取扱いについて（その2）3	平成23年6月17日事務連絡
厚生労働省	東日本大震災により被災した被保険者等に対する一部負担金等の免除措置の申請に関する取扱いについて（その2）4	平成23年6月17日事務連絡
厚生労働省	東日本大震災に伴う高額介護サービス費等の支給並びに食費及び居住費等の負担限度額認定等の運用等について	平成23年6月17日事務連絡
厚生労働省	東日本大震災に起因する行方不明者の被保険者資格及び医療給付の取扱いについて　1	平成23年6月17日事務連絡
厚生労働省	東日本大震災に起因する行方不明者の被保険者資格及び医療給付の取扱いについて　2	平成23年6月17日事務連絡
厚生労働省	東日本大震災に起因する行方不明者の被保険者資格及び医療給付の取扱いについて　3	平成23年6月17日事務連絡
厚生労働省	東日本大震災に起因する行方不明者の被保険者資格及び医療給付の取扱いについて　4	平成23年6月17日事務連絡
厚生労働省	福島県内における屋外に設置された遊泳用プールの利用について	平成23年6月17日事務連絡
厚生労働省	東日本大震災の被災者に係る児童扶養手当支給事務について（VOL.2）	平成23年6月17日事務連絡
厚生労働省	東日本大震災に伴う厚生年金基金及び国民年金基金の掛金等の納付期限等の指定について	平成23年6月20日年企発0620第1号
厚生労働省	農地等を応急仮設住宅の用に供するために一時的に使用する場合の相続税の納税猶予等の特例措置の適用について（通知）	平成23年6月20日社援総発0620第1号

資料

厚生労働省	社会福祉施設等における節電行動計画の作成について	平成23年6月20日事務連絡
厚生労働省	東日本大震災により主たる生計維持者の行方が不明となった場合の一部負担金等の免除にあたっての確認方法について	平成23年6月20日事務連絡
厚生労働省	東日本大震災に関する介護給付費等及び障害児施設給付費等の請求等の取扱いについて（6月サービス提供分）	平成23年6月20日事務連絡
厚生労働省	**東日本大震災に係る応急仮設住宅について（その3）**	**平成23年6月21日社援総発0621第1号**
厚生労働省	「東日本大震災により被災した被保険者に対する一部負担金等の免除等の取扱いについて」の一部改正について	平成23年6月21日保国発0621第1号
厚生労働省	「東日本大震災により被災した被保険者に対する一部負担金等の免除等の取扱いについて」の一部改正について	平成23年6月21日保高発0621第1号
厚生労働省	「東日本大震災により被災した被保険者等に対する一部負担金等の免除等の取扱いについて」の一部改正について	平成23年6月21日保保発0621第1号
厚生労働省	「東日本大震災に対処するための特別の財政援助及び助成に関する法律等における医療保険関係の特例措置について」の一部改正について	平成23年6月21日保発0621第5号
厚生労働省	「警戒区域への一時立入許可基準」（公益立入）の解釈、運用が適用される作業に係る措置について	平成23年6月21日基安発0621第1号、第2号
厚生労働省	平成23年夏期における節電対策のための休日の変更に伴うフレックスタイム制における時間外労働となる時間の計算方法の取扱いについて	平成23年6月21日基監発0621第1号
厚生労働省	夏期の電力需給対策に伴う適切な介護・障害福祉サービス等の提供について	平成23年6月21日事務連絡
厚生労働省	東日本大震災による被災に伴う国民健康保険組合の一部負担金の負担割合等の取扱いについて	平成23年6月21日事務連絡
厚生労働省	東日本大震災に関する介護報酬等の請求等の取扱いについて（6月サービス提供分）	平成23年6月21日事務連絡
厚生労働省	水道水中の放射性物質の低減方策について	平成23年6月21日事務連絡
厚生労働省	放射性物質が検出された上下水処理等副次産物及び災害廃棄物の当面の取扱いについて	平成23年6月23日基安発0623第1号
厚生労働省	放射性物質が検出された上下水処理等副次産物及び災害廃棄物の当面の取扱いについて	平成23年6月23日基安発0623第2号
厚生労働省	東日本大震災に伴い発生した東京電力福島第一原子力発電所の事故に係る国民年金保険料の申請免除等の取扱いの変更について	平成23年6月24日年管管発0624第6号

厚生労働省	被災者居住地域における害虫等対策について	平成23年6月27日健総発0627第2号、健感発0627第2号、健衛発0627第1号、社援総発0627第1号
厚生労働省	「東日本大震災により被災した介護保険の被保険者に対する利用料の免除等の運用について」の一部改正について	平成23年6月27日老介発0627第1号
厚生労働省	農畜水産物等の放射性物質検査について	平成23年6月27日食安発0627第1号
厚生労働省	東日本大震災により被災した被保険者に対する一部負担金等の免除措置に係る7月1日以降の取扱いの周知について　1	平成23年6月28日事務連絡
厚生労働省	東日本大震災により被災した被保険者に対する一部負担金等の免除措置に係る7月1日以降の取扱いの周知について　2	平成23年6月28日事務連絡
厚生労働省	東日本大震災による被災に伴う健康保険等の自己負担限度額認定等の取扱いについて	平成23年6月28日事務連絡
厚生労働省	東日本大震災による被災者に関する一部負担金等の取扱いについて（周知）	平成23年6月28日事務連絡
厚生労働省	東日本大震災による医療法第8条の規定等による届出の義務の不履行についての免責に係る期限に関する政令の施行について（施行通知）	平成23年6月29日医政発0629第8号
厚生労働省	今夏の電力使用制限に伴う雇用調整助成金等の取扱いについて	平成23年6月30日職発0630第4号
厚生労働省	石綿等が吹き付けられた建築物等からの石綿等の飛散及びばく露防止対策の徹底について（通知）	平成23年6月30日基安化発0630第1号、環水大大発第110630002号
厚生労働省	東日本大震災により被災した介護保険の被保険者に対する介護保険施設等の食費及び居住費等に関する補助の取扱いについて	平成23年6月30日事務連絡
厚生労働省	東日本大震災により被災した被保険者に対する利用者負担の免除等の措置に係る7月1日以降の取扱いの周知について	平成23年6月30日事務連絡
厚生労働省	「今後の水道水中の放射性物質のモニタリング方針について」の改定について	平成23年6月30日健水発0630第3号
厚生労働省	夏期の電力需給対策に伴う適切な障害福祉サービス等の提供における障害者自立支援対策臨時特例基金の活用について	平成23年6月30日事務連絡
厚生労働省	災害救助法の住宅の応急修理について	平成23年6月30日社援総発0630第1号
厚生労働省	東京電力福島第一原子力発電所の影響を踏まえた「激甚災害法の雇用保険の特例措置」及び「雇用調整助成金」の取扱いについて	平成23年7月1日職開発0701第1号、職保発0701第1号
厚生労働省	特定避難勧奨地点における応急仮設住宅の取扱いについて	平成23年7月1日社援総発0701第1号

資　料

厚生労働省	害虫対策関係のリーフレット（被災者向け）の配布について	平成23年7月4日事務連絡
厚生労働省	応急仮設住宅の空気環境の管理に関するリーフレットについて	平成23年7月4日事務連絡
厚生労働省	災害救助法における住宅の応急修理について	平成23年7月4日事務連絡
厚生労働省	東北地方太平洋沖地震及び長野県北部の地震による被災者が受けた柔道整復師の施術に係る療養費の往療の取扱いについて	平成23年7月5日事務連絡
厚生労働省	東日本大震災による被災者が受けたあん摩マッサージ指圧師の施術及びはり師、きゅう師の施術に係る医師の同意書等の取扱いについて	平成23年7月5日事務連絡
厚生労働省	東日本大震災に係る長期避難世帯の取扱いについて（その2）	平成23年7月6日事務連絡
厚生労働省	東日本大震災に係る勤労者財産形成持家融資制度の特例貸付の実施について	平成23年7月8日基発0708第4号
厚生労働省	東日本大震災に係る勤労者財産形成持家融資制度の特例貸付の実施について	平成23年7月8日基発0708第5号
厚生労働省	牛肉の放射性物質検査の実施について（依頼）	平成23年7月8日事務連絡
厚生労働省	東日本大震災に伴う災害復旧工事等に係る建設業附属寄宿舎の法定基準の確保について（要請）	平成23年7月11日基監発0711第1号
厚生労働省	平成23年東北地方太平洋沖地震及び長野県北部の地震の被災に伴う医薬品の長期処方の自粛及び分割調剤の考慮について（その2）	平成23年7月12日事務連絡
厚生労働省	平成23年夏期における計画停電に伴う休業について	平成23年7月14日基監発0714第1号
厚生労働省	被災地における介護等のサポート拠点に係る取組（1）	平成23年7月14日事務連絡
厚生労働省	東日本大震災に係る雇用促進住宅の応急仮設住宅としての取扱について	平成23年7月15日職発0715第3号
厚生労働省	東日本大震災における避難所の暑さ対策について（緊急の依頼）	平成23年7月15日社援総発0715第1号
厚生労働省	**東日本大震災に係る応急仮設住宅について（その4）**	**平成23年7月15日社援総発0715第2号**
厚生労働省	計画停電の実施又は大規模停電の発生時の水道施設における対応について（依頼）	平成23年7月19日事務連絡
厚生労働省	東日本大震災により被災した被保険者等に係る特定健康診査等の受診機会の確保のためのガイドライン等について	平成23年7月20日事務連絡
国土交通省	平成23年（2011年）東北地方太平洋沖地震に伴うライフラインとなる占用物件の災害復旧の取扱いについて	平成23年3月11日国道利第10号
国土交通省	「平成23年東北地方太平洋沖地震」によりライフラインとなる占用物件が被害を受けた場合の河川敷地占用許可等制度の運用について	平成23年3月11日事務連絡

国土交通省	「平成23年東北地方太平洋沖地震」により取水施設等が被害を受けた場合等の水利使用許可制度の運用について	平成23年3月11日事務連絡
国土交通省	東北地方太平洋沖地震に係る災害応急対策への協力について（要請）	平成23年3月12日国総建第296号、国総建整第290号、国総施第81号
国土交通省	緊急通行車両等確認証明書等の迅速な発行手続きについて（依頼）	平成23年3月13日国総建第297号
国土交通省	東北地方太平洋沖地震への緊急対応について～水力発電需要の増加に緊急に対応します～	平成23年3月14日報道発表
国土交通省	東北地方太平洋沖地震に係る被災者の住宅確保対策等について（協力要請）	平成23年3月15日国総動指第71号
国土交通省	東北地方太平洋沖地震の被災地における応急復旧工事等に係る前払金保証の事務処理の迅速化・円滑化について（要請）	平成23年3月15日国総建第301号
国土交通省	東北地方太平洋沖地震被災地及び周辺地域における民間賃貸住宅への円滑な入居の確保について	平成23年3月15日国総動指第72号、国住備第171号
国土交通省	「平成23年東北地方太平洋沖地震」による電力需給の逼迫に対応するための発電水利に係る取水量管理の弾力化について	平成23年3月15日事務連絡
国土交通省	東北地方太平洋沖地震により被災した直轄工事・業務における出来高等の確認及び支払いの取り扱いについて	平成23年3月15日事務連絡
国土交通省	東北地方太平洋沖地震に伴う工事等の中止命令について	平成23年3月15日事務連絡
国土交通省	東北地方太平洋沖地震に伴う応急復旧工事等の優先的かつ円滑な実施等について（要請）	平成23年3月16日国総建第304号
国土交通省	平成23年東北地方太平洋沖地震に係る船員の在籍出向の特例について	平成23年3月16日国海人第176号
国土交通省	平成23年東北地方太平洋沖地震による災害に伴う宅地建物取引業法・マンション管理適正化法上の措置について	平成23年3月16日事務連絡
国土交通省	平成23年東北地方太平洋沖地震による災害に伴う宅地建物取引業法上の措置について	平成23年3月16日事務連絡
国土交通省	東北地方太平洋沖地震に伴う緊急復旧事業の前金払の取り扱いについて	平成23年3月16日事務連絡
国土交通省	東北地方太平洋沖地震への緊急対応　～水力発電の水利使用に係る取水量管理の弾力化について～	平成23年3月16日報道発表
国土交通省	東北地方太平洋沖地震等への対応について（周知依頼）	平成23年3月16日事務連絡
国土交通省	東北地方太平洋沖地震への緊急対応　～河川維持流量の一部の水力発電への利用について～	平成23年3月17日報道発表

資料

国土交通省	東北地方太平洋沖地震に係る救援活動における航空法第89条ただし書の届出等に関する処理要領について	平成23年3月17日国空航1366号
国土交通省	東北地方太平洋沖地震等に伴い被災した工事その他の工事に係る支払の迅速化について（要請）	平成23年3月18日国総入企第25号、国総建整第297号
国土交通省	東北地方太平洋沖地震により被災した直轄工事・業務における出来高確認のための資料作成が不可能な場合の取り扱いについて	平成23年3月18日事務連絡
国土交通省	平成23年（2011年）東北地方太平洋沖地震に係る占用の廃止及び占用料の取扱いについて	平成23年3月22日国道利第11号
国土交通省	平成23年東北地方太平洋沖地震による災害に伴う宅地建物取引業法の特例措置について	平成23年3月23日事務連絡
国土交通省	平成23年東北地方太平洋沖地震による災害に伴う宅地建物取引業法及びマンション管理適正化法の特例措置について	平成23年3月23日事務連絡
国土交通省	県境を越えた被災者の旅館・ホテル等への受入れについて	平成23年3月24日観観産第660号
国土交通省	東北地方太平洋沖地震等に伴う下請債権保全支援事業の取扱いについて	平成23年3月24日国総建第312号、国総建整第303号
国土交通省	東北地方太平洋沖地震等に伴い被災した直轄工事に係る地域建設業経営強化融資制度の取扱いについて	平成23年3月25日国官会第2629号、国地契第54号、国官技第381号、国営計第121号、国北予第42号
国土交通省	東北地方太平洋沖地震に伴う抹消登録申請時の特例的取扱について	平成23年3月25日国事情第234号
国土交通省	平成23年東北地方太平洋沖地震による災害に伴う犯罪による収益の移転防止に関する法律等の特例措置について	平成23年3月25日事務連絡
国土交通省	平成23年東北地方太平洋沖地震による災害に伴う犯罪による収益の移転防止に関する法律等の特例措置について	平成23年3月25日事務連絡
国土交通省	被災船舶の所有者情報の提供について	平成23年3月28日事務連絡
国土交通省	東北地方太平洋沖地震に伴う建設資機材の需給の安定について（要請）	平成23年3月29日国総建第324号、国総建整第312号、国総施第92号
国土交通省	被災地域における新規登録等の申請について	平成23年3月30日国自情第235号
国土交通省	東日本大震災の影響に伴うトラック輸送対策について	平成23年4月5日国自貨第12号
国土交通省	平成23年東北地方太平洋沖地震による災害復旧事業の査定の簡素化について（通知）	平成23年4月11日事務連絡
国土交通省	当面の観光に関する取組について	平成23年4月12日観観振第9号

資　料

国土交通省	東日本大震災及び福島原子力発電所事故等に起因した風評被害の防止について（周知依頼）	平成23年4月12日観観産第26号
国土交通省	東日本大震災に伴う小型二輪自動車及び検査対象外軽自動車の新規検査等の申請（届出）に係る特例的取扱について	平成23年4月18日国自情第17号
国土交通省	被災地域における新規登録等の申請について	平成23年4月18日国自情第18号
国土交通省	東日本大震災に伴う国発注工事の前金払の特例に対応した業務体制の整備について（通知）	平成23年4月21日国総建第19号
国土交通省	東日本大震災に伴う国発注工事の前金払の特例について（通知）	平成23年4月21日国総建第21号
国土交通省	「がんばろう！日本」国内旅行振興キャンペーン第1弾への協力依頼	平成23年4月21日事務連絡
国土交通省	東日本大震災により被災した船舶の処理に関するガイドライン（暫定版）について	平成23年4月21日事務連絡
国土交通省	被災地における土地取引等の実態把握について（依頼）	平成23年5月2日事務連絡
国土交通省	福島県内の下水処理副次産物の当面の取扱いに関する考え方について	平成23年5月12日都下企発第27号
国土交通省	東日本大震災による災害廃棄物の撤去等に係る地域建設業経営強化融資制度の取扱いについて	平成23年5月19日国総建第40号、国総建整第54号
国土交通省	東日本大震災に伴う下請債権保全支援事業に係る事務取扱いについて	平成23年5月19日国総建第39号、国総建整第52号
国土交通省	東日本大震災に伴う下請債権保全支援事業の拡充について	平成23年5月19日国総建第38号、国総建整第51号
国土交通省	被災地における復興計画策定に対する国の支援について	平成23年6月15日報道発表
国土交通省	「放射性物質が検出された上下水処理等副次産物の当面の取扱いに関する考え方」について	平成23年6月16日国都下企第54号
国土交通省	東日本大震災により被災した船舶の処理に関するガイドライン（暫定版）について（補遺）	平成23年7月6日事務連絡
国土交通省	東日本大震災による被災地等における適正な土地取引の確保の徹底について	平成23年8月18日国土動整第7号、国土市第13号
総務省	市町村行政機能サポート窓口の設置について	平成23年3月12日事務連絡
総務省	東北地方太平洋沖地震等に関する住民基本台帳事務の取扱いについて（通知）	平成23年3月13日総行住第35号
総務省	住民基本台帳ネットワークシステムの本人確認情報の利用に関する条例について	平成23年3月13日事務連絡
総務省	平成23年東北地方太平洋沖地震による被災者に対する地方税、使用料、手数料等の減免措置等について	平成23年3月14日総財財第22号、総税企第32号
総務省	東北電力の需給逼迫による計画停電の実施に伴う防火対策の徹底について	平成23年3月15日事務連絡

資　料

総務省	東北地方太平洋沖地震により市区町村の住民基本台帳が滅失している場合等の取扱いについて（通知）	平成23年3月17日総行住第42号
総務省	救急救命士の特定行為の取扱いについて	平成23年3月17日事務連絡
総務省	平成23年東北地方太平洋沖地震の被災者の受入れ等に要する経費に対する特別交付税措置について	平成23年3月18日総財財第23号
総務省	東北地方太平洋沖地震等に伴う住民票の写し等の交付に係る本人確認ついて（通知）	平成23年3月22日総行住第48号
総務省	東北地方太平洋沖地震に係る人的支援の要望について	平成23年3月22日事務連絡
総務省	東北地方太平洋沖地震に係わる被災地方公共団体に対する人的支援について	平成23年3月22日総行公第21号
総務省	平成23年東北地方太平洋沖地震の影響のため統一地方選挙の期日においては選挙を適正に行うことが困難と認められる市町村の指定について（第1次指定分）	平成23年3月22日事務連絡
総務省	震災行政相談専用フリーダイヤルを開設しました	平成23年3月23日報道資料
総務省	平成23年東北地方太平洋沖地震の影響のため統一地方選挙の期日においては選挙を適正に行うことが困難と認められる市町村の指定について（第2次指定分）	平成23年3月24日事務連絡
総務省	震災により本人確認が困難な場合の携帯電話契約の本人確認方法の特例	平成23年3月25日報道資料
総務省	平成23年東北地方太平洋沖地震による被災者に対する地方税の減免措置等の取扱いについて	平成23年3月28日総税企第36号
総務省	平成23年東北地方太平洋沖地震による被災地域における不在者投票の周知等について	平成23年3月28日総行管第117号
総務省	平成23年東北地方太平洋沖地震の影響のため統一地方選挙の期日においては選挙を適正に行うことが困難と認められる市町村の指定について（第3次指定分）	平成23年3月29日報道資料
総務省	東北地方太平洋沖地震への対応に係るＱ＆Ａ（住民基本台帳関係）	平成23年4月4日
総務省	東日本大震災に係るインターネット上の流言飛語への適切な対応に関する要請	平成23年4月6日総基消第145号
総務省	被災地での「地デジ難視対策衛星放送」の一時利用を開始	平成23年4月7日報道資料
総務省	東日本大震災等に伴い避難した住民の所在地等に係る情報を住所地の地方公共団体が把握するための関係地方公共団体の協力について（通知）	平成23年4月12日総行住第62号
総務省	避難されている皆様へのお願い	平成23年4月12日報道資料
総務省	「東日本大震災」に伴う臨時災害放送局の開設状況	平成23年4月12日事務連絡

資　料

総務省	平成23年度補正予算（第1号）に伴う対応等について	平成23年4月26日事務連絡
総務省	地方税法、同法施行令、同法施行規則の改正について	平成23年4月27日総税企第46号
総務省	東日本大震災に係る地方税法の取扱い等について	平成23年4月27日総税企第48号
総務省	東日本大震災に係る税制上の措置等の広報等について	平成23年4月27日総税企第49号
総務省	東日本大震災の被災者に対する勤労者財産形成住宅（年金）貯蓄の不適格払出しに係る還付の取り扱いについて	平成23年4月27日総税市第24号
総務省	特別行政相談所を開設します	平成23年4月28日報道資料
総務省	東日本大震災等による被災を受けた施設・設備に対する地上デジタル放送移行のための支援を行っています	平成23年5月10日報道資料
総務省	地方税法附則第55条に基づく平成23年度分の固定資産税等の課税免除に係る対象区域の指定方法等について	平成23年5月12日総税固第27号
総務省	平成23年度補正予算（第1号）等に係る地方債の取扱いについて	平成23年5月19日事務連絡
総務省	東日本大震災に係る地方公営企業施設の災害復旧事業等に対する繰出金について（通知）	平成23年6月1日総財公第65号
総務省	東日本大震災に係る地方公営企業施設の災害復旧事業等に対する地方財政措置等について	平成23年6月1日事務連絡
総務省	東日本大震災への対応に係るＱ＆Ａ（地方行財政関係）	平成23年6月10日
総務省	「東北地方太平洋沖地震」及び「長野県北部の地震」に伴うNHK放送受信料の免除について	平成23年6月24日報道資料
総務省	許認可等の有効期間の延長等	平成23年7月1日報道資料
総務省	被災された恩給受給者の皆さまへ	平成23年7月8日報道資料
総務省	地方税法、同法施行令、同法施行規則の施行等について（通知）	平成23年8月12日総税企第102号
総務省	東日本大震災（原子力災害）に係る地方税制上の措置の広報について	平成23年8月12日総税企第104号
総務省	原発避難者への避難先での行政サービスの提供等について（避難場所等の届出をお願いします）	平成23年8月19日報道資料
総務省	東日本大震災における原子力発電所の事故による災害に対処するための避難住民に係る事務処理の特例及び住所移転者に係る措置に関する法律等の施行について（通知）	平成23年8月19日総行行第120号
総務省	東日本大震災地方税の取扱い等について	平成23年8月23日報道資料
総務省	東日本大震災（原子力災害）に係る地方税の取扱い等について	平成23年8月23日報道資料

資　料

総務省	東日本大震災で自動車が被害に遭われた方へ（普通自動車、バス、トラック等（軽自動車以外の自動車）編）	平成23年 8月25日パンフレット
総務省	東日本大震災で自動車が被害に遭われた方へ（軽自動車編）	平成23年 8月25日パンフレット
文部科学省	東北地方太平洋沖地震の発生に伴う平成23年度大学入学者選抜における対応について（依頼）	平成23年 3月12日事務連絡
文部科学省	東北地方太平洋沖地震により被災した学生等への配慮等について（通知）	平成23年 3月14日22文科高第1254号
文部科学省	東北地方太平洋沖地震の発生に伴う専修学校・各種学校の対応等について（通知）	平成23年 3月14日22生生推第115号
文部科学省	平成23年東北地方太平洋沖地震等における被災文教施設応急危険度判定士の派遣について	平成23年 3月14日22文科施第673号
文部科学省	**平成23年（2011年）東北地方太平洋沖地震における被災地域の児童生徒等の就学機会の確保等について（通知）**	**平成23年 3月14日22文科初第1714号**
文部科学省	平成23年度（2011年）東北地方太平洋沖地震に関する国立大学附属学校児童生徒等の安全確保等について（通知）	平成23年 3月14日23文科高第1256号
文部科学省	東北地方太平洋沖地震の発生に伴う平成23年度大学入学者選抜における対応について（依頼）	平成23年 3月14日事務連絡
文部科学省	計画停電の実施に伴う授業等の弾力的な対応及び児童生徒等の安全確保の配慮について	平成23年 3月14日事務連絡
文部科学省	平成23年（2011年）東北地方太平洋沖地震に関する教員免許更新制における円滑な手続き等について（通知）	平成23年 3月15日事務連絡
文部科学省	東北地方太平洋沖地震の被害に伴う職員の職務に専念する義務の免除に関する臨時措置及び人的協力について	平成23年 3月15日事務連絡
文部科学省	計画停電の実施に伴う授業等の弾力的な対応及び児童生徒等の安全確保の配慮について	平成23年 3月15日事務連絡
文部科学省	平成23年東北地方太平洋沖地震等により被災した学校施設の早期復旧について	平成23年 3月15日事務連絡
文部科学省	東北地方太平洋沖地震の発生に伴う節電の徹底について	平成23年 3月15日事務連絡
文部科学省	東北地方太平洋沖地震に対する支援のための学校給食施設等の活用に関する協力要請について	平成23年 3月16日事務連絡
文部科学省	被災施設の応急危険度判定への支援について	平成23年 3月16日事務連絡
文部科学省	東北地方太平洋沖地震による省エネルギーへの協力依頼について	平成23年 3月17日事務連絡
文部科学省	**平成23年（2011年）東北地方太平洋沖地震により被災した児童生徒に係る教科書無償給与事務について**	平成23年 3月17日事務連絡

資　料

文部科学省	平成23年度全国学力・学習状況調査について（通知）	平成23年3月18日22文科初第1731号
文部科学省	社団法人日本野球機構に対する通知について（東北地方太平洋沖地震に伴う協力のお願い）	平成23年3月18日22文科ス第1060号
文部科学省	東北地方太平洋沖地震の発生に伴う平成23年度大学入学者選抜における対応について（通知）	平成23年3月18日22文科高第1294号
文部科学省	東北地方太平洋沖地震に伴う教科書事務に関する留意事項について	平成23年3月18日事務連絡
文部科学省	平成23年（2011年）東北地方太平洋沖地震における被災地等の新規高等学校卒業予定者等に対する就職支援について（通知）	平成23年3月22日22文科初第1776号
文部科学省	東北地方太平洋沖地震の被害に伴う人的協力について（依頼）	平成23年3月22日事務連絡
文部科学省	東北地方太平洋沖地震の被害に伴う人的協力について	平成23年3月23日事務連絡
文部科学省	東北地方太平洋沖地震により被災した私立学校施設の学校法人が実施する災害復旧事業に係る補助について	平成23年3月23日事務連絡
文部科学省	東北地方太平洋沖地震により被災した児童生徒等の公立学校への弾力的な受入れ等に関するQ＆Aの送付について	平成23年3月24日事務連絡
文部科学省	災害時の学校施設等における吹き付けアスベスト等の対策について	平成23年3月24日事務連絡
文部科学省	東北地方太平洋沖地震の発生に伴う平成23年度学事日程等の取扱いについて	平成23年3月25日事務連絡
文部科学省	東北地方太平洋沖地震の発生に伴う教育課程編成上の留意点について	平成23年3月25日事務連絡
文部科学省	東北地方太平洋沖地震により被災した児童生徒等の公立学校への弾力的な受入れ等に関するQ＆A（その2）の送付について	平成23年3月30日事務連絡
文部科学省	東北地方太平洋沖地震における被災児童・生徒等の支援に係わるポータルサイトの開設について（通知）	平成23年4月1日22文科生第1031号
文部科学省	東北地方太平洋沖地震に伴う学生のボランティア活動について（通知）	平成23年4月1日23文科高第7号
文部科学省	東日本大震災被災地への学校用家具の提供について	平成23年4月4日事務連絡
文部科学省	東日本大震災に伴う専修学校・各種学校の生徒のボランティア活動について（通知）	平成23年4月5日23生生推第1号
文部科学省	東日本大震災の発生に伴う医療関係職種の受験資格及び学校養成所の運営等に係る取扱いについて	平成23年4月5日事務連絡
文部科学省	新年度からの学校給食の実施に当たっての留意点について	平成23年4月5日事務連絡

資　料

文部科学省	東日本大震災により被災した学校の再開について	平成23年4月5日事務連絡
文部科学省	東日本大震災を受けた避難経路等の緊急点検について	平成23年4月5日事務連絡
文部科学省	計画停電期間中における学校給食の留意点について	平成23年4月5日事務連絡
文部科学省	東日本大震災に伴う教科書の供給について	平成23年4月6日事務連絡
文部科学省	東日本大震災により被災した児童生徒等の公立学校への弾力的な受入れ等に関するQ＆A集の送付について	平成23年4月7日事務連絡
文部科学省	東日本大震災に伴う学生等への支援について（通知）	平成23年4月8日23文科高第43号
文部科学省	計画停電の実施等による学校給食用牛乳の供給への影響等について	平成23年4月8日事務連絡
文部科学省	夏期の電力需給対策の骨格について	平成23年4月11日23文科施第40号
文部科学省	東日本大震災被災地への実験実習に関する設備・備品等の提供について	平成23年4月15日事務連絡
文部科学省	福島県内の学校等の校舎・校庭等の利用判断における暫定的考え方について	平成23年4月19日23文科ス第134号
文部科学省	東日本大震災により被災した児童生徒を公立学校で受け入れている場合の国庫負担上の教職員定数の取扱いについて	平成23年4月20日事務連絡
文部科学省	学校給食用食材の調達支援事業の実施について	平成23年4月26日事務連絡
文部科学省	文部科学省が行う調査の実施等について	平成23年4月28日事務連絡
文部科学省	東日本大震災により被災した児童生徒等の公立学校への弾力的な受入れ等に関するQ＆A（5月2日改訂版）の送付について	平成23年5月2日事務連絡
文部科学省	東日本大震災により被災した障害のある子どもに対する状況把握及び支援等について	平成23年5月6日事務連絡
文部科学省	実地調査を踏まえた学校等の校庭・庭園における空間線量低減策について	平成23年5月11日事務連絡
文部科学省	原子力発電所の事故による災害により経済的に修学が困難となった学生等への配慮について	平成23年5月12日事務連絡
文部科学省	夏期の電力需給対策について	平成23年5月16日23文科施第124号
文部科学省	夏期の電力需給対策を受けた各学校における節電対策について	平成23年5月19日事務連絡
文部科学省	電気事業法第27条による電気の使用制限の発動について	平成23年5月25日事務連絡
文部科学省	東日本大震災により被害を受けた私立学校施設の復旧に係る事業計画書の提出について（依頼）	平成23年6月3日23高私助第10号
文部科学省	福島県内の学校の屋外プールの利用について	平成23年6月16日事務連絡

文部科学省	東日本大震災に係る公立諸学校建物其他災害復旧費補助金交付要綱への追加及び文部科学省所管公立学校施設災害復旧費調査要領の取扱いについて	平成23年6月20日23施施企第21号
文部科学省	東日本大震災に係る公立諸学校建物其他災害復旧費補助金交付要綱への追加について	平成23年6月20日23施施企第23号
文部科学省	土壌処理に関する財政支援の取扱いについて	平成23年6月20日事務連絡
文部科学省	土壌処理に関する財政支援及び簡易型積算線量計の配布の取扱いについて	平成23年6月20日事務連絡
文部科学省	東日本大震災に係る文部科学省所管私立学校施設災害復旧費調査要領の取扱いについて(通知)	平成23年7月1日23高私助第13号
文部科学省	東日本大震災により被災した児童生徒等の指導要録の作成等に関するQ&Aの送付について	平成23年7月5日事務連絡
文部科学省	学校給食の食材の安全確保について	平成23年7月20日事務連絡
文部科学省	西日本5社の今夏の需給対策について(通知)	平成23年7月21日23文科施第253号
文部科学省	学校給食の食材の安全確保について(第2報)	平成23年7月21日事務連絡
文部科学省	西日本5社の今夏の需給対策を受けた各学校における節電対策について	平成23年7月22日事務連絡
文部科学省	東日本大震災被災者である新規高等学校卒業者及び新規中学校卒業者の採用選考に係る応募書類の取扱いについて	平成23年7月26日23文科初第601号、職発0726第10号
文部科学省	被災県の平成24年3月新規高等学校等卒業予定者の求人確保等について(通知)	平成23年7月29日23文科初第607号
文部科学省	電気事業法第27条に基づく電気の使用制限緩和等について	平成23年8月30日事務連絡
文化庁	東北地方太平洋沖地震に伴う復旧工事に係る埋蔵文化財に関する文化財保護法の規定の適用について(通知)	平成23年3月25日22庁財第1213号
文化庁	東北地方太平洋沖地震に伴う災害復旧事業に係る文化財保護法第125条及び第168条の規定の適用について(通知)	平成23年3月25日22庁財第1214号
文化庁	被災建築物応急危険度判定を受けた文化財の取扱いについて(通知)	平成23年4月7日23財参事第3号
文化庁	平成23年東北地方太平洋沖地震による災害についての特定非常災害及びこれに対し適用すべき措置の指定に関する政令の施行に伴う文化財保護法及び銃砲刀剣類所持等取締法に関する事務の取扱いについて(通知)	平成23年4月8日23庁財第1号
文化庁	東日本大震災の復旧・復興事業に伴う埋蔵文化財の取扱いについて(通知)	平成23年4月28日23庁財第61号
金融庁	いわゆる二重債務問題に係る被災者支援の促進について	平成24年7月24日金監第1894号

資 料

| 法務省 | 東日本大震災により死亡した死体未発見者に係る死亡届の取扱いについて（通知） | 平成23年6月7日法務省民一第1364号 |
| 財務省 | 個人債務者の私的整理に関するガイドラインの利用の促進について | 平成24年10月1日財務省東北財務局理財部金融調整官要請文書 |

3　熊本地震の通知等（内閣府公表）

通知者 （所管府省庁）	文書名	文書番号
内閣府	平成28年熊本地震における被災者支援の適切な実施について	平成28年4月15日府政防第577号
内閣府	避難所の生活環境の整備等について（留意事項）	平成28年4月15日府政防第582号
内閣府	福祉避難所の設置等の対応（情報提供）	平成28年4月18日事務連絡
内閣府	被災した方々の当面の住まいの確保について	平成28年4月21日事務連絡
内閣府	平成28年熊本地震に係る被害認定調査・罹災証明書交付の迅速化について	平成28年4月26日事務連絡
内閣府	平成28年熊本地震に係る当面の住まいの確保についての留意事項	平成28年4月26日事務連絡
内閣府	「平成28年熊本地震による災害についての特定非常災害及びこれに対し適用すべき措置の指定に関する政令」について（依頼）	平成28年4月28日府政防第608号・総管管第72号・法務省民制第28号
内閣府	平成28年熊本地震に係る災害救助法上の留意事項等	平成28年5月2日事務連絡
内閣府	平成28年熊本地震における避難所の暑さ対策について	平成28年5月5日事務連絡
内閣府	農地等を応急仮設住宅の用に供するために一時使用する場合の贈与税の納税猶予等の特例措置の適用について	平成28年5月12日府政防第641号
内閣府	平成28年熊本地震における被害認定調査・罹災証明書交付等に係る留意事項について	平成28年5月20日事務連絡
内閣府	避難所における食生活の改善について	平成28年5月20日府政防第674号
内閣府	平成28年熊本地震に係る応急仮設住宅について	平成28年5月24日事務連絡
内閣府	罹災証明書に関する被害認定の第2次調査の周知等留意事項について	平成28年5月30日事務連絡
内閣府	被害認定調査及び罹災証明書交付に係る留意事項について	平成28年6月6日事務連絡
内閣府（防災担当）・総務省・法務省	「平成28年熊本地震による災害についての特定非常災害及びこれに対し適用すべき措置の指定に関する政令」について	平成28年4月28日内閣府（防災担当）・総務省・法務省

内閣府・国土交通省	平成28年熊本地震に係る応急仮設住宅としての民間賃貸住宅の借上げについて	平成28年5月9日府政防第627号・国土動第8号・国住賃第7号
内閣府・法務省	「平成28年熊本地震による災害についての特定非常災害及びこれに対し適用すべき措置の指定に関する政令の一部を改正する政令」について（依頼）	平成28年6月21日府政防第753号・法務省司司第280号
厚生労働省	「東日本大震災」による社会福祉施設等に対する介護職員等の派遣に係る費用の取扱いについて	平成28年4月15日事務連絡
厚生労働省	平成28年熊本地震による社会福祉施設等に対する介護職員等の派遣に係る費用の取扱いについて	平成28年4月28日事務連絡

4　西日本豪雨の通知等（内閣府公表）

通知者（所管府省庁）	文書名	文書番号
内閣府	避難所の生活環境の整備等について（留意事項）（高知県）	平成30年7月6日府政防第883号
内閣府	避難所の生活環境の整備等について（留意事項）（鳥取県、広島県、岡山県）	平成30年7月7日府政防第884号
内閣府	避難所の生活環境の整備等について（留意事項）（京都府、兵庫県、愛媛県）	平成30年7月7日府政防第885号
内閣府	避難所の生活環境の整備等について（留意事項）（岐阜県）	平成30年7月8日府政防第889号
内閣府	平成30年7月豪雨における被災者支援の適切な実施について	平成30年7月9日府政防第890号
内閣府	平成30年7月豪雨に係る災害弔慰金等の支給について	平成30年7月11日事務連絡
内閣府	避難所の生活環境の整備等について（留意事項）（福岡県）	平成30年7月12日府政防第896号
内閣府	避難所の生活環境の整備等について（留意事項）（島根県）	平成30年7月12日府政防第899号
内閣府	避難所の生活環境の整備等について（留意事項）（山口県）	平成30年7月13日府政防第905号
内閣府	「平成30年7月豪雨による災害についての特定非常災害及びこれに対し適用すべき措置の指定に関する政令」の制定に伴う被災自治体への情報提供について	平成30年7月14日事務連絡
内閣府	平成30年7月豪雨に係る応急仮設住宅について	平成30年7月17日事務連絡
内閣府	平成30年7月豪雨に係る応急仮設住宅について（その2）	平成30年7月17日事務連絡

索 引

あ

- アーカイブ……………………………………165
- アウトリーチ………………………………173, 174
- 医師法……………………………………………10
- 一般基準…………………………………………53
- 違法性阻却の法理………………………………38
- 医薬品医療機器等法…………………………121
- 医療………………………………………………116
- 医療法……………………………………………10
- 医療用の酸素ボンベ…………………………124
- 印鑑………………………………………………153
- インシデント・コマンド・システム………178
- Web サイト………………………………………32
- 運転免許………………………………………136
- エアコン…………………………………………81
- 応急仮設住宅……………………………58, 93
- 応急対応…………………………………………36

か

- 外国人医師による医療支援……………………2
- 介護保険………………………………………118
- カウンターパート方式………………………174
- 拡張解釈…………………………………20, 26
- 簡易ベッド………………………………………72
- 関連死………………………172, 180, 181, 183
- 規制改革…………………………………………4
- 規制緩和…………………………………………2
- キッチン…………………………………………73
- 救急救護…………………………………………95
- 救急救命士………………………………………95
- 921大地震（集集地震）……………………173
- 救貧主義………………………………………182
- 教育……………………………………………162
- 行政刷新会議……………………………………4
- 供託……………………………………………151
- 緊急事務管理……………………………………37
- 緊急消防援助隊………………………………174
- 緊急例外設定……………………………………43

さ

- 金融財務…………………………………………97
- 金融上の特別措置……………………………100
- 熊本地震……………70, 171, 172, 174, 180, 181, 184
- 経験知……………………………………176, 177
- 経済……………………………………………106
- 健康保健………………………………………117
- 健康保険法……………………………………120
- 建築基準法………………………………………13
- 現場知……………………………………176, 177
- 航空法……………………………………………13
- 公衆衛生………………………………………112
- 交通規制…………………………………135, 137
- 戸籍……………………………………………159

さ

- 災害救助法…………2, 41, 52, 169, 181, 182, 186
- 災害救助事務取扱要領…………………………54
- 災害対策基本法……………10, 20, 169, 181, 182
- 災害保護………………………………170, 177, 178
- 在宅被災者…………………………………181, 183
- 在宅避難者……………………………………181
- 在留期間………………………………………156
- 在留資格………………………………………157
- 自然災害被災者債務整理ガイドライン…100, 101
- 自治事務…………………………………………15
- 自治体消防……………………………………170
- 死亡届…………………………………………160
- 事務管理…………………………………………37
- JAS 法……………………………………143, 148
- 車両撤去………………………………………110
- 消防……………………………………………149
- 消防組織法……………………………………170
- 消防法…………………………………4, 11, 150
- 食生活……………………………………………84
- 食品……………………………………………133
- 食品衛生法………………………………133, 148
- 食品表示………………………………………141
- 食品表示法……………………………………148
- スフィア基準…………………………………180

253

た

- タイムライン……174, 178
- 中越沖地震……173, 185
- 超法規……5
- 超法規的解釈……21, 28
- 通常解釈の確認……20, 24
- 通知……182, 184, 185
- DMAT……174
- トイレ……71
- 道路啓開……12
- 道路交通法……139
- 道路法……12
- 特別基準……2, 54, 56, 172, 182
- 特例規定の適用……21
- トリアージ……173, 174, 183

な

- 内閣府政策統括官（防災担当）……13
- 名取市道路啓開に関する訴訟……14
- 西日本豪雨……88, 181
- 日本経済団体連合会……4
- 入居要件……86
- 入国管理……155
- 能登半島地震……173

は

- 廃棄物……108
- 廃棄物の処理及び清掃に関する法律……11
- バウチャー制度……175
- バリアフリー……66, 78
- 阪神・淡路大震災……169
- 東日本大震災……55, 171
- 東日本大震災復興特別区域法の一部を改正する法律……43
- ビザ……158
- 被災者生活再建支援法……173, 186
- 被災者台帳……65
- 避難所……60
- 避難所運営ガイドライン……80, 90
- 避難所におけるトイレの確保・管理ガイドライン……80, 90
- 美容師法……114
- 福祉避難所……73
- 復旧……36, 38
- 復興……36, 42
- 不当な取引制限……106
- 武力攻撃事態等における国民の保護のための措置に関する法律……11
- 平成30年7月豪雨……88, 181
- 放射性物質汚染対処特別措置法……39
- 法的課題……45
- 訪日外国人……158
- 法令の自主解釈権……46
- 墓地、埋葬等に関する法律……10

ま

- 埋葬……130
- 麻薬及び向精神薬取締法……122
- みなし仮設住宅……61
- ミネラルウォーター……134

や

- 薬事法……120
- 家賃……68
- 家賃補助制度……175
- 行方不明……160

ら

- 理容師法……114
- 類推解釈……21
- 例外設定の法理……43

著者紹介

【第1章】

佐々木　晶二（ささき　しょうじ）
一般財団法人土地総合研究所専務理事
1982年東京大学法学部卒業、同年建設省（現国土交通省）入省。兵庫県まちづくり復興担当部長、まちづくり推進課長、内閣府官房審議官（防災担当、2013年災害対策基本法改正等担当）などを経て、2017年国土交通省国土交通政策研究所長で退官。2019年から現職。2019年から中央大学総合政策学部兼任講師も務める。
主な著書に、『政策課題別都市計画制度徹底活用法』（ぎょうせい、2015年）、『最新　防災・復興法制』（第一法規、2017年）、『都市計画のキホン』（ぎょうせい、2017年）。

【第2章】

幸田　雅治（こうだ　まさはる）
神奈川大学法学部教授
1979年東京大学法学部卒業、同年自治省（現総務省）入省。内閣官房内閣審議官（地方分権一括法案担当）、総務省自治行政局行政課長、総務省消防庁国民保護・防災部長、中央大学大学院公共政策研究科教授等を経て、2014年から現職。2013年弁護士登録（第二東京弁護士会）。専門分野は地方自治論、防災行政論。
主な著書に、『安全・安心の行政法学』（ぎょうせい、編著、2009年）、『市町村合併による防災力空洞化』（ミネルヴァ書房、編著、2013年）、『行政不服審査法の使いかた』（法律文化社、編著、2016年）、『地方自治論』（法律文化社、編著、2018年）。

【第3章】

岡本　正（おかもと　ただし）
銀座パートナーズ法律事務所パートナー弁護士・岩手大学地域防災研究センター客員教授
2001年慶應義塾大学法学部法律学科卒業、2003年弁護士登録（第一東京弁護士会）。2009年から2011年まで内閣府行政刷新会議事務局上席政策調査員。2011年から2017年まで文部科学省原子力損害賠償紛争解決センター総括主任調査官。2012年に「災害復興法学」を創設し、慶應義塾大学等で講座を持つ。2013年度から2016年度に中央大学大学院公共政策研究科客員教授も務めた。2017年に新潟大学大学院現代文化社会研究科にて博士（法学）を取得。主な著書に『災害復興法学』（慶應義塾大学出版会、2014年）、『非常事対応の社会科学』（有斐閣、共著、2016年）、『災害復興法学Ⅱ』（慶應義塾大学出版会、2018年）、『災害復興法学の体系：リーガル・ニーズと復興政策の軌跡』（勁草書房、2018年）。

【第4章】

室﨑　益輝（むろさき　よしてる）
兵庫県立大学減災復興政策研究科教授
1971年京都大学工学研究科博士課程中退。京都大学工学部助手、神戸大学工学部助教授、神戸大学都市安全センター教授、独立行政法人消防研究所理事長、総務省消防研究センター長、関西学院大学災害復興制度研究所教授、ひょうご震災記念21世紀研究機構副理事長を経て、2017年から現職。専門分野は都市防災計画、減災復興政策。
主な著書に、『地域計画と防火』（勁草書房、1981年）、『建築防火・安全』（鹿島出版会、1989年）、『大震災以降』（岩波書店、編著、1998年）、『市町村合併による防災力空洞化』（ミネルヴァ書房、編著、2013年）、『災害に立ち向かう人づくり』（ミネルヴァ書房、編著、2018年）。

サービス・インフォメーション
―― 通話無料 ――
①商品に関するご照会・お申込みのご依頼
　　　　　　TEL 0120(203)694／FAX 0120(302)640
②ご住所・ご名義等各種変更のご連絡
　　　　　　TEL 0120(203)696／FAX 0120(202)974
③請求・お支払いに関するご照会・ご要望
　　　　　　TEL 0120(203)695／FAX 0120(202)973

●フリーダイヤル(TEL)の受付時間は、土・日・祝日を除く
　9:00〜17:30です。
●FAXは24時間受け付けておりますので、あわせてご利用ください。

自治体の機動力を上げる　先例・通知に学ぶ
大規模災害への自主的対応術

2019年10月30日　初版発行

著　者　室﨑　益輝、幸田　雅治、佐々木　晶二、岡本　正

発行者　田中　英弥

発行所　第一法規株式会社
　　　　〒107-8560　東京都港区南青山2-11-17
　　　　ホームページ　https://www.daiichihoki.co.jp/

大規模災害通知　ISBN978-4-474-06672-4　C0032　(0)